Sharon A. Bower / Gordon H. Bower

Vertrauen zu sich selbst gewinnen

HERDER spektrum

Band 5330

Das Buch

Lerne, dir selbst zu vertrauen. Geh selbstbewusst auf andere zu Das sind die zwei Erfolgs-Prinzipien für den Umgang mit unseren Mitmenschen. Wer auf Dauer erfolgreich sein will, braucht soziale Kompetenz, im Beruf wie im privaten Bereich. Und nur mit einer positiven Ausstrahlung können wir überzeugen. Zwei erfahrene Kommunikationstrainer zeigen, was für ein selbstsicheres Auftreten wichtig ist: die richtige Art der Kommunikation, gezielter Einsatz von Körpersprache und aktives Eingreifen in Konfliktsituationen, ohne dabei zu verletzen. Darauf kommt es an: Das Verhalten anderer bewusst wahrnehmen, eigene Vorstellungen klar formulieren, gezielt nachfragen, ohne anzugreifen, mit Aggressionen souverän umgehen und Meinungen, aber auch Gefühle spontan ausdrücken können. Jedem ist das möglich. Wie es gelingt, zeigen die Autoren ganz praktisch. Sie zeigen Fähigkeiten, die helfen, Unsicherheit in sozialen Situationen zu verlieren. Ein Trainingsprogramm zum Selbstlernen, das durchsetzungsfähiger, kompetenter, selbstbewusster – und erfolgreicher macht.

Die Autoren

Sharon Bower ist Redeberaterin und Vorsitzende des Confidence Training Inc. Als Leiterin von Workshops hat sie seit 30 Jahren Erfahrung im Bereich der Kommunikation.
Gordon Bower ist Professor für Psychologie an der Stanford University und international bekannt für seine Forschungen auf dem Gebiet der Lernpsychologie. Zahlreiche erfolgreiche Publikationen.

Sharon A. Bower / Gordon H. Bower

Vertrauen zu sich selbst gewinnen

Ein Trainingsbuch

Aus dem Amerikanischen von Dietrich Kayser

HERDER

FREIBURG · BASEL · WIEN

Titel der amerikanischen Originalausgabe: Asserting yourself.
A practical guide for positive change.
Addison-Wesley Publishing company, Reading MA 1994.

Gedruckt auf umweltfreundlichem,
chlorfrei gebleichtem Papier

www.herder.de
Herstellung: fgb · freiburger graphische betriebe 2002
www.fgb.de
Umschlaggestaltung und Konzeption:
R·M·E München / Roland Eschlbeck, Liana Tuchel
Umschlagfoto: © Premium
ISBN: 3-451-05330-6

Inhalt

1

Wie selbstsicher sind Sie?

Selbstbehauptung erscheint auf verschiedene Arten: Als Fähigkeit, seine Gefühle auszudrücken, sein Handeln selbst zu bestimmen, für seine Rechte einzustehen, sein Selbstwertgefühl zu stärken, Selbstvertrauen zu entwickeln, eine abweichende Meinung zu vertreten und sein eigenes Verhalten zu ändern. Selbstbehauptung zeigt sich auch in der klaren Bitte an andere, ihr aggressives Verhalten zu ändern. „Selbstbehauptung", „Selbstsicherheit" und „Durchsetzungsfähigkeit" gehören in dasselbe Bedeutungsfeld.

Dieses Buch bietet ein Trainingsprogramm zum Selbstlernen, mit dessen Hilfe Sie durchsetzungsfähiger, mithin selbstbewußter werden können. Mit diesem Programm lernen Sie, für alles einzustehen, was Sie sagen und tun.

Haben Sie sich Durchsetzungsfähigkeit angeeignet, dann bereitet Ihnen folgendes Verhalten keine Probleme:

- *Sie verwenden eine gefühlvolle Sprache.* Sie können Ihre persönlichen Wünsche und Interessen ganz konkret äußern. Sie sagen z. B.: „Ich mag diese Suppe" oder, „Ich finde deine Bluse toll" statt: „Diese Suppe ist gut". Sie können, wenn es paßt, den Ausdruck „Ich fühle" oder „Ich meine" verwenden.
- *Sie sprechen über sich selbst.* Sie berichten Ihren Freunden von interessanten Erlebnissen und Erfahrungen. Dabei reißen Sie die Unterhaltung nicht an sich, tun sich aber leicht damit, auch über persönliche Erfolge zu sprechen, ohne anzugeben.
- *Sie gehen auf andere zu.* Sie sind offen und freundlich gegenüber Menschen, die Sie näher kennenlernen wollen. Sie lächeln strahlend und vermitteln den Eindruck, daß Sie es schön finden, sie zu treffen. Sie sagen: „Hallo! Schön, dich wieder zu sehen", anstatt etwas in sich hineinzumurmeln oder schweigend zu nicken oder verlegen dreinzuschauen.

- *Sie nehmen Anerkennung an.* Sie können Komplimente charmant annehmen („Ja, ich mag dieses Hemd auch"), anstatt sich davon zu distanzieren („O je, dieses alte Zeug?"). Auf diese Weise belohnen Sie den, der das Kompliment macht, anstatt ihn zu bestrafen.
- *Ihre Mimik stimmt mit Ihren Worten überein.* Ihr Gesichtsausdruck und die Modulation Ihrer Stimme übermitteln dieselben Gefühle, die auch Ihre Worte transportieren. Sie können den Leuten direkt in die Augen schauen, wenn Sie mit ihnen sprechen.
- *Sie vertreten eine andere Meinung, ohne zu verletzen.* Sie täuschen keine Übereinstimmung um des lieben Friedens willen vor. Daß Sie nicht einverstanden sind, können Sie vermitteln, ohne in Streit zu geraten, indem Sie beiseite schauen oder Ihr Gesicht verziehen oder die Augenbrauen anheben oder den Kopf schütteln oder das Thema wechseln.
- *Sie bitten um Klarstellung.* Wenn Ihnen jemand unklare Anweisungen, Instruktionen oder Erklärungen liefert, können Sie ihn bitten, sie in klarerer Form zu wiederholen. Anstatt verwirrt und mit einem klammen Gefühl wegzugehen, können Sie sagen: „Ihre Äußerungen waren für mich nicht klar. Würden Sie sie bitte wiederholen?"
- *Sie fordern Begründungen ein.* Wenn Sie gebeten werden, etwas zu tun, das Ihnen unbegründet erscheint, können Sie fragen: „Warum wollen Sie, daß ich das tue?"
- *Sie machen deutlich, daß Sie nicht einverstanden sind.* Sie drücken Ihren Widerspruch aus, indem Sie etwa sagen: „Ich sehe diese Sache anders. Nach meiner Meinung ..." oder: „Ich glaube, Ihre Ansicht läßt die folgenden Faktoren außer Betracht ..."
- *Sie treten für Ihre Rechte ein.* Sie lassen sich von anderen nicht die Butter vom Brot nehmen, wenn Sie das Gefühl haben, daß man Sie reinlegen will. Sie können nein sagen, ohne sich schuldig zu fühlen. Sie können einfordern, fair und gerecht behandelt zu werden. Sie können sagen: „Ich war als nächster dran" oder: „Entschuldigung, Sie müssen jetzt gehen, weil ich jetzt einen anderen Termin habe" oder: „Bitte machen Sie Ihr Radio leiser" oder: „Sie kommen eine halbe Stunde zu spät zu unserer Verabredung". Sie können Ihre Be-

schwerde mit fester Stimme äußern, ohne gleich in die Luft zu gehen.

- *Sie bleiben am Ball.* Wenn Sie etwas ändern wollen, bleiben Sie dran, bis Sie zufriedengestellt sind – trotz des Widerstandes von der anderen Seite.
- *Sie vermeiden es, sich für Ihre Meinung zu rechtfertigen.* Wenn Sie jemand in einer Diskussion ständig nach Ihren Gründen fragt, stellen Sie schlicht fest: „So empfinde ich es. Das sind meine Werte. Ich muß nicht alles rechtfertigen, was ich sage. Wenn die Rechtfertigung für Sie so wichtig ist, dann versuchen Sie doch zu rechtfertigen, warum Sie von meiner Meinung so stark abweichen."

Als selbstsichere Person haben Sie ein Gespür dafür, daß es bei einer Vielzahl zwischenmenschlicher Probleme darauf ankommt, beiderseits zufriedenstellende Lösungen auszuhandeln, angefangen beim Umgang mit Ihrem Nachbarn, dessen Hund gern in Ihrem Blumenbeet seinen Haufen setzt, bis zur Klärung einer unbefriedigenden Beziehung zu einem Freund oder einem Verwandten.

Wenn Sie solche Probleme jetzt mit dem unsicheren Verhalten angehen, das man bei Ihnen seit langem kennt, handeln Sie sich möglicherweise Ärger ein – mit Ihrem Partner, Ihrem Kind, mit Ihrem Lehrer, Ihrem Freund, Ihrem Kollegen, Ihrem Chef, Ihrem Angestellten oder Ihren Eltern. Immer wieder geraten Sie in Situationen, in denen jemand anderes Sie frustriert, sich unfair verhält, Sie über den Tisch ziehen will, Sie verletzt und aufregt. Wir nennen diese immer wiederkehrenden Situationen „Minus-Situationen". Entsprechend nennen wir die Quälgeister, die Miesmacher, die Brummbären, die Unterdrücker, die Runterzieher – männliche wie weibliche –, die Sie immer wieder fertigmachen wollen, „Minus-Typen". Ein Name vielleicht für ein verwöhntes Kind, einen anmaßenden Elternteil, einen zu neugierigen Nachbarn, eine spottlustige Freundin, einen intriganten Arbeitskollegen.

Ihr Ziel ist es, die Art und Weise zu ändern, in der Sie und Ihr Minus-Typ in diesen bekannten Minus-Situationen miteinander umgehen. Viele solcher Ziele zu erreichen ist die Absicht von Selbstbehauptungstrainings, und darum geht es auch in diesem Buch.

Haben Sie überhaupt ein Recht, sich durchzusetzen?

Manche meinen, ein Selbstbehauptungstraining habe zum Ziel, eine nette Person in einen Dauerstörenfried, einen Rebellen, einen Querulanten oder eine allgemeine Landplage zu verwandeln. Andere erheben den Vorwurf, daß ein Selbstbehauptungstraining den Leuten beibringt, kühl berechnend und manipulierend zu werden, und daß es ihnen hilft, andere um egoistischer Ziele willen zu lenken. Wer so denkt, befindet sich im Irrtum.

Natürlich wird es „Wellen schlagen", wenn Sie sich künftig immer selbstbewußter verhalten. Die Minus-Typen werden ganz schön irritiert sein. Doch wo steht geschrieben, daß Sie unter keinen Umständen Mißhelligkeiten oder Verdruß für jemand anderes hervorrufen dürfen? Eines Ihrer grundlegenden Menschenrechte ist die Selbstverteidigung, wenn man Ihre Rechte mit Füßen tritt. Natürlich kann Ihre legitime Auflehnung einem Minus-Typ Verdruß bereiten! Zum Vergleich: Sklavenhalter zogen vielerlei Nutzen aus den Sklaven, weshalb sie Sklavenaufstände abwürgen wollten, um diese Vorteile zu wahren. Aber wäre es logisch zu argumentieren, daß die Sklaven nicht hätten aufbegehren sollen, weil es den Sklavenhaltern nicht paßte?

Unsere Menschenrechte entspringen der Idee, daß wir in einem moralischen Sinne alle gleich geschaffen sind und einander als Gleiche zu behandeln haben. In sozialen Beziehungen zwischen zwei Gleichen hat keine Person exklusive Vorrechte, weil die Bedürfnisse und Ziele jeder Person gleich hoch einzuschätzen sind. Als gleiche können zwei Leute (etwa ein Ehepaar) eine bunte Kollektion von Vereinbarungen, Kompromissen und Regeln ausarbeiten oder in sie „hineinrutschen" – Regeln, die der Selbstbestimmung dienen. Solche – oft unausgesprochenen – Vereinbarungen machen es möglich, daß das alltägliche „Beziehungsgeschäft" ohne dauernde Diskussionen und Verhandlungen über die Frage weitergeht, wer was zu tun hat. Es gibt keine Vorschrift für solche sozialen Übereinkünfte; jedes Abkommen ist in Ordnung, vorausgesetzt, daß beide Parteien damit zufrieden sind und die Vereinbarung nicht die Rechte anderer beeinträchtigt. Aber wie die Übereinkunft auch aussehen mag, sie beruht auf der Voraussetzung, daß wir Gleiche mit denselben

Rechten sind. Das bedeutet, daß jede Partei ein moralisches Recht hat, neu zu verhandeln, wenn sie zu der Auffassung kommt, daß es sich um eine unfaire oder ungleiche Regelung handelt.

Was den Vorwurf betrifft, das Selbstbehauptungstraining bringe den Leuten bei, wie sie andere zugunsten ihrer eigenen Ziele manipulieren können, so trifft dies ganz einfach nicht zu. „Manipulieren" ist ein negativer Begriff mit der Bedeutung, jemanden mit zweifelhaften oder hinterlistigen Mitteln zu lenken, vielleicht ohne sein Wissen und aus eigennütziger Absicht. Anstatt zweifelhafte Methoden zu verwenden, arbeitet das Selbstbehauptungstraining auf explizite, offenliegende „Verträge" hin, die dem Minus-Typ genau zeigen, welche „Belohnungen" für die Änderung bestimmter Verhaltensweisen abfallen. Außerdem empfiehlt unser Selbstbehauptungstraining, die Bedürfnisse und Interessen des Minus-Typs einzubeziehen und den Versuch zu machen, einen für beide Seiten angenehmen Vertrag zur Verhaltensänderung zu schließen. Das Ziel ist beiderseitige Zufriedenheit, nicht eine Umkehrung in dem Sinne, daß die selbstsicher gewordene Person den dominanten Part in der Beziehung übernimmt. Das Ziel ist es, für seine Rechte einzutreten, ohne andere Leute aggressiv niederzumachen und auf ihren Rechten herumzutrampeln.

Das Selbstbehauptungstraining zielt darauf ab, daß Sie

1. Kontrolle über sich selbst gewinnen, daß Sie weniger schüchtern oder aber weniger aggressiv und feindselig sind, mit dem Ergebnis, daß Sie
2. die Art und Weise beeinflussen können, in der andere sich Ihnen gegenüber verhalten, vor allem diejenigen, die Sie schlecht behandeln.

Entgegenzuhalten, daß es unmoralisch sei, jemanden beeinflussen zu wollen, ist schlechterdings unsinnig. Zwischenmenschliche Einflußnahme durch Belohnung und Bestrafung ist eine Lebenstatsache, gerade wie das Gesetz der Schwerkraft; Sie können sie nicht ausschalten. Denken Sie an die Entlohnung, die wir für unsere Arbeit erhalten, an die Mißbilligung, die wir gegenüber schlechten Streichen unserer Kinder oder Kameraden zeigen, an das gute (oder schlechte) „Beispiel", das wir unseren Kindern oder Kollegen geben. Jeder bedient sich jeden Tag vieler sozialer Belohnungen und Bestrafungen, oft ohne sich dessen bewußt zu sein und leider auch immer wieder auf destruktive, sinnlose Weise. Wir wollen dazu anregen, daß Sie die vorgestellten Methoden zur Verhaltensänderung verantwortungsbewußt anwenden, immer unter Berücksichtigung der Interessen der anderen Person. So können Sie eine positive Verhaltensänderung bei sich selbst wie auch bei denen voranbringen, die in Ihrem Leben die Minus-Typen sind.

Natürlich gibt es auch andere Ansätze für den Versuch, eine ungleiche, geradezu ausbeuterische Beziehung zu verändern – zum Beispiel durch „moralische Überredung" oder Argumente über die „Fairneß" der betreffenden Beziehung. Aber diese Methoden beeindrucken einen Minus-Typ zu wenig. Sie bringen typischerweise nur Argumente hervor, aber keine Verhaltensänderung. Minus-Typen müssen ihr Verhalten in aller Regel ja nicht rational begründen. Um von Ihrem Minus-Typ eine zufriedenstellende Verhaltensänderung in einer bedrückenden Situation zu bekommen, brauchen Sie also stärkere Methoden. Und dieses Buch macht Ihnen entsprechende Vorschläge.

Machen Sie sich immer wieder klar, daß Sie ja längst beobachtet haben, daß Sie unglücklich sind über die Art, wie verschiedene Bereiche Ihres Lebens sich bisher entwickelten. Sie sind die Person, die sich allzuoft peinlich berührt, unterdrückt, untergebuttert, schlecht behandelt fühlt. Sie haben ein grundlegendes Recht darauf, diesen Zustand zu verändern, Gleichbehandlung einzufordern, nach größerer persönlicher Zufriedenheit zu suchen. Ein Ziel unseres Selbstbehauptungstrainings ist es, das Kräfteverhältnis zwischen zwei Parteien auszugleichen, indem die vormalige „Herr-Knecht-Beziehung" neu gestaltet wird, so daß beide Teile bei der Lösung ihres Konflikts etwas gewinnen.

Um klar zu machen, was Selbstbehauptung ist, wollen wir Sie einmal mit zwei entgegengesetzten, aber zu nichts führenden Verhaltensmustern konfrontieren – mit extremer Passivität einerseits und mit übermäßiger Aggressivität andererseits.

Der passive, der aggressive und der selbstsichere Verhaltensstil

Die Unterschiede zwischen passivem, aggressivem und selbstsicherem Verhaltensstil zeigen sich in der Art, wie ein bestimmtes Problem bearbeitet wird. Beginnen wir mit einem einfachen Problem: Angenommen, eine Frau will ihren Partner dazu bringen, beim wöchentlichen Wohnungsputz mitzumachen. Das ist wichtig für sie, aber nicht für ihn. Nehmen wir außerdem an, daß der Partner eben Radiomusik hört.

Die passive Situation

Sie:	Also, ich habe gerade darüber nachgedacht, ob du dir wohl die Zeit nehmen magst, mir beim Putzen zu helfen.
Minus-Typ:	(Hört der Musik zu) Nicht jetzt, ich bin beschäftigt.
Sie:	Na, dann nicht.

An diesem kurzen Dialog wird vieles deutlich. Die passive Person beginnt mit der indirekten Bitte, das Thema überhaupt anschneiden zu dürfen. Das ist per se schon ein Zeichen von Schüchternheit, verbunden mit der Vermutung, daß der Minus-Typ keine Zeit auf die Lösung des Problems verwenden will. Die Antwort des Minus-Typs ist eine typische Vertröstungsformel, darauf angelegt, sich um die Sache herumzudrücken und Aktionen zu verschieben. Die Rechtfertigung „Ich bin beschäftigt" ist eine leere Behauptung; sie bedeutet soviel wie „Ich mache gerade etwas, womit ich wegen deiner Angelegenheit nicht aufhören will". Denn mit irgend etwas sind wir ja immer beschäftigt. Dieses spezielle „Ich bin beschäftigt" bedeutet: „Ich mag Radiomusik mehr als die Sauberkeit in unserer Wohnung."

Die Antwort „Na, dann nicht" belohnt die Vertröstungsstrategie des Minus-Typs sogar noch. Die passive Person wird sich jetzt zurückziehen und still vor sich hin leiden. Sie wird vielleicht einige andere Dialoge im Kopf wälzen wie „Ich hätte sagen sollen ..." oder „Wenn er nur ..." Aber wir können uns ziemlich sicher sein, daß sie keinen dieser Sätze in einer vergleichbaren Situation vorbringen wird und daß der Minus-Typ auf ihre Wünsche nicht eingehen wird, wie immer sie aussehen mögen.

Eine Person, die sich passiv verhält, erlebt derartige Situationen viele hundert Male. Und so wie viele Wassertropfen langsam einen Felsen abschleifen, schleifen diese Erfahrungen Selbstvertrauen und Selbstwertgefühl weg. Immer wenn Sie passiv reagieren und sich zurücknehmen, dabei aber das Gefühl haben, daß Sie sich eigentlich durchsetzen sollten, verlieren Sie etwas Respekt vor sich selbst. Passive Menschen sind geneigt, andere mehr als sich selbst für ihr hartes Los verantwortlich zu machen. Sie übernehmen keine Verantwortung für das, was geschieht, für die Qualität ihres Lebens. Sie werden zu stillen Märtyrern. Aber diese Einschätzung ist ein Irrtum: Oft sind sie für ihre ungute Situation ebenso verantwortlich wie ihr Minus-Typ.

Passive Menschen strafen ihre Minus-Typen klammheimlich. Die passive Ehefrau „vergißt" vielleicht, auf dem Markt das Lieblingsgemüse ihres Mannes zu kaufen; der passive Mann sabotiert vielleicht die Sexualbeziehung, indem er sich zu sehr in ein Buch vertieft, als daß er zur erwarteten Zeit zu Bett geht. Die häufigste Art der Bestrafung besteht darin, daß sich die verletzte Person vom Minus-Typ zurückzieht, daß sie schmollt oder weint. Schmollen und Weinen sind klassische Manipulationen, mit denen verletzte passive Personen Sympathie oder Schuldgefühle auslösen und damit ihren Willen durchsetzen wollen. Aber ein derartiges manipulatives Verhalten (manchmal als „passive Aggression" oder „indirekte Aggression" bezeichnet) ist ein Zeichen von Unzulänglichkeit und oft die einzige Form von Aggression, die einer Person übrigbleibt, die sich hilflos fühlt.

Die aggressive Situation

Sie:	Hör mal, mir reicht's! Mit dir kann man nicht einmal darüber reden, daß diese verdammte Wohnung saubergehalten werden muß. Willst du mir jetzt helfen?
Minus-Typ	(Hört der Musik zu) Nicht jetzt, ich bin beschäftigt.
Sie:	Sieh mir doch wenigstens in die Augen, wenn du

mir einen Korb gibst. Du scherst dich einen Teufel um die Hausarbeit und um mich. Dir geht's nur um dich!

Minus-Typ: Das stimmt nicht.

Sie: Du kümmerst dich nie um die Wohnung oder um mich. Ich muß hier die ganze Arbeit machen!

Minus-Typ: Himmel noch mal, sind wir schon wieder bei diesem Thema? Laß mich für eine Sekunde allein! Nörgle nicht ständig an mir herum!

Sie: Du kümmerst dich keinen Pfifferling um das alles, ausgenommen dieses schreckliche Gedröhn und ...

Minus-Typ: Jetzt hör doch endlich auf! Du hast einen richtigen Putzfimmel. Bist du vielleicht meine Mutter? Kann ich mich nicht einmal für ein paar Minuten entspannen, ohne daß du herumschimpfst?

Obwohl der Dialog den Aggressionspegel schneller ansteigen läßt, als es realistischerweise zu erwarten ist, wirft er dennoch ein Licht auf die entscheidenden Punkte. Was passiert in dieser Zimmerschlacht? Zunächst ist zu sagen, daß die Eröffnung in einer Attacke besteht. Die Frau hat es vielleicht nur als Feststellung gedacht, daß sie Hilfe beim Saubermachen der Wohnung will, aber ihre Stimme ist laut, scharf und fordernd. Der Minus-Typ widersetzt sich natürlich. Sie deutet den Widerstand des Minus-Typs als Abfertigung, die all die alten Erinnerungen an seine wenig konstruktiven Ausreden wachruft. Überdies reiht sie sich selbst in die Liste von Dingen ein, um die er sich angeblich nicht kümmert. Sie spielt den Ärger früherer Auseinandersetzungen mit ihm nochmals durch. Er bestreitet ihre Vorwürfe, aber sie legt noch nach. Er verlangt, daß sie ihn allein läßt. Sie deutet dies als Beleidigung und setzt seine harmlosen Vergnügungen als Faulheit herab. Schließlich feuert er die Vorhang-zu-Salve ab, worauf gewöhnlich das Türenschlagen folgt.

Solche Situationen haben keinen Gewinner: Beide Parteien stürmen davon, fühlen sich elend und bereit, das Weite zu suchen. Er wird immer fauler, unkonzentrierter und mißtrauischer; sie wird zunehmend rechthaberisch und nörglerisch. Ihre Aggression zeigt sich in der Art, wie sie plötzlich ihren Partner in die Defensive treibt und in ihm Schuldgefühle zu erwecken versucht. Verärgert durch ihre Vorwürfe, greift er zur Gegenattacke mit Beschimpfungen. Wenn die passive Aggression mehr sein Stil ist, zieht er sich vielleicht in sein Zimmer oder anderswohin zurück oder gibt Telefonanrufe nicht an sie weiter. Aber solche Ausweichhandlungen bringen nichts ein; insbesondere umgehen sie das direkt anstehende Problem, nämlich die Qualität der Beziehung. Der Mann scheint nicht genug nach seiner Frau zu schauen und auf sie zu hören, während sie offenbar zu viele Fragen stellt und zu viele kränkende Bemerkungen macht. Beide Partner sind verletzt, weil sie voreilig allgemeine Bemerkungen über die Persönlichkeit des anderen machen, anstatt sich auf das Thema zu konzentrieren: die Reinigung der Wohnung. Jeder schlägt dem anderen um die Ohren, er sei ichbezogen und höre nicht zu. Jeder versucht den anderen zu verletzen. Wenn diese Schlacht weitergeht, wird einer der beiden vielleicht in trüber Stimmung ausziehen, wenn beide nicht sogar gewalttätig werden.

In den meisten Fällen entwickelt sich eine „Zimmerschlacht" nicht zu einer körperlichen Auseinandersetzung. Statt dessen wird sie zu einem psychologischen Tauziehen, das manchmal groteske Ausmaße annimmt. Aber abgesehen von der Form, in der es sich abspielt, zielt aggressives Verhalten darauf ab, eine andere Person zu verletzen, physisch oder gefühlsmäßig. Die zwei Parteien nehmen eine Kampfstellung ein: Einer muß in dem Konflikt gewinnen, der andere verlieren. Aggressives Verhalten ist demnach darauf ausgerichtet, sich selbst zu erhöhen auf Kosten des Selbstwertgefühls anderer Leute; es zielt ab auf die Beherrschung eines Menschen durch einen anderen.

Auf lange Sicht haben aggressive Interaktionen ausschließlich ungünstige Folgen; beide Spieler verlieren. Natürlich kann es sein, daß uns in unserer Kindheit das Verprügeln unserer Spielkameraden die kleinen Schätze der Kinderjahre eingebracht hat – die Murmeln, den Kaugummi, den ersten Platz in der Hackordnung. Aber in dem Maße, wie unser soziales Bewußtsein reifer wird, entwickeln wir altruistische Ziele. Wir erkennen: Ein Teil unseres Glücks hängt davon ab, daß die wichtigen Leute um uns herum glücklich sind und uns freundliche Gefühle entgegenbringen. Der aggressive Mensch ist auf den alten Kindergartenstand fixiert und sagt: „Ich will alle Murmeln" anstatt „Teilen wir doch die Murmeln auf".

Aber gleichzeitig leidet derjenige, der den anderen schlecht behandelt hat, an Schuldgefühlen und Gefühlen der Niedergeschlagenheit. Aggressive Menschen sind oft ebenso von Gewissensbissen geplagt und betroffen, wie es schüchterne Personen in bezug auf ihre geringen Erfolge beim Aufbau von Freundschaften oder bei der Lösung zwischenmenschlicher Konflikte sind.

Die selbstsichere Situation

Während aggressives Verhalten beleidigt, um zu gewinnen, konzentriert sich selbstsicheres Verhalten nicht auf das Gewinnen als solches, sondern auf das Aushandeln vernünftiger Lösungen. Es wird angestrebt, daß sich beide Parteien so verhalten, daß die soziale Macht gleichgewichtig verteilt ist. Das selbstsichere Aussprechen des eigenen Standpunkts zielt gewöhnlich darauf ab, ein zwischenmenschliches Problem zu entspannen. Aber Selbstsicherheit besteht nicht einfach darin, Gefühle auszudrücken, gegenüber einem anderen das Sagen zu haben und dann wegzugehen.

Im allgemeinen müssen Sie, um Probleme zu lösen, mehr tun als Widerworte zu geben oder Gefühle auszudrücken. Sie müssen sich klar darüber sein, was Sie überhaupt erreichen wollen, wenn Sie sich durchsetzen. Sie müssen auf Ihre Gefühle achten, ein Ziel bestimmen und dann mit sprachlichen Mitteln die gewünschten Veränderungen aushandeln. Selbstbewußtes Lösen von Problemen schließt die Fähigkeit ein, eine annehmbare Abmachung zwischen sich und dem anderen zu planen, zu „verkaufen" und zu realisieren. Dabei sollen Sie nicht wie ein Nörgler, ein Diktator oder ein Prediger klingen. Mit anderen Worten: Eine selbstsichere Person kann Gefühle auf eine Art ausdrücken, die persönlich befriedigend und zugleich sozial effektiv ist.

Schauen wir uns einmal an, wie sich das Problem der Mithilfe im Haushalt löst, wenn die Person selbstsicher verhandeln kann.

Sie: Ich weiß, Hausarbeit ist nicht gerade die faszinierendste Sache, aber sie muß nun einmal gemacht werden. Wir sollten einmal eine Absprache treffen, wann wir sie machen.

Minus-Typ:	(Hört der Musik zu) Nicht jetzt, ich bin beschäftigt.
Sie:	Es dauert nicht lange. Ich denke, wenn wir eine zeitliche Absprache haben, ist es einfacher, mit dieser Arbeit auf dem laufenden zu bleiben.
Minus-Typ:	Ich bin nicht sicher, daß ich Zeit habe für all die Arbeit.
Sie:	Ich habe mir schon einmal überlegt, wie das gehen kann, daß wir jede Woche eine ausgeglichene Aufteilung der Aufgaben haben. Schaust du dir mal meinen Zeitplan an? Ich wüßte gern, wie du ihn findest.
Minus-Typ:	(ungehalten) Das soll ich jetzt alles anschauen?
Sie:	Geht es zu einer anderen Zeit besser?
Minus-Typ:	Weiß nicht.
Sie:	Also, dann schauen wir die Pläne nach dem Abendessen eine Viertelstunde lang durch. Geht das in Ordnung?
Minus-Typ:	Ich denke schon.
Sie:	Gut! Es wird nicht lange dauern, und mir geht's besser, wenn wir einen Putzplan haben.

Diese Frau kann verhandeln. Als erstes hat sie ihre große Forderung zu einer kleinen Bitte herabgestuft. Ihre Idealvorstellung ist, daß ihr Partner sich im gleichen Maße um das Putzen kümmert wie sie; aber sie weiß auch, daß sich gegenteilige Interessen meist schrittweise annähern, ausgehend von der erfolgreichen Ausführung kleiner Tätigkeiten. Infolgedessen äußert sie die kleinere Bitte, daß er ihr lediglich bei der Entscheidung über zwei Pläne für die Hausarbeit helfen soll. Kleine Bitten werden eher von der anderen Seite akzeptiert. Zweitens hat sie ihre „Hausaufgaben" gemacht, indem sie zwei spezielle und ausgewogene Zeitpläne ausgearbeitet hat. Drittens wird sie mit Ausweich- oder Vertröstungsversuchen fertig. Sie bleibt am Ball und bittet um eine klare Abmachung bezüglich des Zeitpunkts, zu dem die Entscheidung getroffen werden kann. Viertens belohnt sie ihren Partner für seine Kooperationsbereitschaft, das heißt, sie äußert ihre Zufriedenheit, als er der Sichtung der Pläne zustimmt.

Der deutlichste Unterschied zwischen dem selbstsicheren auf

der einen und dem passiven bzw. dem aggressiven Dialog auf der anderen Seite ist die Tatsache, daß mit Selbstsicherheit das Problem gelöst wurde. Im Idealfall gehen beide Parteien aus der eben beschriebenen Situation mit einem besseren Gefühl von sich und voneinander heraus. Das ist die Art Zielsetzung, auf die auch Sie jetzt hinarbeiten werden.

Der Einstieg

Wollen Sie mit Ihrem Selbstsicherheitstraining beginnen, müssen Sie zunächst feststellen, wo Sie stehen, wie selbstbewußt Sie im Moment sind und wie Sie auf Situationen reagieren, in denen Sie sich bedroht fühlen. Mit Hilfe der folgenden Arbeitsblätter werden Sie Ihre Stärken und einige Ihrer Schwächen identifizieren. Davon ausgehend werden Sie Ihr ganz persönliches Trainingsprogramm zusammenstellen.

Arbeitsblatt 1 fordert Sie auf, Ihre Interaktionen mit anderen zu überprüfen.

ARBEITSBLATT 1
FRAGEBOGEN ZUR SELBSTSICHERHEIT

Erinnern Sie sich bei der Beantwortung der folgenden Fragen an Konflikte, die Sie in den letzten paar Wochen oder Monaten mit anderen Personen hatten. Befinden Sie darüber, wie gut jede Feststellung Ihr Verhalten beschreibt, und geben Sie sich Punkte nach folgendem System:

5 Pkt. wenn das Verhalten **fast immer** auftritt (90–100 Prozent)
4 Pkt. wenn das Verhalten in etwa **drei Vierteln aller Fälle** auftritt (60–90 Prozent)
3 Pkt. wenn das Verhalten in der **Hälfte der Fälle** auftritt (40–60 Prozent)
2 Pkt. wenn das Verhalten in etwa **einem Viertel** der Fälle auftritt (10–40 Prozent)
1 Pkt. wenn das Verhalten **fast nie** auftritt (0–10 Prozent)

Bei besonderem Anlaß zur Klage habe ich
__ meine Beschwerde vorgebracht,
__ einen Moment innegehalten und über die aussichtsreichste Handlungsweise entschieden,

_ die möglichen Konsequenzen meiner Handlungen erwogen, bevor ich meinen Standpunkt vertrat,
_ die andere Person über die Problem-Situation befragt, um Mißverständnisse zu vermeiden,
_ objektiv das ärgerliche Verhalten der anderen Person oder die ärgerliche Situation selbst beschrieben,
_ meine Gefühle mit Einschränkungen ausgedrückt,
_ den anderen nicht schlechtgemacht oder mit Vorwürfen überschüttet,
_ nicht über die Motive oder Einstellungen des anderen spekuliert,
_ eine passende Lösung für das Problem ausgearbeitet, wenn es nötig war,
_ Interesse an der anderen Person gezeigt,
_ meine Botschaft dem anderen kurz und klar vermittelt,
_ mit fester Stimme gesprochen,
_ die andere Person direkt angeschaut,
_ angemessene ausdrucksstarke Gesten verwendet.

_ Gesamtergebnis

Zählen Sie jetzt Ihre Punkte zusammen; es werden zwischen 14 und 70 Punkten sein. Wenn Sie bei 14 Punkten liegen, verhalten Sie sich nur selten selbstsicher. Wenn Ihr Ergebnis bei 70 Punkten liegt, sind Sie durchgehend selbstsicher – wenigstens in bezug auf die 14 vorgegebenen Verhaltensweisen.

Selbstsicheres Verhalten in vier Schritten lernen

Sie können selbstsicheres Verhalten in vier Schritten trainieren.

Hineinversetzen Sie erinnern sich und versetzen sich in vergangene Konfliktsituationen, in denen es Ihnen nicht gelang, selbstsicher aufzutreten.

Analysieren Jetzt analysieren Sie den Grad von Bedrohung und Verstörung, den Sie in diesen Minus-Situationen erlebten. Dann wählen Sie eine bestimmte Situation von mittlerem Bedrohungsgrad aus und legen darauf das Schwergewicht der Planung für Ihre persönliche Entwicklung.

Schauen Als nächstes betrachten Sie Ihr Verhalten kritisch, um zu sehen, welche Gefühle, Negativsätze und Selbstbilder Ihren Mangel an Selbstsicherheit in der Minus-Situation aufrechterhalten und was Sie tun können, um sie zu verändern.

Eigenen Standpunkt vertreten Zuletzt planen Sie ein Verhandlungsskript oder eine Mitteilung, um Ihre Minus-Situation zu bereinigen und zu lernen, sich auf selbstsichere Weise auszudrücken.

Wir werden in diesem Kapitel die ersten drei Schritte gehen und in späteren Kapiteln den vierten Schritt ausführen.

Sich Hineinversetzen: Das „Wer", „Wann" und „Was" identifizieren

Versuchen Sie zu Beginn, sich an frühere Erfahrungen zu erinnern, in denen Sie sich als wenig selbstsicher oder als unzulänglich empfanden. Versetzen Sie sich in jede erinnerte Situation hinein, und erleben Sie Ihre Gefühle und Handlungen nach. Halten Sie die Einzelheiten einer jeden Erfahrung oder Situation fest; dabei geht es um die beteiligten Menschen, das Umfeld und die Geschehnisse, die sich abgespielt haben – das „Wer", „Wann" und „Was" der Situation. Wobei fühlen Sie sich unbehaglich? Wer ist Ihr Minus-Typ? Wie sieht die Situation oder der äußere Rahmen aus? Welche Themen machen Ihnen zu schaffen? Bei welchen Gelegenheiten kommen Sie in diese Situation? Wann werden Sie nervös oder geraten durcheinander?

Überprüfen Sie in Arbeitsblatt 2 diese „Wer", „Wann", „Was", die Ihre Schwierigkeiten verursachen. Versuchen Sie nicht, herauszufinden, *warum* Sie sich unzulänglich fühlen gegenüber einer bestimmten Person, Thematik oder Situation. Beantworten Sie einfach die einzelnen Fragen auf der Checkliste mit „Ja, ich fühle mich unbehaglich" (x) oder „Nein, ich fühle mich nicht unbehaglich" (kein Zeichen).

ARBEITSBLATT 2
HINEINVERSETZEN: IDENTIFIKATION DES WER, WANN, WAS

Haken Sie in den ersten (linken) Kästchen die Punkte ab, die auf Sie zutreffen. Die zweiten Kästchen füllen Sie später aus, wenn Sie zum Analysieren kommen.

A. **WER** sind die Leute, denen gegenüber Sie sich nicht selbstsicher oder nicht angemessen verhalten?

❑ ❑ Autoritätsperson (Lehrer, Arzt etc.)?
❑ ❑ Kind(er)?
❑ ❑ Kollege/Kollegin?
❑ ❑ Angestellte(r)?
❑ ❑ Freund(e)?
❑ ❑ Mitglied eines Vereins, einer Organisation oder Behörde?
❑ ❑ Nachbar(in) oder andere(r) Bekannte(r)?
❑ ❑ Verwandte(r)?
❑ ❑ Handwerker, Gärtner oder andere Person, die für Sie eine Arbeit erledigt?
❑ ❑ Verkäufer(in) / Kellner(in)?
❑ ❑ Werber / Spendensammler?
❑ ❑ (Ehe-)Partner?
❑ ❑ Fremde?
❑ ❑ Sonstige? ______________________________

B. **WANN** verhalten Sie sich unsicher oder unangemessen?

Wenn Sie

❑ ❑ ein Kompliment entgegennehmen oder geben?
❑ ❑ einen Meinungsunterschied deutlich machen?
❑ ❑ interviewt werden?
❑ ❑ Ihre Gedanken erläutern?
❑ ❑ mit einem Unnachgiebigen zu tun haben?
❑ ❑ negative Gefühle verbal ausdrücken?
❑ ❑ positive Gefühle verbal ausdrücken?
❑ ❑ Anweisungen oder Befehle geben?
❑ ❑ an Gruppendiskussionen teilnehmen?
❑ ❑ Ihre Idee oder Lösung vorschlagen?
❑ ❑ dagegen protestieren, daß Ihnen jemand etwas wegnimmt?
❑ ❑ gegen einen emotionalen Ausbruch protestieren?
❑ ❑ gegen ärgerliche Gewohnheiten protestieren?
❑ ❑ gegen ausufernde oder ungerechtfertigte Kritik protestieren?

❑ ❑ gegen Versuche protestieren, Ihnen Schuldgefühle einzuflößen?
❑ ❑ gegen unnötige Gewalt protestieren?
❑ ❑ gekaufte Ware zurückgeben?
❑ ❑ auf Ansprüche an Ihre Zeit, Ihr Geld und Ihre Bemühungen mit „nein" antworten?
❑ ❑ Sonstiges? ____________________

Wenn Sie folgendes fordern:
❑ ❑ daß Autoritätspersonen (Ärzte, Lehrer) etwas für Sie tun?
❑ ❑ die Berichtigung einer Rechnung? Oder eine Rückerstattung?
❑ ❑ Anerkennung?
❑ ❑ eine Gehaltserhöhung?
❑ ❑ die Erklärung einer Anweisung oder eines Gedankens?
❑ ❑ Kooperation?
❑ ❑ eine Verabredung?
❑ ❑ Gefälligkeiten?
❑ ❑ Hilfe (Zuwendung von Zeit, Geld, Arbeit)?
❑ ❑ Information?
❑ ❑ Feedback?
❑ ❑ Teilnahme?
❑ ❑ Versöhnung?
❑ ❑ eine Dienstleistung?
❑ ❑ Sonstiges?

Wenn Sie Mimik, Gestik, Stimmausdruck und Körpersprache verwenden, um folgendes zu zeigen:
❑ ❑ positive Gefühle: Anerkennung, Freude, Zuneigung?
❑ ❑ negative Gefühle: Ärger, Abneigung, Zorn, Ressentiment?
❑ ❑ körperliche Zuwendung und Zuneigung: körperliche Nähe?

C. **WAS** (Welche Themen) verursacht bei Ihnen ein unsicheres oder unangemessenes Verhalten?
❑ ❑ Ihre Leistungen?
❑ ❑ anderer Leute Leistungen?
❑ ❑ der Körper und seine Funktionen?
❑ ❑ der künstlerische Wert von bildender Kunst, Theaterstücken, Filmen usw.?
❑ ❑ Praktiken der Kindererziehung?
❑ ❑ Wahl der Arbeit und der Karriere?
❑ ❑ Tod? Krankheit bei anderen?
❑ ❑ Geschmacksunterschiede bei Ernährung, Architektur, Musik usw.?

- ❑ ❑ Scheidung? Trennung?
- ❑ ❑ Erziehungsfragen?
- ❑ ❑ Finanzen? Umgang mit Geld usw.?
- ❑ ❑ die Kluft zwischen den Generationen?
- ❑ ❑ Hobbys?
- ❑ ❑ Probleme bei der Organisation des häuslichen Lebens?
- ❑ ❑ Ehe? Lebensstile?
- ❑ ❑ medizinische Probleme?
- ❑ ❑ Fehler, die Sie machen?
- ❑ ❑ persönliches Erscheinungsbild (Ihres oder das von anderen)?
- ❑ ❑ Politik?
- ❑ ❑ Vorurteile und das Thema Fremdenfeindlichkeit?
- ❑ ❑ Religion? Philosophische Gesichtspunkte?
- ❑ ❑ Sex?
- ❑ ❑ gesellschaftliche Probleme: Verbrechen, Drogen, Wohnungsmangel, die Verwendung von Grund und Boden, Überbevölkerung, Armut, Steuer, Arbeitslosigkeit, öffentliche Wohlfahrt?
- ❑ ❑ Frauenrechte? Männerrechte?
- ❑ ❑ Sonstiges?

Werten Sie, um einen groben Überblick über Ihre Stärken und Schwächen zu gewinnen, Ihre Antworten auf Arbeitsblatt 2 aus. Die Antworten werden von Nutzen bei der folgenden Analyse sein:

- *Ihr Selbstbild.* Viele Teilnehmer von Selbstbehauptungstrainings kommen mit überzogenen, negativen Generalisierungen über sich selbst: „Ich bin immer passiv" oder: „Ich kann nie sagen, was Sache ist". Wenn sie ihr Verhalten gegenüber bestimmten Personen oder Situationen dann genau betrachten, machen sie die erhellende Entdeckung, daß sie nur in wenigen Situationen oder gegenüber nur wenigen Personen passiv sind. Ihr schwaches Selbstbewußtsein wird dadurch genährt, daß sie ihren wenigen Mißerfolgen mehr Bedeutung beimessen als ihren zahlreichen Erfolgen. Die Erkenntnis, daß sich Ihr Problem wahrscheinlich auf einige wenige, eingrenzbare Situationen bezieht, ist der erste Schritt zur Überwindung Ihrer Passivität.

- *Welche Themen machen Ihnen zu schaffen?* Schauen Sie, ob die Themen, die Sie in Aufregung versetzen, in ein Muster passen. Vielleicht macht Ihnen gar kein Thema zu schaffen, wenn Sie wissen, daß Ihre Ansichten mit denen des Gesprächspartners übereinstimmen. Aber was ist, wenn die Ansichten des Gesprächspartners im Widerstreit mit den Ihren liegen und Sie Ihre Meinung verteidigen müssen? Welche Themen würden dann Schwierigkeiten hervorrufen? Zum Beispiel war eine Frau nicht in der Lage, über die Legalisierung der Abtreibung zu sprechen, ohne in eine furchtbar zornige Stimmung zu geraten. Sie nahm an, daß fast jeder eine Meinung hatte, die der ihrigen widersprach; sie fühlte sich angegriffen und dazu angetrieben, gegen die Ansicht ihres Gegenübers vorzugehen. Auch Leute, die auf viele Leistungen und Ehrungen verweisen können, fühlen sich oft unbehaglich, wenn sie über sich selbst sprechen sollen; ihnen ist eingebleut worden, daß sie das als eingebildet und ichbezogen zu betrachten hätten.
- *Welche Situationen bedrohen Sie?* Haben die Situationen, die Sie in Schwierigkeiten bringen, etwas Gemeinsames? Geht es darum, daß Sie zu einer Person, die Sie mögen, in einen offenen Konflikt treten müssen? Zu jemand Fremdem? Haben Sie Angst davor, mit einer Autoritätsperson ein offenes Wort zu reden? Kommen Sie in Schwierigkeiten nur dann, wenn Sie um Hilfe bitten müssen, weil Sie das Gefühl haben, daß Sie sich dem anderen „aufdrängen"?
- *Wie empfindlich sind Sie gegenüber der Größe der Gruppe, in der Sie sich befinden?* Die meisten Leute sind nervös bei der Aussicht, sich an eine große, unfreundliche Menge von „Experten" wenden zu müssen, die sie beurteilen. Diese Situation wird weniger bedrohlich, sobald Sie in Ihrer Vorstellung verschiedene Elemente herausnehmen – nehmen Sie an, es sind keine Experten, oder sie sind nicht unfreundlich, oder man erwartet von Ihnen nicht, daß Sie ein Experte sind, oder die „Menge" besteht in Wirklichkeit nur aus zwei Leuten. Wenn Sie diese Aspekte verändern, wird die Situation weniger angsterregend sein. Versuchen Sie herauszubekommen, an welcher Stelle dieser Skala von Sprechsituationen Sie sich entspannt, an welchem Punkt Sie sich unbehaglich fühlen

und wo Sie dermaßen verschreckt sind, daß Sie völlig unfähig für einen Auftritt wären.

Viele passive Menschen fürchten öffentliche Sprechsituationen. Wenn das ein Problem für Sie ist, können Selbstsicherheitstrainings Ihnen helfen, einen Teil Ihrer Angst zu reduzieren, wenigstens in Situationen von geringer Bedrohlichkeit. Ein guter Redner zu werden erfordert jedoch viel Training und Übung. Ein Selbstsicherheitstraining kann kein Redetraining ersetzen. Leute, die extreme Angst davor haben, zu einer Gruppe von Leuten zu sprechen, brauchen besondere Fertigkeiten, die ihre Angst abmildern.

Analysieren: Beurteilen Sie Ihre Gefühle in bedrohlichen Situationen

Sie haben jetzt einige Situationen identifiziert, in denen Ihnen der Gedanke an ein selbstsicheres Auftreten unbehaglich ist. Der nächste Schritt: Diese Situationen analysieren, um herauszufinden, wo Sie mit Ihren Bemühungen am besten beginnen, um selbstsicher zu werden. Das setzt voraus, daß Sie den Grad und die Art des unangenehmen Gefühls taxieren, das die einzelne Situation für Sie bereithält. Tun Sie dies nun, indem Sie Arbeitsblatt 3 ausfüllen.

ARBEITSBLATT 3
ANALYSIEREN: BEWERTEN SIE IHRE GEFÜHLE IN BEDROHLICHEN SITUATIONEN

A. Lesen Sie zunächst sorgfältig die ganze Tabelle. Beachten Sie, daß jedes Feld die Faktoren eines bestimmten bedrohlichen Themas beschreibt.

B. Ordnen Sie die Situationen auf Arbeitsblatt 2 nach dem Grad der Unbehaglichkeit oder der Bedrohlichkeit, die sie jeweils mit sich bringen. Geben Sie eine 1 bei schwachen, selten auftretendem Ärger, eine 3 bei mäßig starkem Ärger, der häufiger auftritt und eine 5 für starke Bedrohlichkeit oder häufige Attacken auf Ihr Selbstwertgefühl.

C. Setzen Sie die zahlenmäßige Bewertung (5, 3, 1) in das zweite Feld auf Arbeitsblatt 2 ein, neben den Themen, die Sie auf ihr Beunruhigungs- und Unbehaglichkeits-Potential geprüft haben.

(5) SEHR BEDROHLICHE SITUATION führt dazu, daß Sie Feindseligkeit oder völlige Hilflosigkeit empfinden; kommt fast täglich vor oder Sie denken täglich daran
(3) MÄSSIG BEDROHLICHE SITUATION führt dazu, daß Sie sich unwohl fühlen und unzulänglich oder frustriert fühlen; tritt mindestens einmal in der Woche auf oder Sie denken mindestens jede Woche daran
(1) WENIG BEDROHLICHE SITUATION führt dazu, daß Ihnen nicht ganz wohl ist; kommt wenigstens einmal im Monat vor oder Sie denken ungefähr alle zwei Wochen daran

Machen Sie, wenn Sie mit der Aufstellung der Themenrangliste auf Arbeitsblatt 2 fertig sind, weiter mit der Analyse der bedrohlichen Situationen, und beantworten Sie zu diesem Zweck die folgenden Fragen:

D. Was verursacht Ihnen am meisten Besorgnis – die Personen, die Anlässe oder die Zeitpunkte?

____

E. Welches ist der wichtigste Faktor, der Sie dazu veranlaßt, ein Thema mit einer 5 zu bedenken (sehr bedrohlich)? (Überprüfen Sie alle, die in Frage kommen.)
- ❑ Ist es die Intensität Ihres Gefühls? (Kommt Ihnen die Situation lebhaft in den Sinn?)
- ❑ Ist es die Dauer Ihrer emotionalen Reaktion? (Sind Sie den ganzen Tag innerlich damit beschäftigt?)
- ❑ Ist es die Häufigkeit Ihrer emotionalen Reaktion? (Geraten Sie täglich oder wöchentlich aus der Fassung?)
- ❑ Sind es andere Faktoren? (Wie wichtig ist die andere Person für Sie? Spielt die Zahl der Zuhörer eine Rolle?)

F. Denken Sie über Situationen nach, die Sie als sehr bedrohlich und verstörend eingestuft haben (5). Welche körperlichen Reaktionen erleben Sie in diesen sehr bedrohlichen Situationen? (Prüfen Sie alle, die in Frage kommen.)

❑ Erröten	❑ trockener Mund
❑ erhöhter Puls	❑ Zittern
❑ flaues Gefühl im Magen	❑ Schweißausbruch
❑ nervöse Erregung	❑ Erschöpfung, Müdigkeit
❑ Herzklopfen	❑ Sonstiges (Genaueres unten)
❑ Schwächegefühl	❑ ________________
❑ Hitzewellen	❑ ________________

G. Welches sind die manifesten Verhaltensweisen, die Sie bei solchen bedrohlichen Situationen zeigen? (Prüfen Sie alle, die in Frage kommen.)

❑ leise Stimme	❑ wirres Reden
❑ Schweigen	❑ Spannung in Kiefer, Gesicht oder Fäusten
❑ Stottern	
❑ Fluchen, obszöne Ausdrücke	❑ Weinen
❑ Unfähigkeit zum Blickkontakt	❑ Sonstiges (Genaueres unten)
❑ gebeugte Haltung	❑ ________________

H. Welche Gedanken gehen Ihnen in solchen stark bedrohlichen Situationen durch den Kopf? (Prüfen Sie alle, die in Frage kommen.)
- ❑ Selbstbeobachtung (Ich bin in extremem Ausmaß meiner selbst bewußt, beobachte jede meiner Handlungen.)
- ❑ Gedanken über das Unangenehme der Situation (Das ist furchtbar, wenn ich doch da nicht drinstecken würde.)
- ❑ ablenkende Gedanken (Ich könnte oder sollte etwas anderes tun.)
- ❑ negative Gedanken über mich selbst (Ich fühle mich unzulänglich, unsicher, unterlegen oder dumm.)
- ❑ Gedanken über die Bewertung meiner Person, die andere vornehmen (Ich möchte wissen, was sie über mich denken.)
- ❑ Gedanken über die Art, wie ich mit mir umgehe (Ich möchte wissen, welchen Eindruck ich mache und wie ich das steuern könnte.)
- ❑ Gedanken über die langfristigen Folgen dieser Erfahrung

I. Wählen Sie vier oder fünf Themen von mäßiger Bedrohlichkeit (3) aus Arbeitsblatt 2 aus. Wählen Sie von den Themen, die Sie mit 3 bewertet haben, diejenigen aus, die für Sie am wichtigsten sind, und bringen Sie nun diese Themen in eine Rangordnung – entsprechend dem Ausmaß an Unbehaglichkeit, die sie bei Ihnen auslösen.

Mit 3 bewertetes Thema, das mir am unangenehmsten ist:

____

____

____

Mit 3 bewertetes Thema, das mir am wenigsten unangenehm ist:

____

____

Setzen Sie sich also als erstes mit den Situationen von mittlerer Bedrohlichkeit auseinander. Es hat keinen Sinn, mit einer Situation zu beginnen, die so bedrohlich wirkt, daß Sie wahrscheinlich scheitern werden (die 5er) – oder einer so trivialen, daß es keine Herausforderung darstellt, sie zu überwinden (die 1er). Wählen Sie ein Thema aus den oben aufgelisteten aus, bei dem es nach Ihrer Einschätzung wichtig ist, bald eine Änderung herbeizuführen, dann haben Sie eine reelle Chance, Ihre Selbstsicherheit nach einem gewissenhaften Training erfolgreich zu erhöhen. Nennen Sie diese mäßig bedrohliche Situation von jetzt an Ihre „Problem-Situation".

Analysieren: Beschreiben Sie Ihre Problem-Situation

Um den Schritt des Analysierens abzuschließen, ist es wichtig, eine präzise Beschreibung der Problem-Situation zu erarbeiten, in der Sie gerne selbstsicher werden möchten. Viele von uns sind ungeübt in der Beschreibung von Situationen, die sie „fertigmachen". Die Beschreibungen werden vage und unbestimmt wie in dem folgenden Beispiel.

Ich habe große Schwierigkeiten, meinen Vorgesetzten selbstsicher gegenüberzutreten. Ich halte mit meinen Meinungen hinter dem Berg, wenn es besser für mich wäre, frei herauszureden. Mir kommt es so vor, als gäbe ich ihnen das Gefühl, sie könnten mich herumschubsen.

Der Haken an dieser Situationsbeschreibung ist, daß sie keinen bestimmten Vorgesetzten nennt (wer), keine bestimmte Zeit und keinen bestimmten äußeren Rahmen (wann/wo). Ferner gibt sie nicht an, was der Vorgesetzte konkret tut, was die betroffene Person quält (was), welches ihre besonderen Verhaltensweisen in der Situation sind (Problemverhalten) oder welche Art neuen Verhaltens sie lernen will (Ziel der Selbstbehauptung). Als eine bessere Beschreibung für eines der Probleme dieser Frau erwies sich die folgende:

Ein Vorarbeiter, Herr Heubach (wer), bittet mich oft, den Morgenkaffee (was und wann) für ihn an den Arbeitsplatz (wo) zu bringen. Ich habe etwas gegen diese Bitte und finde, daß das über meine beruflichen Pflichten hinausgeht. Aber ich habe Angst davor, es ihm zu sagen. Er wird mir dann bei der Arbeit Ärger machen (Problemverhalten). Eines meiner Probleme ist es also, Herrn Heubach dazu zu bringen, daß er mich nicht mehr um diese Gefälligkeit bittet (Ziel).

Diese veränderte Beschreibung ist objektiver. Das scheint eine Kleinigkeit zu sein, ist es aber nicht. Sie können nicht erfolgreich eine ungute Situation angehen, wenn Sie nicht die Aufmerksamkeit auf die Einzelheiten der Situation und auf die Verhaltensbesonderheiten (die eigenen und die der anderen Person) richten, die Ihnen zu schaffen machen.

Analysieren Sie jetzt Ihre eigene Problem-Situation, versetzen Sie sich nochmals in die ausgewählte Situation hinein, und halten Sie beim Schreiben die Einzelheiten fest.

ARBEITSBLATT 3 (FORTSETZUNG)
ANALYSIEREN: BESCHREIBEN DER PROBLEM-SITUATION

J. Beantworten Sie die folgenden Fragen zu Ihrer Problem-Situation: Mit wem hatten Sie es zu tun?

____

Wann?

____

Worüber wurde gesprochen?

____

Wo ereignete sich die Situation?

____

Was sagte oder tat die andere Person im einzelnen? (Das Problemverhalten der anderen Person)

____

Was taten oder sagten Sie? (Ihr Problemverhalten)

____

Was im einzelnen müssen Sie künftig in einer solchen Situation tun? (Das Ziel Ihrer Selbstbehauptung)

____

Überprüfen Sie Ihre Gefühle

Es ist jetzt an der Zeit, sich anhand eines bestimmten Problems stärker um Ihre Gefühlsreaktionen zu kümmern. Sie müssen auf Ihre Gefühle schauen, damit Sie realistisch über die Konsequenzen der zunehmenden Selbstsicherheit nachdenken und über Ihr Tun entscheiden können.

Viele Leute mit schwachem Selbstbewußtsein behaupten, daß ihre Gefühle sie von energischem Handeln abhalten – sie werden zu ungehalten oder sind zu sehr erschreckt, als daß sie rational handeln könnten, und sie gehen „aus dem Leim". Gefühle drücken sich in physiologischen Anzeichen der Erregung aus, ebenso in den negativen Selbstbildern, die Sie während der bedrohlichen Situationen vor sich haben.

Rufen Sie sich, um diese emotionalen Anzeichen zu prüfen, die Problem-Situation von Arbeitsblatt 3 in lebhaften Details ins Bewußtsein zurück. Stellen Sie sich den genauen Schauplatz, die damals getragenen Kleider, die Tageszeit, Geräusche und Gefühle sinnenhaft vor. Füllen Sie nun, während sie über die Zeichen Ihrer Gefühle nachdenken, Arbeitsblatt 4 aus.

ARBEITSBLATT 4
ÜBERPRÜFEN SIE IHRE EMOTIONALEN REAKTIONEN

A. Mit welchen *körperlichen Anzeichen* von Erregung oder Spannung war Ihre Problem-Situation Ihrer Erinnerung nach verbunden? Gehen Sie alle einschlägigen Symptome durch

❑ Schwächegefühl	❑ Hitzewellen
❑ Zittern	❑ Herzklopfen
❑ nervöse Erregung	❑ trockener Mund
❑ Schweißausbruch	❑ flacher Atem
❑ Erröten	❑ beschleunigter Puls
❑ Erschöpfung, Müdigkeit	❑ Sonstiges: ________________
❑ flaues Gefühl im Magen	❑ Sonstiges: ________________

Halten *körperliche Empfindungen* Sie davon ab, selbstsicher zu handeln?

____ Ja ____ Nein ____ Kann sein

B. Welche negativen Gedanken über Ihr Verhalten hatten Sie während oder nach der niederschmetternden Situation? Schreiben Sie diese Gedanken als Sätze auf, die Sie zu sich selbst sagten:

1. ______________________________

2. ______________________________

3. ______________________________

Halten negative Gedanken Sie davon ab, sich selbstbewußt zu verhalten?

___ Ja ___ Nein ___ Kann sein

C. Hatten Sie während oder nach der Situation eine negative Vorstellung von sich? Beschreiben Sie, wie Sie sich handeln sahen:

1. ______________________________

2. ______________________________

3. ______________________________

Halten innere Bilder und negative Vorstellungen Sie davon ab, sich selbstbewußt zu verhalten?

___ Ja ___ Nein ___ Kann sein

Denken Sie über die Konsequenzen nach, die das Eintreten für Ihre Rechte haben kann

Nehmen Sie – jetzt nach der Überprüfung Ihrer emotionalen Reaktionen in der Problem-Situation –, nehmen Sie also an, daß Sie wieder in diese Situation eintreten, und beantworten Sie die folgenden Fragen. Während Sie die näheren Umstände bewerten, sollten Sie sich daran erinnern, daß Menschen mit geringer Durchsetzungsfähigkeit dazu neigen, die Wahrscheinlichkeit eines Mißerfolgs und seine „Kosten" zu überschätzen; versuchen Sie also objektiv zu sein.

ARBEITSBLATT 4 (FORTSETZUNG)
REALISTISCH ÜBER DIE KONSEQUENZEN NACHDENKEN, DIE DAS EINTRETEN FÜR IHRE RECHTE HABEN KANN

1. Wie wichtig ist es für Sie, in dieser Situation Ihren Standpunkt zu vertreten? Bewerten Sie die Antwort in einer Skala von 1 (unwichtig) bis 10 (eine Frage von Leben und Tod).
   Grad der Bedeutsamkeit: ________

2. Welche Reaktionen erwarten Sie von Ihrem Minus-Typ, wenn Sie in der Problem-Situation Ihre Position vertreten?

   ____

   ____

3. Welches sind die positiven Ergebnisse, wenn Sie Ihre Position vertreten? Wie wahrscheinlich ist es, daß Sie schließlich alle diese Ergebnisse erreichen? Stufen Sie jedes dieser Ergebnisse auf einer Skala von 0 Prozent (unmöglich) bis 100 Prozent (sicher) ein.
   Wahrscheinlichkeit: ________

4. Welche Nachteile können Ihnen entstehen, wenn Sie Ihren Standpunkt vertreten? Mit welcher Wahrscheinlichkeit wird sich jeder dieser Nachteile ergeben? Positionieren Sie die einzelnen Nachteile auf einer Skala von 0 (unmöglich) bis 100 Prozent (sicher).
   Wahrscheinlichkeit: ________

5. Was werden Sie tun, wenn Sie sich in dieser Situation nicht durchsetzen? Fallen Ihnen Möglichkeiten ein, wie Sie die Wahrscheinlichkeit des Erfolgs erhöhen können?

   ____

   ____

6. Sie können jetzt entscheiden, ob Sie sich in dieser speziellen Situation durchsetzen wollen: Ist sie wichtig genug? Ist ein Erfolg letzten Endes einigermaßen wahrscheinlich? Überwiegt der wahrscheinliche Nutzen die wahrscheinlichen Nachteile? Haben Sie eine andere Wahl? Wenn Sie all diese Faktoren abwägen, sind Sie dann gewillt, in dieser Problem-Situation mit Ihrem Minus-Typ zu riskieren, Ihren Standpunkt durchzusetzen?

   ____ Ja ____ Nein ____ Kann sein

Wenn Ihre Antwort „Nein" lautet: Gehen Sie zurück zu Arbeitsblatt 3, Aufgabe J (S. 33), um eine weniger bedrohliche Problem-Situation zu finden, mit der Sie dann arbeiten können. Wenn Ihre Antwort „Kann sein" ist, denken Sie noch ein bißchen länger über die Antworten auf diesem Arbeitsblatt nach, und entscheiden Sie über „Ja" und „Nein". Wenn die Antwort „Ja" heißt: Gehen Sie weiter zum letzten Schritt.

DER LETZTE SCHRITT: SCHLIESSEN SIE EINEN VERTRAG MIT SICH SELBST

Sie haben jetzt eine Situation gefunden, in der Sie sich nach Ihrer Meinung durchsetzen könnten. Es ist an der Zeit, daß Sie einen Vertrag für Ihr künftiges Handeln mit sich selbst unterzeichnen.

1. Setzen Sie sich einen Zeitrahmen, in dem Sie selbstsicher werden wollen. Wie bald werden Sie wohl gewillt sein, dem Minus-Typ in Ihrer Problem-Situation die Meinung zu sagen? Wie bald müssen Sie aktiv werden, um die gewünschte Wirkung zu erzielen? Wählen Sie eine der folgenden Möglichkeiten:

   __ innerhalb von 2 Wochen __4 Wochen __ 6 Wochen

   __ nächstes Mal __ irgendwann

2. Unterschreiben Sie diesen Vertrag, und verpflichten Sie sich, konsequent und kontinuierlich zu lernen, wie Sie sich durchsetzen können.

Datum, Unterschrift:______________________________

Gratulation! Sie haben die ersten Schritte zur Selbstsicherheit gewagt. Ein bißchen weiter hinten in diesem Buch werden wir zu Ihrer Problem-Situation zurückkehren und ein Selbstbehauptungsskript ausarbeiten, das Ihnen helfen kann, die Verpflichtung einzuhalten, die Sie gerade eingegangen sind. Eben jetzt aber sollten Sie sich für die gute Arbeit belohnen und zum nächsten Kapitel übergehen, wo Sie sich darauf konzentrieren können, Ihr Selbstwertgefühl zu verbessern.

2

Verbessern Sie Ihr Selbstwertgefühl

Drei große Hindernisse stehen häufig zwischen uns und unserem Ziel der Selbstsicherheit – ein negatives Selbstbild, eine erlernte Angst vor Konfliktsituationen und eine geringe Fähigkeit zur Kommunikation. Dieses Kapitel macht Vorschläge, wie Sie Ihr Selbstbild verbessern können. Spätere Kapitel in diesem Buch konzentrieren sich auf die Fertigkeiten einer wirkungs- und ausdrucksvollen Kommunikation.

Ihr Selbstbild: ein Produkt der Erfahrung

Ob Sie selbstsicher sind oder nicht, das hängt auch von Ihrem Selbstbild ab – einem Konzept oder einem geistigen Bild Ihrer Stärken, Ihrer Schwächen und Ihrer Person. Wir alle erwerben unser Selbstbild auf weitgehend gleiche Art aus dem, was andere Leute uns über uns selbst mitteilen und aus unseren eigenen Beobachtungen unseres Verhaltens und seiner Konsequenzen. Wenn wir aufwachsen, übertragen uns unsere Eltern, Lehrer und andere Erwachsene stufenweise durch Anweisung und Beispiel die Werte, Normen und Verhaltensregeln ihrer Kultur. Die Normen sagen uns, welche Verhaltensweisen als angemessen angesehen werden. Mäßiges Essen zum Beispiel ist akzeptabel; sich den lieben langen Tag vollzustopfen ist es nicht. Am Ende eines Arbeitstages auszuruhen ist eine Belohnung, die man sich verdient hat; den ganzen Tag zu schlafen, das ist Faulheit.

Die Medien vermitteln uns ebenfalls ein riesiges Gefüge von Normen, die von Mädchen in ihrem Verhalten zu Jungen erwartet werden, von Kindern gegenüber Erwachsenen, von Schülern gegenüber Lehrern, von Männern gegenüber ihren Ehefrauen und von Eltern gegenüber ihren Kindern.

In der Tendenz werden wir in der Gesellschaft weitgehend danach beurteilt, wie wir uns den bedeutsamen Normen anpassen. So ist Hannah vielleicht außergewöhnlich gut im Singen, mittelmäßig im Lesen und schwach in Mathematik. Erwachsene ziehen ständig Vergleiche zu allen Aspekten des Verhaltens von Kindern – ihrer Intelligenz, Schönheit, ihren Manieren, Arbeitsgewohnheiten, ihrer Fähigkeit, mit anderen Kindern zu spielen und so weiter. Zudem bewerten Erwachsene Kinder als liebevoll oder boshaft, freundlich oder gemein, vernünftig oder egoistisch, kooperativ oder unkollegial, extrovertiert oder schüchtern. Während wir heranwachsen, werden diese Vergleiche auf uns alle angewandt – erst durch Erwachsene, zunehmend durch die Gleichaltrigen und schließlich durch uns selbst.

Haben wir dann die Standards und Ansichten derer übernommen, die uns beurteilen, kommen wir schrittweise so weit, daß wir uns selbst danach beschreiben, inwiefern wir von der Norm abweichen. Zum Beispiel sagen wir vielleicht zu uns selbst: „Ich bin ein guter Schachspieler, aber ich bin ganz schön begriffsstutzig, wenn es darum geht, mein Konto im Gleichgewicht zu halten." Wir machen solche Selbstbeurteilungen nicht nur über unsere sportlichen, künstlerischen und schulischen Talente, sondern auch über unsere sozialen und persönlichen Einstellungen.

Diese sozialen Vergleiche sind wichtig, weil sie direkt mit dem Belohnungs- und Bestrafungssystem der Kultur verbunden sind. Leute, die eine positive Norm erreichen oder gar übertreffen, werden durch Geschenke, Beförderung, Geld, Lob und Bewunderung belohnt. Sie sind dann wohl „erfolgreich". Diejenigen, die das Erwartete nicht erreichen, bekommen Mißbilligung, Verlust von Vorrechten, Zurücksetzungen und allerlei Strafen. Infolgedessen ist es oft mit Angst verbunden, wenn Verhalten genau bewertet wird, mit Angst vor Strafe wegen eines möglichen Versagens.

Der Preis eines negativen Selbstbildes

Unser Selbstbild ist verpackt in einer Vielfalt von Beschreibungen und Bildern – von Erfolgs- oder Mißerfolgssituationen, die wir erlebt haben. Es wird auch getragen von einer Serie von klischeehaften Etiketten, die wir verwenden, wenn wir uns und anderen dartun wollen, wie wir wirklich sind. Unsere Selbstbeurteilungen sind wichtig, weil sie die meisten Bereiche unseres Verhaltens beeinflussen. Dabei begrenzen sie zugleich unsere Verhaltensoptionen. So vermeiden wir z. B. eine Tätigkeit, wenn unsere Selbsteinschätzung voraussagt: „Ich werde sie so schlecht ausführen, daß es zu einer Blamage führt." Wenn unser Selbstbild z. B. die Vorgabe enthalten würde, wir seien ein schlechter Schlittschuhläufer, würden wir uns wohl nie aufs Eis wagen – und tatsächlich ein schlechter Läufer bleiben. Oft entschuldigen sich die Leute mit dem Satz: „So bin ich eben." Indem sie diese Entschuldigung verwenden, sprechen sie sich Chancen für persönliches Wachstum ab.

Wenn wir in andere hineinhorchen könnten, würden wir hören, wie sich Leute mit geringem Selbstbewußtsein alle möglichen Negativsätze einflüstern. Sie erinnern sich selektiv an die eine oder andere negative Kritik, die sie abbekamen, übertreiben sie zu monströsen Ausmaßen und wiederholen sie gebetsmühlenhaft immer wieder. Der Mann, der gegen seine Leibesfülle ankämpft, sagt zu sich: „Ich bin häßlich, ich bin fett und abstoßend. Keiner hält es aus, mich anzuschauen. Ich bin ein Fettkloß. Ich habe keine Willenskraft." Der schüchterne, zurückhaltende Junge sagt sich in der Disko: „Die Mädchen tuscheln alle über mich! Meine Pickel sind ekelerregend. Wenn ich eines von diesen Mädchen anspreche, werde ich einen Korb bekommen, und ich stehe da wie eine lächerliche Figur. Ich weiß nie, was ich zu einem Mädchen sagen soll."

Wie man sieht, sind manche Menschen selbst ihre schlimmsten Minus-Typen. Sie sagen sich: „Ich bin unkontrolliert, emotional, dumm, schwerfällig, häßlich, schüchtern, kalt, unterwürfig, dick, ich schaffe nichts, ich bin arrogant, gemein, kindisch, brutal, ein(e) miserable(r) Vater/Mutter, ein ganz schlechter Redner, ein Versager, ich habe die beste Zeit hinter mir." Wir alle haben eigene Listen der Selbstherabsetzung. Man kann ja so furchtbar schön brutal zu sich selbst sein. Als einzige aus dem ganzen Tierreich verfügen wir Menschen über die scheußliche Begabung, uns selbst schlechtzumachen. Können Sie sich vorstellen, daß Ihre Katze oder Ihr Hund Depressionen hat und sich solche niederschmetternden Beurteilungen einflüstert?

Noch schlimmer: Vielfach teilt sich unser negatives Selbstbild neuen Bekannten mit, bevor sie sich überhaupt einen eigenständigen Eindruck von uns machen konnten. Wenn wir anderen Leuten einreden, wir seien unzulänglich, tun sie uns wahrscheinlich den „Gefallen", uns zu glauben. In einem der Selbstbehauptungskurse von Sharon Bower machte eine Frau immer wieder Negativreklame für sich, indem sie jede Bemerkung mit dem Satz einleitete: „Ich bezweifle, daß meine Idee irgendeinen Wert hat, aber ..." Ohne es zu merken, verloren die Kursteilnehmer das Interesse an ihren Gedanken – wenigstens bis sie aufhörten, die subtile Botschaft in ihren Bemerkungen zur Kenntnis zu nehmen.

Viele Menschen werden geplagt von Bildern des Versagens, das sie bei sozialen Begegnungen erlebt haben. So aktivierte ein Mann, der sich in einer Diskussion entsetzlich verhaspelt hatte, vor jeder Konferenz seine entmutigenden Erinnerungen. Die Folge: Regelmäßig versagte ihm auch jetzt die Stimme, vor einer großen Hörerschaft begann er zu stocken und zu stammeln.

Manchmal stellen sich die Leute absonderliche Bilder vor, die ihre Passivität, ihre Gefühle von Unzulänglichkeit und ihre Schwächen darstellen sollen. Eine schüchterne Person berichtete, daß sie sich zu einer Pfütze am Boden zusammenschmelzen sah, wenn sie an die sarkastischen Antworten dachte, die ihr Minus-Typ möglicherweise auf ihre Äußerungen hin aufs Tapet brachte. Bilder, die manche Menschen von selbstsicherem Auftreten abhalten, gründen sich auf die Erinnerung an frühere Mißerfolge. Dazu gehört auch die Vorstellung, daß man bestraft wird, wenn man sich durchzusetzen versucht. So könnte sich etwa der Ehepartner von einem trennen oder sogenannte Freunde könnten einen brüskieren oder lächerlich machen.

Ihre Position in Ihrem Umfeld

Unser Selbstbild zeigt sich oft in der Art, wie wir Vergleiche mit den Leuten anstellen, die in unserem Leben eine wichtige Rolle spielen. Von welchen Leuten in Ihrem Leben haben Sie das Gefühl, daß sie besonders wichtig für Sie sind? Welche sind am wenigsten wichtig? Wie schätzen Sie Ihre „Macht" im Verhältnis zu der anderen Person in der jeweiligen Beziehung ein?

Die folgende Übung bezieht sich auf die relative Machtposition und Bedeutung, die Sie in den einzelnen wichtigen Beziehungen innehaben. Sie gibt Ihnen Gelegenheit, sie zu erforschen, über sie nachzudenken und einen Klärungsversuch zu unternehmen. Es kann dabei um den Partner, um Verwandte, Freunde und Mitarbeiter gehen. Die Fragen sind bewußt offen gehalten, weil es darum geht, wie Sie Ihre Beziehungen sehen. Es geht hier nicht um Antworten vom Typ „richtig" oder „falsch". Schildern Sie einfach, wie Sie im Augenblick Ihre Beziehungen zu anderen wahrnehmen und empfinden. Nach unserer Erfahrung halten die meisten Leser diese Übung für interessant und erhellend.

Ihre erste Aufgabe ist es, für sich zu definieren, was Sie gewöhnlich unter den folgenden Ausdrücken verstehen:

- Was bedeutet es für Sie, wenn Sie das Gefühl haben, jemand sei von **gleicher Bedeutung** wie Sie? Und was bedeutet es für Sie, wenn Sie das Gefühl haben, jemand sei von **größerer Bedeutung** als Sie? Was bedeutet es für Sie, wenn Sie meinen, jemand sei von **geringerer Bedeutung** als Sie?

  ____

  ____

  ____

- Was heißt für Sie *„gleicher Status"*, wenn Sie denken, jemand habe den **gleichen Status** wie Sie? Was bedeutet *„dominant"* für Sie, wenn Sie meinen, daß jemand eine **dominante** Position in Ihrer Beziehung innehat? Was soll *„untergeordnet"* heißen, wenn jemand in Ihrer Beziehung **untergeordnet** ist?

  ____

  ____

- Was fördert eine *„enge Beziehung"* zu einer anderen Person?

  ____

  ____

  ____

Behalten Sie Ihre Definitionen im Kopf; zeichnen und beschriften Sie dann Kreise, um zu zeigen, wie Sie sich in bezug auf die wichtigen Leute in Ihrem Leben sehen: Ehemann, Ehefrau oder *Partner/Partnerin, Mutter, Vater, Schwester, Bruder, Kollege, Arbeitgeber, Freund, Kamerad, Ihre Kinder. Beachten Sie beim Zeichnen der Kreise die folgenden Regeln:*

Größe größerer Kreis = Sie halten die Person für bedeutender als sich selbst
kleinerer Kreis = Sie halten die Person für weniger bedeutend als Sie selbst
Kreis von gleicher Größe = Sie halten die Person für gleich bedeutend mit Ihnen

Position Kreis oberhalb von Ihnen plaziert = Sie sind der Meinung, daß die Person im Vergleich mit Ihnen eine dominante Position einnimmt
Kreis unterhalb von Ihnen plaziert = Sie finden, daß die Person eine Position einnimmt, die der Ihren untergeordnet ist
Kreis auf derselben Höhe = Sie finden, daß die Person eine Position einnimmt, die der Ihren gleich ist

Distanz Kreis weit von Ihnen entfernt = Sie betrachten die Beziehung, die Sie zu der Person haben, als distanziert (das heißt: nicht eng oder intim, aber nicht notwendigerweise unfreundlich)
Kreis in Ihrer Nähe plaziert = Sie betrachten die Beziehung als freundschaftlich
Kreis in Überschneidung = Sie betrachten die Beziehung als warm, eng und intim.

Ein Blick auf Ihre Beziehungen

Stellen Sie Ihre Beziehungen dar, indem Sie hier Ihre Kreise einzeichnen.

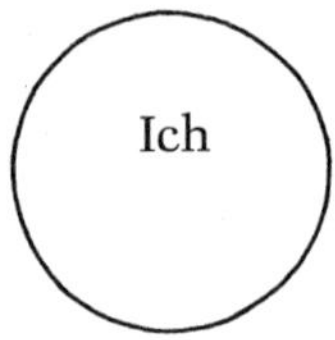

Arbeiten Sie jetzt das Bild Ihrer sozialen Beziehungen weiter aus. Gehen Sie nach den folgenden Anweisungen vor:

Die erste Anweisung bezieht sich auf Leute, auf die Sie im allgemeinen passiv reagieren (z. B., indem Sie zu wenig zu spät tun). Füllen Sie die entsprechenden Kreise mit dieser schneckenförmigen Zeichnung aus.

Die zweite Anweisung bezieht sich auf jene Leute, auf die Sie im allgemeinen aggressiv reagieren (indem Sie z. B. zu vieles zu schnell tun). Füllen Sie diese Kreise mit diesem kriegerischen Zeichen aus.

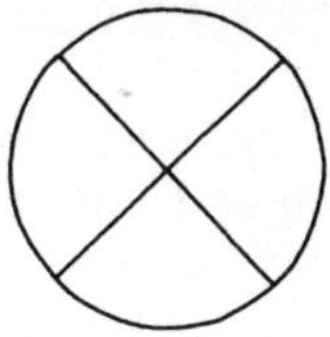

Die dritte Art der Ausmalung ist für diejenigen, auf die Sie in der Regel positiv reagieren (z. B. leichte Problemlösung ohne schlechte Gefühle). Verzieren Sie die Kreise mit diesem Blumenmotiv:

Gibt es Leute, mit denen Sie auf mehr als eine Art interagieren, etwa passiv und auch aggressiv? Dann zeichnen Sie ihre Kreise so:

Was für andere Kombinationen von Verhaltensweisen beobachten Sie an sich selbst, wenn Sie mit einem Freund zu tun haben? Die folgenden Zeichnungen deuten auf eine Kombination oder einen ständigen Wechsel von Interaktionsmustern:

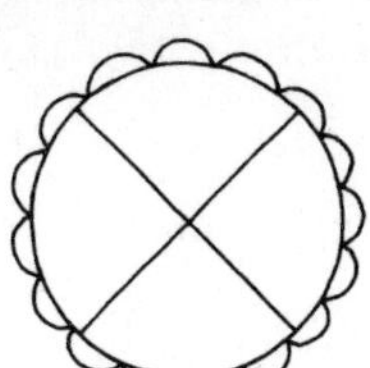

Blättern Sie jetzt zurück zu Ihrer Kreiskonstellation, und gestalten Sie jeden Kreis auf die beschriebene Weise mit Verhaltensmustern, die sich in Ihren Interaktionen mit der jeweiligen Person zeigen.

Betrachten Sie schließlich diese Kreiskonstellation, die Ihre momentanen Beziehungen zu anderen Personen darstellt, und beantworten Sie die folgenden Fragen:

- Mit welchen Personen haben Sie nach Ihrem Gefühl ein ausgeglichenes soziales Machtverhältnis? Sind Sie fähig, Probleme zur beiderseitigen Zufriedenheit zu lösen? Fühlen Sie sich verbunden und nicht unterdrückt? Haben Sie das Gefühl von gegenseitigem Vertrauen, Bewunderung, Geben und Nehmen? Haben Sie ihre Kreise so gezeichnet, daß sie dies wiedergeben?
- Welches sind die positiven Verhaltensweisen, die Ihnen ein Gefühl von Symmetrie mit diesen Leuten ermöglichen? Was hätten Sie angekreuzt, wenn Sie die günstigen Interaktionen mit diesen Leuten bei der Beantwortung des Arbeitsblattes 1 (Seite 21) im Sinn gehabt hätten?
- Im Laufe der Zeit ändert sich unser Verhalten gegenüber anderen. Hätte Ihre Kreiskonstellation vor sechs Monaten genauso ausgesehen? Falls nicht: Bemerkten Sie, daß die Änderungen „einfach geschahen", oder haben Sie (oder der andere) darauf hingearbeitet?
- Welche Kreise würden Sie gerne in der Größe ändern? In der Position? Bezüglich der Distanz? Wie würde ein „perfektes" Bild aussehen? Zeichnen Sie es auf dieser Seite unten. Setzen Sie Ihre perfekte Konstellation ins Bild!

So sieht das aus, was ich gerne als „perfekte Konstellation" meiner Beziehungen hätte. (Zeichnen Sie wichtige Bezugspersonen mit der für Sie idealen Größe, Position und Distanz ein.)

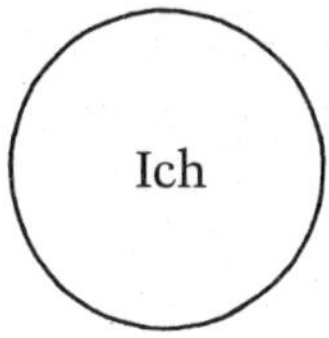

Sie haben jetzt überprüft, wie Sie Ihre gegenwärtigen sozialen Beziehungen sehen, und Sie haben die idealen Beziehungen betrachtet, auf die Sie hinarbeiten möchten. Indem Sie sich um Ihre Durchsetzungsfähigkeit kümmern, tun Sie eine Menge dafür, daß Ihre gegenwärtigen Beziehungen sich Ihrem Ideal annähern.

Verändern Sie Ihr Selbstbild

Ein positives Selbstbild ist die Voraussetzung für Ihr Selbstbewußtsein und Ihre Handlungsfähigkeit. Sie gehen die Verbesserung Ihres Selbstbildes auf zweierlei Weisen an: Zum einen muß die Zahl der positiven Selbstaussagen (Stichwort: Stärken) zunehmen; zum anderen muß die Zahl der negativen Selbstaussagen (Stichwort: Schwächen) abnehmen.

Die Methode, mit der Sie Ihr Selbstbild verändern, ist eine der faszinierendsten Anwendungen der verhaltenspsychologischen Prinzipien. Es ist eine bemerkenswerte Tatsache, daß Sie Ihr Selbstbild ändern können, indem Sie in dem Theater Ihrer inneren Vorstellungen ein Erfolgsstück inszenieren. Sie schleusen einfach in Ihren Strom innerer Monologe und Bilder eine Anzahl sehr günstiger Aussagen und Bilder ein, die Ihnen positive Eigenschaften bestätigen. Durch Wiederholung kann die neue Information Ihr Selbstbild auf dramatische Weise verändern. Deshalb sind die folgenden Übungen darauf gerichtet, Ihre Aussagen über sich selbst zu verändern.

Bauen Sie das Positive aus

Konzentrieren wir uns erst einmal auf Ihre positiven Seiten. Denken Sie einen Augenblick nach, und schreiben Sie dann drei bis fünf vorteilhafte persönliche Eigenschaften auf, positive Überzeugungen über Ihr Aussehen, Ihre Intelligenz, Ihr Interessenspektrum, Ihre Lebensleistung oder was auch immer. Sie sollten zutreffend und konkret sein. Zum Beispiel: „Ich habe ein nettes Lächeln", „Ich bin gut über die aktuellen politischen Entwicklungen informiert", „Ich habe vier glückliche Kinder großgezogen" oder „Ich bin ein guter Billardspieler."

Positive Eigenschaften

1. ______________________________
2. ______________________________
3. ______________________________
4. ______________________________
5. ______________________________

Jetzt kommt es darauf an, die Frequenz dieser sich selbst verstärkenden Gedanken zu erhöhen. Sie können dies tun, indem Sie auf jede positive Aussage eine unmittelbare Belohnung folgen lassen. Viele alltägliche Aktivitäten eignen sich als Belohnung: Essen, Trinken, Blumen arrangieren, ein Spiel machen, einen Freund anrufen, ein Bad nehmen, ausruhen, Zeitung lesen, fernsehen, sexuell aktiv sein usw. In der Praxis geht das so: Immer wenn Sie gerade dabei sind, eine dieser Belohnungshandlungen auszuführen, sagen Sie sich ein paar von Ihren positiven, sich selbst verstärkenden Sätzen und gehen erst dann zu der Belohnung über. Auf diese Weise belohnen Sie sich für die positiven Gedanken, und die positiven Gedanken werden verstärkt durch die angenehme Aktivität, die darauf folgt.

Wenn Sie die sich selbst verstärkenden Sätze in jedem verfügbaren Moment wiederholen (etwa beim Autofahren oder beim Bügeln), können Sie damit schon die Häufigkeit erhöhen, auch wenn keine Belohnung folgt. Unter Umständen stellen Sie gelegentlich fest, daß Sie vergessen, sich die positiven Sätze vorzusagen. Dann können Sie sich durch eine immer wiederkehrende „Botschaft" daran erinnern; sie gibt Ihnen den Anstoß, sich diese Sätze wieder vorzusagen.

Eine Frau trug ihre Liste von positiven Aussagen in ihrem Geldbeutel mit sich herum, so daß sie an das Wiederholen erinnert wurde, wenn sie den Geldbeutel aufmachte. Ein leitender Angestellter schrieb „Jetzt" an mehrere Stellen seines Tagesplans; damit brachte er sich dazu, für ein paar Minuten auf seine guten Seiten zurückzukommen.

Ein Beispiel: Eine Frau mittleren Alters zweifelte an ihren zeichnerischen Fähigkeiten, obwohl sie zur Leiterin der gesamten Zeichenabteilung ihrer Firma ernannt wurde. Sie schrieb eine positive Aussage für sich selbst: „Ich bin gut im Zeichnen." Nachdem sie den Satz mehrere Tage lang gelesen und wiederholt hatte, hängte sie den Satz am Schwarzen Brett der Abteilung aus. Ihre Kollegen waren erstaunt und fragten: „Natürlich sind Sie eine hervorragende Zeichnerin. Deshalb sind Sie doch zur Leiterin der Abteilung gemacht worden. Aber weshalb müssen Sie dann diese Mitteilung aushängen?" Sie antwortete: „Weil ich das ganz klar sehen möchte, um mich selbst zu überzeugen." Das Aufhängen ihrer positiven Aussage brachte ihr allerlei Komplimente ein – und das Vertrauen darauf, daß die Feststellung zutraf.

Das öffentliche Aushängen einer Selbstaussage ist weder eingebildete Prahlerei noch „fishing for compliments". Sie beschreiben den anderen einfach, was Sie an sich mögen. Es liegt an den anderen, ob sie zustimmen oder nicht. Versuchen Sie sich an der folgenden Aufgabe.

1. Tag: Formulieren Sie eine positive Aussage über sich selbst. Bewahren Sie diesen Satz an einer Stelle auf, wo Sie ihn mehrmals am Tag lesen können.

2. Tag: Hängen Sie Ihre positive Selbstaussage daheim an die Pinnwand oder an die Kühlschranktür. Am Arbeits-

platz könnten Sie den Satz auf Ihren Schreibtisch oder ans Schwarze Brett des Büros heften.

3. Tag: Teilen Sie einem Mitglied Ihrer Familie oder einem Kollegen mit, wie sehr Sie ihn oder sie schätzen. Schreiben Sie diesen Satz auf einen Notizzettel, und befestigen Sie ihn am Kissen des Betreffenden. In einem Büro können Sie ein positives Urteil über einen Kollegen in einer internen Mitteilung festhalten.

Hier das Beispiel einer Frau:

1. Tag: Meine positive Selbstaussage: *Ich habe ein strahlendes Lächeln!*
2. Tag: Wo angebracht: Ich schrieb diese Botschaft auf einen Merkzettel und steckte diesen an den Badezimmerspiegel, wo ich ihn jeden Morgen sehe.
3. Tag: Die Positivaussage, die ich für jemand anders ausgesucht habe: Für meinen Freund befestigte ich den Zettel am Armaturenbrett: *Ich mag, wie du mich in den Arm nimmst! Kuß, Birgit!*

Formulieren Sie jetzt Ihre eigenen Sätze.

Vermehren Sie Ihre positiven Selbstaussagen

1. Tag: Schreiben Sie Ihre positiven Selbstaussagen hier nieder:
2. Tag: Wo haben Sie die positive Selbstaussage angebracht?

Halten Sie nachfolgend alle Kommentare fest, die dazu gemacht wurden. Notieren Sie Ihre selbstbewußten Antworten.

Kommentare zu Ihren selbstermutigenden Aussagen	Ihre selbstbewußte Antwort
1. ______________________	______________________
______________________	______________________
2. ______________________	______________________
______________________	______________________

3. Tag: Wie lautet die positive Aussage, die Sie für jemand anders schrieben?

____

Wie hat der/die andere reagiert?

____

Kehren Sie Ihre negativen Selbstaussagen um

In den vorangegangenen Übungen haben Sie sich auf Ihre positiven Eigenschaften konzentriert. Beschäftigen wir uns als nächstes intensiv mit dem Umdrehen Ihrer negativen Selbstaussagen, den selbstzerstörerischen Sätzen, die Sie in bedrohlichen Situationen zu sich sagen. Blättern Sie noch einmal zurück, und sehen Sie die Antworten zu Frage B im Arbeitsblatt 4 (Seite 35) an.

Sie können Ihr Selbstbild ändern, indem Sie das Prinzip ausnützen, das bei Werbe- und Propagandakampagnen angewendet wird: Die Wiederholung einer Botschaft verankert sich unbewußt, so daß sie eine subjektive Wahrheit innerhalb Ihres Systems von Überzeugungen wird. Um Ihre negativen Selbstaussagen umzudrehen, brauchen Sie sich nur das Gegenteil Ihrer Negativsätze zu wiederholen und aufzusagen. Anstatt zu denken: „Ich bin leicht zu entmutigen", denken Sie: „Ich bin hartnäckig" (oder: „Ich **werde** hartnäckig sein" oder: „Ich **kann** hartnäckig sein"). Soll heißen: Ändern Sie jedes negative Selbsturteil in die entsprechende positive, selbstermutigende Aussage, und studieren Sie dann die positiven Aussagen ein, indem Sie sich immer wieder in die Problem-Szene hineinversetzen.

Nachstehend einige Beispiele für die Umschaltung von negativ zu positiv bei den Selbstaussagen.

Negative Urteile	*Positive Urteile*
Ich bin schwach	Ich kann stark sein
Ich bin zu passiv	Ich kann zupackend sein
Ich bin ängstlich	Ich kann mutig sein
Ich kann mich nicht durchsetzen	Ich kann mich durchsetzen
Ich bin hilflos	Ich bin belastungsfähig
Es geht mir miserabel	Ich kann glücklich sein

Gehen Sie jetzt Ihre Negativaussagen aus Frage B in Arbeitsblatt 4 (S. 35) durch, und schreiben Sie unterhalb dieses Textes zu jeder Aussage eine Gegenaussage. Das Gegenstück wird eine positive, selbstverstärkende oder ermutigende Feststellung sein, die auf die Verbesserung Ihrer Selbstachtung abzielt. Sehen Sie zu, daß Sie zwei bis fünf Selbstaussagen zustande bekommen.

<u>Kehren Sie Ihre negativen Selbstaussagen um</u>

1. ______________________________
2. ______________________________
3. ______________________________
4. ______________________________
5. ______________________________

Gut. Das sind die „Propagandabotschaften", die Sie in Ihr unbewußtes System von Überzeugungen einbrennen wollen. Die grundlegende Methode besteht darin, daß Sie sich die Sätze immer wieder vorsagen und auf das Vorsagen, wenn möglich, eine kleine Belohnung folgen lassen. Die Wiederholung schreibt sich automatisch in Ihr Unterbewußtsein ein. Ihr Selbstbild wird so, wie Sie es sich sagen.

Denken Sie daran: Am besten ist es, wenn Sie sich direkt nach einem selbstermutigenden Satz belohnen. Rufen Sie sich zum Beispiel, während Sie gerade einen ersten Schluck von einem Erfrischungsgetränk nehmen wollen, schnell die Problem-Szene ins Gedächtnis. Dann sagen Sie anstelle Ihrer Negativsätze Ihre positiven, selbstermutigenden Sätze zu sich selbst. Mit der Wiederholung kommt der Glaube, und wenn Sie lange genug dabeibleiben, wird es Ihnen möglich sein, diese positiven Inhalte bei tatsächlichen Konfrontationen zu glauben und im Sinn zu haben. Dieses Verfahren hilft Ihnen auch, in der Problem-Szene die Beherrschung nicht zu verlieren. Demgemäß können Sie Ihr geplantes Durchsetzungsskript auf intelligente Weise durchführen.

Bestrafen Sie Ihre negativen Selbstgespräche

Bis jetzt haben wir den Schwerpunkt auf die Technik der Belohnung von positiven Selbstaussagen gelegt. Die umgekehrte Technik ist ebenfalls sehr hilfreich. Es geht darum, daß Sie die Klagen über Ihre Unzulänglichkeiten unterbinden. Treffen Sie eine Regelung, daß Sie sich bestrafen, wenn Sie dazu ansetzen, auf Ihrer Unfähigkeit herumzureiten. Sie wissen bereits, daß negative Selbstgespräche – zu denken oder zu sagen: „Ich bin dumm, ängstlich, schwach" – selbstzerstörerisch sind. Lassen Sie sich deshalb von negativen Gedanken nicht beeinflussen! Und das können Sie dagegen tun:

1. Machen Sie eine Liste von beruflichen und häuslichen Aufgaben, die Sie machen sollten, aber zu denen Sie nie kommen. Geben Sie der Aufstellung den Titel: „Langweilige Pflichtarbeiten zum Stoppen negativer Selbstgespräche". Schätzen Sie die Zeit ab, die für jede dieser Tätigkeiten erforderlich ist. Bringen Sie die Liste an einer Stelle an, wo Sie leicht auf sie zurückkommen können.
2. Wenn Sie wieder von negativen Gedanken über Ihre eigene Person besetzt sind, gehen Sie zu Ihrer Liste, wählen eine Aufgabe aus und erledigen sie. Machen Sie es sich nie zu angenehm, belohnen Sie sich nie mit Essen, einem guten Buch oder mit Fernsehen, wenn Sie Ihre Negativgedanken pflegen. Bestrafen Sie sich statt dessen für negative Gedanken, indem Sie sich zwingen, eine der langweiligen Tätigkeiten auszuführen. Außerdem sollten Sie den negativen Gedanken auf diese Weise entgegenarbeiten: In den letzten Minuten der stupiden Arbeit sollten Sie über verschiedene selbstermutigende Aussagen nachdenken (siehe die frühere Liste), Aussagen, die gegen die negativen Statements gerichtet sind, derentwegen Sie die Strafarbeit gemacht haben. Sagen Sie diese positiven Gedanken ein paar Minuten lang auf, bevor Sie mit der langweiligen Tätigkeit aufhören. Das „Erleichterungsprinzip" läuft darauf hinaus, daß Gedanken, die direkt vor der Erleichterung von einer unangenehmen Situation auftreten, belohnt und verstärkt werden. Achten Sie darauf, daß negative Selbstbeurteilungen eine Strafarbeit zur Folge haben, während posi-

tive, entgegengesetzte Aussagen direkt vor der Erleichterung von der Arbeit kommen.

Hier ein Beispiel, wie jemand diese Technik eingesetzt hat:

1. Langweilige Arbeiten zum Abwürgen negativer Selbstgespräche:
- Toilette und Bad reinigen (eine Stunde)
- jede Schublade in der Küche abwischen (10 Minuten pro Schublade; 10 Schubladen = 100 Min.)
- Überweisungen für die monatlich anfallenden Rechnungen schreiben (30 Min.)
- Flaschen zum Getränkemarkt bringen (1 Stunde)
- die in der Woche eingegangenen Briefe beantworten (1 Stunde)

2. Protokoll meiner negativen Selbstgespräche:

Datum	*Was ich zu mir sagte*	*Unangenehme Arbeit, die ich verrichtete, und positiver Satz, den ich schließlich sagte*
1. März	„Ich kann nicht mit Geld umgehen."	Habe „Soll und Haben" aufgerechnet und sagte: „Jetzt weiß ich, wo jeden Monat mein Geld bleibt."
2. März	„Ich schaffe es nicht, irgend etwas zu erledigen."	Habe die während der Woche eingegangene Korrespondenz beantwortet und gesagt: „Prima, ich arbeite wirklich effizient und bekomme die Dinge auf die Reihe."
3. März	„Ich kann nicht einschlafen." (Schlaflosigkeit kann durch negative Gedanken ausgelöst werden.)	Habe 30 Minuten lang Schubladen gereinigt und gesagt: „Jetzt kann ich schlafen wie ein Bär!"

Versuchen Sie sich in diesen Bestrafungstechniken etwa eine Woche lang. Beobachten und notieren Sie, wie oft Sie in anhaltendes Grübeln über Ihre negative Selbstbeurteilung verfallen. Achten Sie darauf, ob die Bestrafung die Häufigkeit Ihrer Grübelanfälle vermindert. Beantworten Sie die folgenden Punkte, wenn Sie während der Woche die Übungen machen:

<u>Beenden Sie Ihre negativen Selbstgespräche</u>

1. Langweilige Aufgaben zum Beenden negativer Selbstgespräche

Tätigkeit	*Geschätzte Zeit für die Tätigkeit*
______________________	______________________
______________________	______________________
______________________	______________________
______________________	______________________
______________________	______________________
______________________	______________________

2. Protokoll Ihres negativen Selbstgesprächs:

Ihr negatives Selbstgespräch	*Erledigte Arbeit und Satz, den Sie zum Schluß sagten*
______________________	______________________
______________________	______________________
______________________	______________________
______________________	______________________

Es ist zu hoffen, daß Ihr negatives Selbstbild in dem Maße abnimmt, in dem Sie sich mit diesen unangenehmen Tätigkeiten bestrafen. Sie werden nicht nur lernen, Ihre negativen Gedanken unter Kontrolle zu halten, Sie werden mit dieser Methode wahrscheinlich auch eine Menge nützlicher Arbeiten verrichten.

Eine andere Art der Selbstbestrafung für selbstabwertende Quälereien besteht darin, daß Sie sich in „Einzelarrest" begeben. Obwohl Sie mit dieser Methode keine Arbeit getan bekommen, kann sie sich als sehr wirkungsvoll erweisen. Sie installieren einen „Selbstquäl-Stuhl" oder eine entsprechende Zelle im Haus (eine Frau benützte eine Ecke in ihrer Garage). Dorthin gehen Sie, wenn Sie sich beim Nachgrübeln über Ihre Unzulänglichkeiten ertappen. Der Stuhl muß ein ausgesprochen unangenehmer Sitzplatz sein: Er ist hart, steht gegenüber einer kahlen Wand, Sie sind von Musik, von Lesestoff und von Gesprächen abgeschnitten. Wenn Sie sich dabei erwischen, wie Sie sich darüber ärgern, daß Sie ach so schrecklich oder erbarmungswürdig sind, zwingen Sie sich zu Ihrem Stuhl hin, und bleiben Sie da, bis es Ihnen komplett langweilig ist. Das ist Ihre Strafe. Natürlich sollten Sie wie in der vorhergegangenen Übung die entsprechenden positiven Selbstaussagen denken, bevor Sie sich von dieser unangenehmen Situation befreien.

Überarbeiten Sie das Drehbuch in Ihrem Kopf

In der Vergangenheit haben Sie Ihren Minus-Typ vielleicht als eine äußerst mächtige Persönlichkeit gesehen, die Sie als ein weiches, wehleidiges Etwas beherrscht. Diese Art von geistigem Bild hemmt Ihre Versuche, sich gegenüber Ihrem Minus-Typ durchzusetzen. Sie müssen deshalb Ihre geistigen Bilder so umgestalten, daß sie selbstsichere Äußerungen ermutigen. Es gibt zwei Arten von Übungen. Erstens: Sie geben Ihrem Minus-Typ eine mehr spielerische, weniger bedrohliche Rolle, so daß Sie weniger Angst vor ihm oder ihr haben; zweitens zeichnen Sie sich als eine stärkere, direkter agierende durchsetzungsfähige Person. Auf diese Weise können Sie sich kraftvoll ausdrücken, wenn es hart auf hart geht.

Machen Sie Ihren Minus-Typ weniger furchterregend

Eine erste Übung: Denken Sie an eine nette Gefälligkeit, die Ihnen Ihr Minus-Typ erweist, oder an eine spezielle Geste der Zuneigung von seiner Seite. Malen Sie sich aus, wie Ihr Minus-Typ bei dieser Gelegenheit aussah, handelte und sich vernehmen ließ – in einer ruhigeren, positiveren Stimmung als jener, der mit Ihrer Problem-Szene verbunden ist. Wenn Sie sich an keine gute Handlung erinnern können, dann malen Sie sich einfach Ihren Minus-Typ in friedlicher Stimmung aus, mit seiner oder ihrer charakteristischen Erscheinung; die Sie liebens- oder bewundernswert (oder wenigstens annehmbar) finden. Löschen Sie aus Ihrer Vorstellung den bedrohlichen Einfluß Ihres Minus-Typs;

mildern Sie dieses herbe Bild, das Sie davon abhält, sich durchzusetzen.

Welche freundlichen Charakterzüge oder bewundernswerten konkreten Handlungen können Sie mit Ihrem Minus-Typ in Verbindung bringen?

Nachdem Sie dieses gegen die Angst gerichtete Bild gefunden haben, sollten Sie sich darin üben, Ihren Minus-Typ in dieser Weise zu sehen. Malen Sie sich 20 Sekunden lang das Bild des „wohltätigen Minus-Typs" aus. Wiederholen Sie dieses Ausmalen über fünf Tage hinweg mehrmals am Tag.

Zweite Übung: Stellen Sie sich Ihren Minus-Typ vor, wie er weich und schüchtern aussieht und auch so handelt. Wenn er oder sie z. B. schreit und brüllt, sollten Sie sich einen jaulenden und verspielten Welpen oder eine nervöse, ängstliche Maus vorstellen. Probieren Sie es aus! Ändern Sie das Bild von Ihrem Minus-Typ in Ihrem Kopf, wie wenn Sie beim Fernsehen von einem Gruselfilm zu einer leichten Komödie umschalten würden.

Zu welchem verspielten Tier wird Ihr Minus-Typ in Ihrer Vorstellung?

Stellen Sie sich dieses Bild eine Woche lang mehrmals am Tag 10–20 Sekunden lang vor. Das trägt dazu bei, Ihre Angst vor dem Minus-Typ zu vermindern.

Machen Sie sich ein Bild von sich selbst als durchsetzungsfähige Person

Die beiden folgenden Übungen haben das Ziel, daß Sie Ihr positives Selbstbild verbessern, damit Sie sich in belastenden Situationen als kraftvoll und durchsetzungsfähig sehen. Werfen Sie einen Blick zurück auf Frage C in Arbeitsblatt 4 (Seite 35), wo Sie

Ihre negativen Selbstbilder in der Problem-Szene beschrieben haben. Sie können sie verändern, indem Sie in Ihrem Kopf immer wieder das Gegenbild zur ursprünglichen Vorstellung aufbauen. Sie kehren also Ihr negatives Selbstbild in ein positives, selbstermutigendes Bild um. Dann rufen Sie es ab, indem Sie es jeden Tag mehrmals ausmalen und sich dafür belohnen.

In einem Gegenbild kehren sich die Gefühle, Leistungen und Rollen der Beteiligten um. Nehmen wir an, Sie zeichnen sich als winzigen Dackel, der sich vor einer deutschen Dogge (dem Minus-Typ) verkriecht. Vertauschen Sie dann einfach die Rollen, und sehen Sie sich in dieser Szene als die deutsche Dogge. Wenn in Ihrer Vorstellung der Minus-Typ Sie mit Kritik überhäufte, dann stellen Sie sich jetzt vor, daß er/sie zarte Worte der Ermunterung in Ihr Ohr flüstert. Wenn Sie sich als bibbernden Schwächling gemalt haben, dann sollten Sie sich jetzt als starke, couragierte Person sehen, furchtlos und fähig, sich einem fordernden Minus-Typ entgegenzustellen.

Schreiben Sie unten die Gegenstücke der negativen Selbstbilder auf, die Sie ändern wollen. Greifen Sie auf Frage C in Arbeitsblatt 4 (Seite 35) zurück, und beschreiben Sie genau Ihr neues starkes Bild von sich selbst.

Ihr positives Selbstbild

____

____

____

____

Dies sind die selbstermutigenden mentalen Bilder, die Sie abrufen, mit denen Sie sich belohnen und die Sie verwenden können, wenn die Problem-Situation wiederkehrt. Rufen Sie diese Bilder mehrmals am Tage während mindestens einer Woche ab. So können Sie Ihre Emotionen in der wirklichen Konfrontation kontrollieren, und Sie können Ihr Selbstbehauptungsskript in die Tat umsetzen, ohne „aus dem Leim zu gehen".

Nun kommt die letzte Übung zu den inneren Bildern: Stellen Sie sich vor, daß Sie auf neue, selbstbewußte Art agieren – gerade so, wie sich ein Schauspieler in einer neuen Rolle sehen könnte. Das geht so:

1. Beschreiben Sie in ein paar Sätzen einen sehr selbstsicheren Menschen, den Sie kennen oder den Sie im Fernsehen oder im Film gesehen haben. Stellen Sie sich diese Person vor, und notieren Sie, wie sie geht, sitzt, steht und welche Gesten sie macht. Welcher Gesichtsausdruck läßt diese Person selbstsicher erscheinen?
2. Schließen Sie die Augen, und „betrachten" Sie, wie Ihr Selbstsicherheits-Vorbild etwas tut, wovor Sie Angst haben oder was Sie nach Ihrem eigenen Empfinden ungeschickt und kümmerlich ausführen würden.
3. Sehen Sie nun, wie Sie selbst das tun, was Ihr selbstsicheres Vorbild macht. Fühlen Sie, daß Sie vorgehen und reden, als wären Sie identisch mit diesem Vorbild der Selbstsicherheit.

Jemand, der sich auf ein Bewerbungsgespräch vorbereitete, schrieb folgendes:

1. Mein Vorbild hat eine ausgezeichnete, aufrechte Haltung. Sie bewegt sich mit Leichtigkeit, ohne übertriebene Bewegungen. Sie hat keine nervösen Gesten; ihre Hände bleiben entspannt zu beiden Seiten. Sie kann sich weich und mühelos in jede gewünschte Richtung bewegen. Sie sieht auch gelassen aus, wenn sie einfach still dasitzt. Sie macht einen freundlichen, eifrigen und glücklichen Eindruck. Sie schaut andere Leute aufmerksam an, fragt nach und strahlt Vertrauen aus. Sie ähnelt am meisten meiner Großmutter.
2. Ich kann mir lebhaft vorstellen, wie diese Frau den Raum betritt, in dem das Bewerbungsgespräch stattfindet, und wie sie die Personalchefin zuversichtlich begrüßt. Ich kann sehen, wie sie lächelt, wie sie ihr kraftvoll die Hand schüttelt und Blickkontakt aufnimmt. Sie sagt: „Guten Morgen, Frau Müller. Schön, Sie zu sehen."
3. Ich habe mein Vorbild weiterhin in dieser Weise agieren lassen. Nach mehreren Durchläufen, in denen ich sie mir deutlich vorgestellt habe, setzte ich mich an ihre Stelle. Nachdem

ich die Szene mehrmals vor meinem inneren Auge hatte ablaufen lassen, konnte ich mich beinahe hören bei der Begrüßung meines künftigen Chefs, der nächste Woche das Gespräch mit mir führen wird.

Malen Sie ein neues Bild von sich selbst

Suchen Sie sich nun ein Vorbild an Selbstsicherheit aus, und stellen Sie sich vor, daß Sie ebenso selbstsicher agieren, wie es das Vorbild in Ihrer Problem-Szene tun würde.

1. Beschreiben Sie ein Vorbild in Sachen Selbstsicherheit – ein Vorbild, das Sie sorgfältig beobachtet haben. Beschreiben Sie das Vorbild genau.

   ____

   ____

   ____

2. Stellen Sie sich vor, wie Ihr Vorbild etwas tut, wovor Sie Angst haben – oder etwas, wovon Sie meinen, daß Sie es schlecht ausführen würden. Beschreiben Sie, wie er oder sie die Situation meistert.

   ____

   ____

   ____

3. Stellen Sie sich nun vor, daß Sie handeln wie Ihr selbstsicheres Vorbild. Was tun und sagen Sie? Auf welche Weise?

   ____

   ____

   ____

Der entscheidende Gewinn bei dieser Übung liegt darin, daß Sie in Ihrer Vorstellung eines Vorbilds die Handlungen nachahmen, die auf Selbstbehauptung ausgerichtet sind. Sie verändern in dieser Szene Ihr Selbstbild, indem Sie sich in Ihren Gedanken selbst zu einer durchsetzungsfähigen Person machen. Praktizieren Sie diese Vorstellungsübung während mindestens einer Woche mehrmals täglich. Kopieren Sie die Handlungsweise Ihres Vorbilds, indem Sie sich vorstellen, wie diese Person in verschiedenen bedrohlichen Situationen handeln würde – Situationen, die Sie aus der Fassung bringen würden. Diese Übungen können Ihr positives Selbstbild stärken.

Bereiten Sie sich mehr angenehme Erlebnisse

Häufige Folgen des Mangels an Selbstsicherheit sind Frustration und Depression. Der schüchterne Einzelgänger ist oft deprimiert und mürrisch, da er aus dem Leben sehr wenig Vergnügen zieht. Die letzte Übung stellt Ihnen eine Methode vor, mit der Sie die gelegentlichen Annehmlichkeiten Ihres Lebens verstärken und ausweiten können. Stellen Sie sich vor, daß Sie mit einer angenehmen Tätigkeit beschäftigt sind. Wenn Sie sich diese angenehmen Vorstellungen immer wieder hervorrufen, bringen Sie es zuwege, kleine Freuden in Ihre tägliche Routine einzustreuen. Sie dehnen Ihre guten Zeiten aus, indem Sie solche Vorstellungen mental durchspielen und so die wirkliche Aktivität vorwegnehmen. Und das sind die Schritte:

1. Wählen Sie eine kleine Tätigkeit aus, die sie genossen haben. Es sollte sich um eine Aktivität handeln, die Sie aus reinem Vergnügen genießen können. Und sie sollte auch zu Ihrem Zeitplan und zu Ihrem Geldbeutel passen. Halten Sie fest, was Sie wann tun werden.
2. Beschreiben Sie in drei Sätzen Ihre Erfahrung. Es könnte zum Beispiel sein, daß Sie in einem Satz die Vorfreude beschreiben, in einem Satz die Freude während der Tätigkeit und in einem dritten Satz das Vergnügen am Ende dieser Aktivität.
3. Wählen Sie drei Zeitpunkte während des Tages aus, zu denen Sie diese drei Bilder in Ihrer Vorstellung ablaufen lassen können. Suchen Sie eine ruhige Zeit aus, in der Sie etwa zwei Minuten allein sind. Stellen Sie sich Szenen vor, die Sie mit all Ihren Sinnen genießen – Sehen, Berühren, Hören, Riechen und Schmecken. Lassen Sie die Szenen in Ihrer Vorstellung

lebendig werden. Versuchen Sie die Freude zu erleben, die Sie aus dieser Tätigkeit ziehen werden.

4. Erzählen sie anderen Leuten, welche Aktivität Sie geplant haben. Teilen Sie ihnen mit, daß Sie Ihre eigenen Unternehmungen nicht hintanstellen werden, um Routinearbeiten zu erledigen, den Bedürfnissen anderer zu genügen oder in letzter Minute etwas für andere zu erledigen.
5. Führen Sie die Aktivität wie geplant aus. Planen Sie gleich ein neues Vorhaben, nachdem Sie eines erlebt haben. Suchen Sie sich eine oder mehrere neue Unternehmungen pro Woche, die Sie sich dann vorstellen, abrufen und ausführen.

Hier ein Beispiel:

1. Eine Aktivität für das Wochenende. *Ich werde am Samstag schwimmen gehen.*

2. Drei Sätze über das Erlebnis und die Gefühle dabei.
   Ich werde es genießen, am Rand des Beckens zu stehen, bevor ich hineinspringe.
   Ich werde es genießen, durch das kalte Wasser zu schwimmen.
   Ich werde es genießen, auf meinem Handtuch zu liegen und das Gefühl von Wärme zu haben, während meine Haut in der Sonne trocknet.

3. Wann werde ich diese Bilder in mir aktivieren?
   Ich werde morgens nach dem Aufwachen üben.
   Ich werde am Nachmittag nach dem Essen üben.
   Ich werde am Abend kurz vor dem Einschlafen üben.

4. Wann werde ich es anderen erzählen? *Eine Woche im voraus.*

5. Eine zweite Aktivität nach dieser: *Ich werde zwei Stunden in der Bibliothek herumschmökern.*

Weiten Sie die angenehmen Aktivitäten aus

Halten Sie nun fest, wie *Sie* sich ein kommendes Vergnügen vorstellen:

1. Suche Sie sich eine Aktivität aus, die Sie selbst am Ende dieser Woche ausüben können. Machen Sie einen Vertrag mit sich:

Ich werde

---

2. Beschreiben Sie in drei Sätzen das Erleben vor, während und nach der Aktivität.
   Ich werde genießen

   Ich werde genießen

   Ich werde genießen

   ---

3. Wählen Sie drei Zeitpunkte während des Tages aus, zu denen Sie diese Bilder geistig wachrufen können:
   Ich werde morgens üben, wenn

   Ich werde mittags üben, wenn

   Ich werde abends üben, wenn

   ---

4. Wann werden Sie den anderen erzählen, welche Aktivität Sie planen?

   ---

5. Planen Sie eine andere Aktivität, sobald Sie diese ausgekostet haben. Welcher Art wird sie sein?

Verwenden Sie beliebige Varianten dieser Übungen, die Ihrem Stil und Ihren Interessen entsprechen. Wichtig ist immer, daß Sie so intensiv üben, wie Sie das Klavierspielen oder eine andere Fertigkeit üben würden. Diese Aufgaben können Ihnen dabei helfen, mehr Freude in Ihr Leben zu bringen und die Depression aufzuhellen, die durch die mangelnde Durchsetzungsfähigkeit entsteht. Zusammengenommen können die in diesem Kapitel vorgestellten Techniken Ihre Stimmung heben und Sie in eine Gemütsverfassung bringen, in der persönliche Ziele wichtig und durchsetzungswürdig werden. Vor allem bekräftigen Sie durch die Anwendung dieser Techniken Ihr grundlegendes Recht auf Selbstverantwortung und auf Lebensfreude.

3

Ein Schritt nach dem anderen: Selbstbehauptungstraining von Anfang an

Theaterleute behaupten gern, daß es keine schlechten Rollen gibt, nur schlechte Schauspieler. Damit ist gemeint, daß selbst die kleinsten Rollen Raum für große Schauspielkunst lassen. Voraussetzung dafür ist allerdings die Beherrschung des Handwerkszeugs und beständiges Training. Deshalb gehören für Musiker, Artisten oder Schauspieler Aufwärmübungen, das Wiederholen der Rollen und Improvisationsübungen zur Routine vor einem Auftritt. Die gleiche sorgfältige Vorbereitung braucht selbstbewußtes Verhalten. Wenn Sie Schritt für Schritt kleine Verhaltensveränderungen in die Tat umsetzen, also sich das Handwerkszeug für selbstbewußtes Auftreten aneignen, können Sie auch dann Sicherheit ausstrahlen, wenn mehr von Ihnen verlangt wird.

In diesem Kapitel schlagen wir Ihnen verschiedene praktische Übungen vor. Wollen Sie mitmachen? Sie werden dabei bestimmt Erfolgserlebnisse haben. Die kurzen Übungen sind abwechslungsreich, machen Spaß und schaffen die Grundlage für Ihr Selbstwertgefühl, das zum persönlichen Wachstum gehört. Am Beispiel anderer zeigen wir Ihnen, wie man mit den Übungen umgehen kann. Am besten, Sie üben täglich einmal. Dann werden Sie bald merken, wie diese neuen, positiven Verhaltensweisen auf Ihre Selbstwahrnehmung wirken. Gleichzeitig bereiten Sie sich auf schwierigere Situationen vor.

Führen Sie Buch über Ihr selbstbewußtes Verhalten

Um Ihren täglichen Fortschritt zu verfolgen, empfiehlt es sich, ein Tagebuch zu führen. Darin können Sie verfolgen, wie Sie sich in Ihren Übungssituationen und im Alltag verhalten. Sie können sich darin auch mit den Situationen auseinandersetzen, in denen es Ihnen nicht gelang, sich selbstbewußt zu verhalten. Notieren Sie dann, was Sie hätten besser machen können. Übrigens ist die beste Zeit für die Einträge in Ihr Tagebuch am frühen Abend.

Sie können Ihr Tagebuch in tägliche oder wöchentliche Abschnitte aufteilen. Das sieht dann etwa so aus:

Tagebuch meines selbstbewußten Verhaltens

Tag (oder Woche) ______________________________

Situation (Zeit u. Ort)	*Grundsituation (Wer sagte was zu wem?)*	*Meine Erwiderung (Wörter und Handlungen)*	*Was erlebte ich? (Wie ich mich wegen meines Verhaltens gefühlt habe)*

Ihr Tagebuch erfüllt mehrere Funktionen: Erstens erinnert es Sie daran, Ihre Übungen täglich zu erledigen. Außerdem hilft es Ihnen, sich gedanklich auf solche Situationen einzustellen. Drittens werden Sie sich selbst auf die Schulter klopfen dürfen, weil Sie ja immer selbstbewußter handeln, wenn Sie regelmäßig Ihre Übungen machen. Wenn Sie außerdem ein nachahmenswertes Verhalten für mißlungene Situationen aufschreiben, stellen Sie sich auf vergleichbare Gelegenheiten ein. Schließlich wird Ihr Tagebuch nach und nach ein Dokument Ihrer eigenen Entwicklung sein.

Beginnen Sie jetzt mit den Übungen

Die folgenden Übungen steigern sich von „leicht“ zu „schwieriger“. Mit jeder der Übungen werden Sie aufgefordert, selbstbewußtes Verhalten zu zeigen. Wenn Sie sich bereits routinemäßig auf eine der beschriebenen Weisen verhalten, ohne sich dabei irritieren zu lassen, dann überspringen Sie einfach die entsprechende Übung. Gehen Sie mit den Übungen wie mit einem sportlichen Fitneßtraining um. Sie können sofort damit beginnen, alleine, mit einem Freund oder einem Bekannten. Es ist hilfreich, wenn Sie mit jemandem zusammenarbeiten. Das stärkt die Motivation.

Die Reihenfolge der Übungen:

Übung 1	Notieren Sie Sätze, mit denen Sie niedergemacht werden.
Übung 2	Blickkontakt aufnehmen.
Übung 3	Gesprächskontakte einfädeln.
Übung 4	Anerkennung aussprechen und annehmen.
Übung 5	Gezielt nachfragen.
Übung 6	Um Hilfe bitten.
Übung 7	Für Ihre begründeten Ansprüche eintreten.
Übung 8	Sich an Unterhaltungen beteiligen.
Übung 9	Körpersprache nutzen, um Zustimmung oder Ablehnung zum Ausdruck zu bringen.
Übung 10	Keine Rechtfertigungen mehr!
Übung 11	Ausdrucksvoll sprechen, um Gefühle zu zeigen.

Übung 1
Notieren Sie Sätze, mit denen Sie niedergemacht werden

Unsere Sprache ist eine vielseitig verwendbare Waffe, um jemanden direkt anzugreifen, verschlüsselt und durch versteckte Andeutung niederzumachen. Wenn jemand versucht, Sie unfair unter Druck zu setzen, in Ihre Privatsphäre einzudringen, Sie kleinzumachen oder zu bevormunden, ist die Absicht häufig hinter Schlagwörtern, Klischees oder Redewendungen verborgen. Sie können lernen, solche Unterwerfungsabsichten zu erkennen und sich bei der Abwehr eindeutig zu verhalten. Verwechseln Sie eine selbstbestimmte Antwort nicht mit einer wütenden oder aggressiven. In der Ruhe liegt die Kraft! Das gilt auch für eine Erwiderung, die deutlich macht, daß Sie es nicht zulassen, unterdrückt zu werden.

Vorschläge. In der folgenden Liste finden Sie eine Auswahl der üblichen „Niedermacher". Es gibt natürlich noch jede Menge mehr. Decken Sie zunächst die rechte Spalte ab, und schreiben Sie Erwiderungen, die Sie für besonders schlagfertig halten, auf ein Blatt Papier. Überlegen Sie, was Sie bei der nächsten vergleichbaren Gelegenheit sagen könnten, wenn jemand versucht, Sie kleinzukriegen. Wenn Sie die Beispiele durchgearbeitet haben, schauen Sie in der rechten Spalte nach, was wir als Erwiderungen vorschlagen. Vergleichen Sie jede Ihrer Antworten mit den unsrigen, und urteilen Sie selbst, welche selbstbewußter ist. Sie können diese Übung erweitern, indem Sie ein paar „Niedermacher" aus Ihrer eigenen Erfahrungskiste mit einer selbstbewußten Erwiderung hinzufügen.

Beispiele

Unterwerfungsgehabe	*Niedermacher*	*Ihre selbstbewußte Antwort*
An Kleinigkeiten herumnörgeln	„Haben Sie das immer noch nicht erledigt?"	*„Nein. Wann möchten Sie es haben?" (Antworten Sie, ohne auszuweichen, und schließen Sie eine Frage an.)*
Neugierig	„Ich weiß, ich sollte vielleicht nicht fragen, aber ..."	*„Wenn ich Ihnen antworten möchte, werde ich Sie's wissen lassen." (Machen Sie deutlich, daß Sie keine Unannehmlichkeiten auf sich nehmen wollen, nur um dieser Person zu gefallen.)*
Belehren	„Wir sollten kooperativer sein, dann gäbe es nicht so viele Spannungen."	*„Auf welche Weise könnten wir kooperativer sein?" (Fragen Sie nach konkretem Beispiel für eine Verhaltensänderung.)*

Auf Ihr Privatleben anspielen	„Haben Sie am Dienstag schon was vor?“	*„Auf was spielen Sie an?“ (Die Frage mit einer Gegenfrage beantworten.)*
Den Wert Ihrer Entscheidung in Frage stellen	„Sind Sie sicher, daß dieser Lehrgang wirklich mit Ihrer Arbeit zu tun hat?“	*„Ich denke, er ist für mich und damit für meine Arbeit geeignet.“ (Betonen Sie Ihr Recht, eigene Entscheidungen zu treffen.)*
Ungebetene Ratschläge geben	„Wenn ich Sie wäre ...“	*„Sind Sie aber nicht!“ (Den Ratschlag zurückweisen, indem Sie das „Wenn“ ablehnen.)*
Sie abstempeln	„Das ist eine Frau für Sie!“	*„Sie können nicht beurteilen, wer zu mir paßt.“ (Widersprechen Sie – bestehen Sie auf Ihrer Individualität.)*
Ihr Verhalten abwerten	„Das ist die blödeste Art, um ...“	*„Ich entscheide selbst, wie mein Verhalten zu bewerten ist!“ (Weisen Sie die Abwertung zurück.)*
Voraussagen nach einer dilettantischen Persönlichkeitsanalyse	„Es kommen schwere Zeiten auf Sie zu. Sie sind zu schüchtern.“	*„In welcher Beziehung meinen Sie, daß ich zu schüchtern sei?“ (Klärung fordern.) „Sie haben Anspruch auf Ihre Meinung – aber ich fühle mich durchaus in der Lage, mich zu behaupten.“ (Deutlich machen, daß Sie sehr wohl in der Lage sind, Ihre Kräfte selbst einzuschätzen.)*

**Schreiben Sie die Sätze auf,
mit denen Sie niedergemacht werden**

Niedermacher	*Selbstbewußte Antwort beim nächsten Mal*
____________________	____________________
____________________	____________________
____________________	____________________

Vielleicht wollen Sie Äußerungen speichern, die Sie gekränkt haben. Legen Sie sich eine Sammlung von DIN-A7-Karteikärtchen an, die Sie immer bei sich haben, um erniedrigende Sätze, die Ihnen (und anderen) gesagt wurden, festzuhalten. Möglich, daß Sie im Laufe einer Woche mehrere solcher Niedermacher erleben. Wenn Ihnen keine selbstbewußte Antwort einfällt, bitten Sie andere um Hilfe. Übrigens halten viele Eltern diese Methode für gut geeignet, um ihren Kindern zu helfen, angemessen und positiv zu reagieren.

Übung 2
Blickkontakt aufnehmen

Es ist hilfreich, wenn man herauszufinden versucht, wie eine andere Person wirklich aussieht und wie er oder sie auf einen selbst reagiert. Die meisten Leute glauben von sich, daß sie die anderen direkt anschauen, tun es gewöhnlich dann aber doch nicht. Beispielsweise werfen sie beim Betreten eines Raumes, in dem viele Menschen versammelt sind, einen flüchtigen Blick auf jemanden („Kenne ich den? Werde ich mit ihm sprechen müssen?"), schauen diese Person dann aber nicht direkt an, es sei denn, Sie hätten eine eindeutige Gesprächsabsicht. Natürlich sollten Sie niemanden anstarren, die meisten Leute fühlen sich dann ohnehin unwohl. Indes, es gibt einen Mittelweg. Mit der folgenden Übung probieren Sie ihn aus. Behalten Sie einen freundlichen Gesichtsausdruck bei, während Sie mit Ihren Augen „Schnappschüsse" von 3–5 Sekunden Länge aufnehmen, indem Sie sich abwechselnd auf bestimmte Punkte im Gesicht Ihres Gegenübers konzentrieren.

Vorschläge. Versuchen Sie folgendes: Gehen Sie mit einem Freund in ein Restaurant. Der Begleiter sollte Sie bei den Übungen in jeder Hinsicht unterstützen. Während Sie warten, daß Ihnen ein Tisch zugewiesen wird, oder während Sie zu Ihrem Tisch gehen, schauen Sie absichtlich eine oder zwei Personen liebenswürdig an. Merken Sie sich, was Sie tun und wie Sie sich dabei fühlen. Tauschen Sie mit Ihrem Freund die Eindrücke aus. Wenn Ihnen ein anderer Ort als geeigneter erscheint (z. B. ein Zoo, eine Grünanlage), gehen Sie dorthin.

Eine aufschlußreiche Abwandlung ist es, wenn Sie versuchen zu lächeln und vergnügt auszusehen, so als wollten Sie anderen etwas ganz besonders Erfreuliches übermitteln. Diese Übung wird Ihnen Ihren Gesichtsausdruck und seine Wirkung auf andere bewußtmachen. Machen Sie sich keine Sorgen darüber, daß es unnatürlich wirkt, wenn Sie sich so angestrengt freundlich gebärden. Es handelt sich hier vielmehr um ein Experiment, bei dem Sie herausfinden können, wie Sie sich dabei fühlen, wenn Sie auf andere zugehen und sie anlächeln und wie die anderen darauf reagieren. Menschen, die sich auf diese einfache Übung einlassen, kommen oft richtig in Schwung und verspüren gute Laune.

Beispiel. Wir haben Gabi begleitet, als sie neulich in der Mittagspause jemanden aufmerksam beobachtete. Hinterher fragten wir sie:

1 Was waren die körperlichen Merkmale dieser Person?
Er hatte gut frisiertes, welliges, braunes Haar, war um die 30, etwa 1,80 m groß und vielleicht 80 kg schwer.

2. Was trug diese Person?
Er trug eine in verschiedenen Brauntönen karierte Sportjacke, einen gelben Sportpulli ohne Kragen, dunkelbraune Schlabberhosen und schmutzige Schuhe.

3. Welche körperlichen Reaktionen waren mit Ihren Gefühlen verbunden, wenn Sie zu ihm oder er zu Ihnen schaute? Kreuzen Sie an:

_ *Schmetterlinge im Bauch*
_ *prickelnde Gefühle*

_ *rot werden*
_ *Zittern*
_ *Verwirrung*
_ *weiche Knie*
_ *trockener Mund*
_ *Müdigkeit*
_ *Herzklopfen*
_ *Schweißausbrüche*
_ *andere (unten beschrieben)*

4. Was tat er, als er bemerkte, daß Sie zu ihm hinschauen?
Zuerst sah er weg, aber dann blickte er mich wieder an – und lächelte!

5. Was taten Sie, als er Sie anblickte?
Ich hielt seinem Blick stand und lächelte auch. Dann machte ich mich zum Gehen fertig. Ich habe mich wohl gefühlt. Ich glaube, er auch.

Beschreiben Sie Ihre eigenen Erfahrungen beim Blickkontakt

1. Was waren die körperlichen Merkmale dieser Person?

____

2. Was trug die Person?

____

3. Welche körperlichen Reaktionen waren mit Ihren Gefühlen verbunden, wenn Sie zu ihr oder sie zu Ihnen schaute? Kreuzen Sie an:
_ *Schmetterlinge im Bauch*
_ *prickelnde Gefühle*
_ *rot werden*
_ *Zittern*
_ *Verwirrung*
_ *weiche Knie*
_ *trockener Mund*
_ *Müdigkeit*
_ *Herzklopfen*
_ *Schweißausbrüche*
_ *andere (unten beschrieben)*

4. Was tat sie, als sie bemerkte, daß Sie zu ihr hinschauten?

____

5. Was taten Sie, als sie Sie anblickte?

____

6. Haben Sie sich dabei ertappt, daß Sie den Blick gesenkt oder weggeschaut haben? Schreiben Sie auf, ob Sie den Blickkontakt mit anderen vermeiden.

____

7. Hat der Blickkontakt Ihre Gefühle und Ihr Verhalten verändert? Wenn ja, auf welche Weise?

____

Übung 3
Gesprächskontakte einfädeln

Obwohl die meisten von uns gerne gesellig wären, vermeiden wir oft Kontakte in der Öffentlichkeit, weil wir fürchten, als neugierig oder zudringlich zurückgewiesen zu werden. Erleben Sie einmal selbst, was passiert, wenn Sie Fremde in unverfänglichen Situationen in der Öffentlichkeit begrüßen. Beginnen Sie das Gespräch gleich mit einem Lächeln.

Vorschläge. Sie können z. B. Kontakt in der Warteschlange am Bus, im Supermarkt oder im Kino aufnehmen. Dabei können Sie eine der folgenden Gesprächseröffnungen anwenden:

- Suchen Sie ein Thema, zu dem Sie eine Frage stellen können. *„Können Sie mir dieses Produkt empfehlen? Ich habe das noch nie probiert.“*
- Beziehen Sie sich auf eine allgemeine Erfahrung. *„Diese Ware ist im letzten Monat 50 Pfennig teurer geworden. Glauben Sie, daß es mit den Preissteigerungen so weitergeht?“*
- Bringen Sie Ihren guten Eindruck über den Nutzen, die Sauberkeit oder Einmaligkeit der Leute oder die Situation zum Ausdruck.

„Was für ein hübscher Laden!" oder: „Hier kaufe ich gerne ein!", „Das Verkaufspersonal gibt sich wirklich Mühe."

Beispiel. Wir begleiteten Peter bei seinem ersten Kontaktversuch in einem Lebensmittelgeschäft, in dem er Stammkunde ist. Hinterher befragten wir ihn:

1. Wo haben Sie Ihre Übung gemacht?
   Am Obst- und Gemüsestand.
2. Mit wem?
   Mit einer Frau, die dort auch einkaufte.
3. Was haben Sie gesagt?
   „Ich habe eine Frage zu dem Chicoréesalat in Ihrem Einkaufskorb. Ich selbst habe keine Ahnung, wie man ihn zubereitet. Haben Sie da ein spezielles Rezept?"
4. Was hat die andere Person geantwortet?
   Es schien ihr Freude zu machen, mir mitzuteilen, daß sie die Salatblätter als „Boote" benutzt, die sie mit einer Vorspeise füllt.
5. Wie haben Sie auf diese kurze Mitteilung reagiert? Wie fühlten Sie sich dabei?
   Ich habe mich ein wenig aufdringlich gefühlt, habe aber dann echt meinen Mut zusammengekratzt. Am Anfang war ich ein wenig angespannt, aber sehr erleichtert, als die Frau auf meine Frage so freundlich reagiert hat.

Beschreiben Sie Ihre eigenen Erfahrungen beim Einfädeln eines Gesprächskontakts

1. Wo haben Sie Ihre Übung gemacht?

   ____

2. Mit wem?

   ____

3. Was haben Sie gesagt?

   ____

   ____

   ____

4. Was hat die andere Person geantwortet?

____

____

____

5. Wie waren Ihre Reaktionen auf das Gespräch? Wie fühlten Sie sich?

____

____

____

Übung 4
Anerkennung aussprechen und annehmen

Andere Menschen anzuerkennen ist eine Möglichkeit, ihnen zu zeigen, daß man ihre Freundschaft schätzt, ihre Gesellschaft genießt und sie glücklich machen möchte. Man kann sich gegenseitig etwas Gutes tun, wenn man sich mit echter Anerkennung begegnet. Anerkennung wird im Deutschen oft mit Schmeichelei oder Lobhudelei verwechselt. Deshalb fühlen wir uns aus falscher Bescheidenheit oder Mißtrauen oft genötigt, Anerkennung nicht anzunehmen. Statt dessen weisen wir die Sympathiebekundung zurück. Wir bedenken nicht, daß wir damit das Urteilsvermögen der Person, die uns lobte, in Frage stellen.

Die folgende Übung kann Ihnen helfen, aufrichtig gemeinte Anerkennung anzunehmen und zu erwidern. Wenn die Anerkennung paßt, antworten Sie: *„Danke, daß Sie es bemerkt und mir gesagt haben."* Trifft sie Ihrer Meinung nach nicht zu, könnten Sie richtigstellen und sich zugleich für die Anerkennung bedanken.

Möglicherweise müssen Sie auch erst lernen, wie man Anerkennung ausspricht. Eher komisch wirkt es, wenn sich die Anerkennung durch eine ungeschickte Formulierung selbst wieder aufhebt. Beispiel: *„Dieser Kuchen schmeckt gut. Ist er aus einer Fertigmischung gebacken?"* oder: *„Sie haben wunderschöne Wimpern. Sind die falsch?"* oder: *„Ihre Haare sehen toll aus. Tragen Sie eine Perücke?"*

Es muß wohl nicht gesagt werden, daß die Zusatzfrage die eigentliche Anerkennung ruiniert.

Vorschläge. Fangen Sie damit an, daß Sie einem Bekannten Ihre Anerkennung aussprechen. Achten Sie darauf, offen und ehrlich zu sein.

Beispiel. Wir begleiteten Thomas, als er seinen ersten Versuch unternahm. Er wollte lernen, wie man positive Gefühle ausdrückt, und suchte deshalb nach passenden Gelegenheiten. Hier sein Bericht.

Meine Anerkennung	*Die Reaktionen*
„Diese Brauntöne stehen Ihnen fabelhaft, Gabi."	„Danke, Thomas. Ich fühle mich in diesen Farben auch pudelwohl."
Zu einem Bratwurstverkäufer: „Das ist die beste Currywurst weit und breit!"	„Man gibt sich Mühe."
Anerkennung, die mir zuteil wurde	*Meine Antwort*
„Du siehst sehr gut aus."	„Danke, ich fühle mich auch gut."
„Du schaffst ganz schön was weg."	„Danke. Ich mach's gern."

Beschreiben Sie Ihre eigenen Erfahrungen beim Aussprechen und Annehmen von Anerkennung

Ihre Anerkennung	*Die Reaktionen*
____________________	____________________
____________________	____________________
____________________	____________________
____________________	____________________

Anerkennung, die Ihnen zuteil wurde	*Ihre Reaktion*
____________________	____________________
____________________	____________________
____________________	____________________

Übung 5
Gezielt nachfragen

Häufig sind wir uns nicht sicher, wie wir Bemerkungen, die jemand über uns macht, auslegen sollen. Uns ist zwar nicht klar, wie die Worte gemeint sind, aber wir fühlen uns irgendwie unwohl. In der folgenden Übung können Sie lernen, um Klärung zu bitten. Es ist schon erstaunlich, daß Giftzwerge gern aggressive Anspielungen machen, aber es peinlich finden, wenn man sie auffordert, mit offenen Karten zu spielen und klarzustellen, was sie meinen. Jeder von uns braucht Feedback zum persönlichen Wachstum, doch leider wissen nur wenige, wie man hilfreiches Feedback gibt. Gezieltes Nachfragen versetzt Sie in die Lage, zu entscheiden, ob das Feedback einer Person berechtigt ist. Selbstbewußte Menschen können Kritik nämlich ertragen und dazu nutzen, sich zu ändern, wenn es angebracht ist.

Vorschläge. Fertigen Sie eine Liste der negativen, unklaren Aussagen an, die bei Ihnen ungute Gefühle hervorriefen. Schreiben Sie dann gezielte Fragen auf, die Sie dem Brummbären hätten stellen können. Führen Sie ein Selbstgespräch mit lauter Stimme, damit Sie sich selbst nachfragen hören. Einfach nur darüber nachzudenken reicht nicht, wenn Sie die Sicherheit gewinnen wollen, daß Sie die Frage selbst stellen können.

Beispiel. Barbara hatte das Gefühl, daß sie zu viele Herabsetzungen „geschluckt" hatte, ohne zu wissen, was eigentlich gemeint war. Sie machte sich daran, gezieltes Nachfragen zu lernen. Auf diese Weise wollte sie ihre Beklemmungen verringern und dabei wichtige Informationen gewinnen.

Abwertende Äußerungen	*Gezielte Nachfrage*
„Sie sind ziemlich defensiv."	„Mir ist nicht klar, was Sie mit ‚defensiv' meinen. Auf welche Art und Weise ist mein Verhalten ‚defensiv'?"
„Da bekommen Sie sicher kalte Füße."	„Was meinen Sie mit ‚kalte Füße'?"

„Sie machen aus einer Mücke einen Elefanten."	„Das sagt sich leicht. Aber es bleibt unklar, was Sie meinen. In welcher Hinsicht mache ich aus einer Mücke einen Elefanten?"

Schreiben Sie Ihre eigenen gezielten Nachfragen auf

Äußerungen, die Ihre Person abwerten	*Ihre gezielte Nachfrage*
____________________	____________________
____________________	____________________
____________________	____________________
____________________	____________________

Übung 6
Um Hilfe bitten

Fühlen Sie sich überarbeitet und möchten, daß andere Ihnen helfen? Können Sie um Hilfe bitten, ohne sich schuldig oder ängstlich zu fühlen, ohne ärgerlich zu sein? Wenn Sie überarbeitet sind, ist die Bitte um Hilfe ein wichtiges selbstbewußtes Verhalten. Um auch einen Erfolg auf Ihre Bitte verbuchen zu können, machen Sie sich zunächst klar, welche Art von Hilfe die andere Person überhaupt leisten kann.

Vorschläge. Überprüfen Sie, welche Aufgaben sich bei Ihnen so nebenbei angesammelt haben. Sie könnten genausogut von einem anderen Familienmitglied oder einem Kollegen erledigt werden. Warum müssen Sie das alles tun? Schreiben Sie auf, wieviel Zeit jede dieser Tätigkeiten erfordert. Wie könnten Sie diese Zeit für eine Aktivität nutzen, die Ihnen Spaß macht? Dann schreiben Sie einen kurzen Satz, mit dem Sie eine andere Person um eine Hilfe bitten, die dieser nicht schwerfällt. Probieren Sie die Anfrage mit lauter Stimme. Bitten Sie schließlich die Person im richtigen Moment.

Beispiel. Dorothea, eine berufstätige Mutter, fühlte sich total überfordert. Sie entschloß sich, nachdrücklich um Hilfe zu bitten.

Plan, um Hilfe zu erbitten

Arbeiten, die meine Familie übernehmen kann	*Gewonnene Zeit*	*Wie ich die Zeit nutzen kann*
Den Mittagstisch decken, Gläser und Brotkorb füllen.	10 Min.	Ich mache meine Entspannungsübungen nach dem Abendessen (35 Minuten) und ruhe mich aus (15 Minuten). Macht insgesamt 50 Minuten
Saubermachen nach dem Abendessen.	20 Min.	
Spülmaschine ausräumen.	10 Min.	
Den Frühstückstisch decken.	10 Min.	

Welchen Satz haben Sie aufgeschrieben, um Hilfe bei einer Arbeit zu erbitten?

„Julia, zum Abendessen gibt es einfach zuviel zu tun. Jeder muß mir helfen. Ich sage dir, bei welchen Arbeiten ich Hilfe brauche. Kann ich mich darauf verlassen, daß du jeden Abend eine von ihnen übernimmst?" (Ich habe diese Bitte mehrere Male laut geübt, wobei ich mir immer vorstellte, ich würde mit Julia sprechen.)

Wann wird die Person am zugänglichsten sein?

„Julia ist ein Teenager, bei dem am Samstagnachmittag der günstigste Zeitpunkt ist. Also werde ich sie dann fragen und nicht, wenn ich so wütend bin, daß ich nicht mehr denken kann."

Schreiben Sie auf, wie Sie selbst um Hilfe bitten wollen

Arbeiten, bei denen Sie Hilfe brauchen	*Gewonnene Zeit*	*Wie ich die Zeit nutzen kann*
____________________	______________	______________
____________________	______________	______________
____________________	______________	______________

Wen werden Sie fragen?	*Um was zu tun?*	*Was werden Sie sagen?*
________________	________________	________________
________________	________________	________________

Wann ist der günstigste Zeitpunkt?

____

Übung 7
Für Ihre begründeten Ansprüche eintreten

Gehören Sie zu denen, die Unannehmlichkeiten in Kauf nehmen, weil Sie Angst davor haben, Aufmerksamkeit zu erregen? Befürchten Sie, daß Sie als Querulant verschrien sein könnten? Haben Sie Angst, daß andere Leute Sie abschätzig mustern könnten? Die folgende Übung kann Ihnen helfen, Hemmungen zu überwinden, wenn Sie im Mittelpunkt stehen.

Vorschläge. Schreiben Sie auf, bei welchen Gelegenheiten Sie Herzklopfen in der Öffentlichkeit spürten. Vielleicht hat jemand Sie gestupst, ist Ihnen auf den Fuß getreten, hat Sie warten lassen oder gab Ihnen eine lästige Aufgabe, von der Sie ohnehin dachten, daß sie unnötig sei. Rufen Sie sich diese scheußlichen Szenen ins Gedächtnis zurück. Schreiben Sie jetzt eine resolute Antwort dazu. Sprechen Sie sich diese Antwort mehrmals laut vor. Schauen Sie dabei in einen Spiegel, um sich während der Übung selbst beobachten zu können.

Beispiel. Jutta hatte Minderwertigkeitsgefühle, weil sie glaubte, es sei unvernünftig, wegen winziger Vorfälle verwirrt zu sein. Erst nachdem sie diese Vorfälle protokolliert und sich darüber mit anderen ausgetauscht hatte, wurde ihr klar, daß sie ein Recht besaß, sich gegen andere abzugrenzen.

Unannehmlichkeiten, die ich vor aller Augen erlebt habe	*Was ich gesagt habe (oder das nächste Mal sagen werde)*
Jemand drängelt sich vor.	„Ich war vor Ihnen und sollte deshalb auch zuerst bedient werden!“

Jemand dreht auf dem Fußballplatz sein Radio laut auf, um die Reportage über ein anderes Fußballspiel mitzuhören.

„Bitte stellen Sie Ihr Radio leise. Es stört mich, weil ich mich auf das hiesige Spiel einstellen möchte."

In einer örtlichen Reparaturwerkstatt für Fahrräder weigerte sich der Meister, mich zu bedienen, weil er damit beschäftigt sei, Fahrräder abzuladen: „Sie haben bestimmt noch etwas zu erledigen, Gnädigste. Kommen Sie in einer Stunde zurück." Dabei hatte er zum Abladen drei Helfer.

„Ich habe in der nächsten halben Stunde nichts zu erledigen. Ich will mein repariertes Fahrrad jetzt mitnehmen. Helfen Sie mir bitte dabei!"

Ich hatte eine kleine Wucherung, die von meiner Haut entfernt wurde. Nach der Erstversorgung wurde ich gebeten, das Gewebe in einem Plastikbecher zum Empfangsschalter zu bringen. Dort fand ich mich in einer Warteschlange wieder. Ganz stark fühlte ich, daß es nicht meine Aufgabe war, die Gewebeprobe weiterzuleiten, zumal ich von dem Eingriff noch mitgenommen war.

„Ich bin von dem Eingriff mitgenommen. Ich glaube nicht, daß dies zu den Aufgaben eines erschöpften Patienten gehört. Deshalb lasse ich den Becher mit der Probe hier stehen."

Schreiben Sie auf, wie Sie für Ihre begründeten Ansprüche eintreten wollen

Unannehmlichkeiten, die Sie vor aller Augen erlebt haben	*Was Sie hätten sagen können*

Übung 8
Sich an Unterhaltungen beteiligen

Haben Sie Schwierigkeiten, sich am Gespräch mit anderen zu beteiligen? Hüllen Sie sich in Schweigen, während andere die Unterhaltung mit Leichtigkeit führen? Die folgenden Übungen können Ihre Kommunikation erleichtern.

Vorschläge. Suchen Sie nach Möglichkeiten, das Gespräch auf Ihr eigenes Thema zu lenken. Berichten Sie von einer Erfahrung, oder bringen Sie Ihre Meinung ein.

Erster Schritt: Über eine Erfahrung sprechen

Überlegen Sie, was Ihnen an Lustigem (oder Traurigem oder besonders Merkwürdigem) in den letzten Tagen oder Wochen zugestoßen ist. Erzählen Sie sich die Geschichte selbst, mit lauter Stimme. Machen Sie das an einem Ort, wo Sie allein sind, z. B. in Ihrer Wohnung oder beim Autofahren. Bringen Sie dabei die erlebten Gefühle durch Stimmführung, Gesichtsausdruck und Gestik wieder hervor. Wenn Sie es mögen, benutzen Sie zur Kontrolle ein Tonbandgerät. Vielleicht wagen Sie es, das Ganze vor einem Spiegel auszuprobieren. Immer geht es darum, Ihre Vortragsweise zu verbessern. Sobald Sie in der Lage sind, sich die Geschichte selbst lebensnah vorzutragen, suchen Sie sich eine Person Ihres Vertrauens. Manche fangen aber auch so an, daß sie ihre Geschichte irgendeiner fremden Person im Bus oder im Zug erzählen. Einem Unbekannten gegenüber fühlt man sich meist weniger gehemmt, man ist lockerer und riskiert mehr. Als nächstes finden Sie heraus, wie Sie im Familienkreis Ihre Geschichte anbringen können. Gut geeignet als Einstieg ist zum Beispiel: „Also, gestern abend ist mir wieder etwas eingefallen, an das ich seit Jahren nicht mehr gedacht habe. Es war ..." Dann fahren Sie mit Ihrer Geschichte fort.

Beispiel. Gert wollte mehr aus seinem Alltag machen. Er war überzeugt, daß er mit der folgenden Übung seinem Ziel näher kommen könnte. Hier sein Erfahrungsbericht:

1. Über was wollten Sie sprechen?
   Über etwas, das mir gut gelungen ist.
2. Bei welcher Gelegenheit haben Sie die Geschichte selbst vorgetragen?
   Morgens beim Rasieren.
3. Wollten Sie diese Geschichte eher einem Freund oder einem Fremden erzählen?
   Meinem Mitfahrer aus der Fahrgemeinschaft.
4. Mit welchen Worten haben Sie angefangen?
   Manchmal habe ich das Gefühl, daß die meisten Leute am liebsten an Situationen denken, in denen sie versagt haben. Ich möchte mich lieber an etwas Gelungenes erinnern. Gestern abend ist mir wieder etwas eingefallen, das ich beinahe vergessen hatte ...“
5. Was passierte, als Sie Ihre Geschichte erzählt hatten? Wie haben Sie sich gefühlt? Wie hat Ihr Zuhörer darauf reagiert?
   Der hat angefangen, mir seine eigene Erfolgsgeschichte zu erzählen! Schließlich haben wir beschlossen, uns einmal in der Woche – entweder schriftlich oder persönlich – von geglückten Unternehmungen zu berichten.

Schreiben Sie die persönlichen Erfahrungen auf, über die Sie sprechen könnten

1. Über welche Erfahrung wollen Sie berichten?

   ____

2. Wann wollen Sie üben und sich die Geschichte selbst vortragen?

   ____

3. Wollen Sie diese Geschichte eher einem Freund oder einem Fremden erzählen?

   ____

4. Mit welchen Worten wollen Sie anfangen?

   ____

5. Was passierte, als Sie Ihre Geschichte erzählt hatten? Wie haben Sie sich gefühlt? Wie hat Ihr Zuhörer darauf reagiert?

___

Zweiter Schritt: Eine Meinung entwickeln

Um sich an Gesprächen beteiligen zu können, sollte man gut informiert sein. Gewöhnen Sie sich an, regelmäßig die Tages- oder Wochenzeitung zu lesen, um auf dem laufenden zu sein. Wichtiger als einfach nur zu lesen ist es, sich mit den Informationen auseinanderzusetzen. Wenn Freunde oder Kollegen ihre Meinungen zu den Neuigkeiten des Tages kundtun, bilden Sie sich Ihre eigene Meinung, und mischen Sie sich ein.

Beispiel. Karin fühlte sich beim Essen in der Mensa isoliert. Sie beschloß, sich eine eigene Meinung zu bilden, um damit am Tischgespräch teilnehmen zu können.

Informationen, die mich persönlich interessieren	*Schlüsse, die ich daraus ziehen kann*
In Frankreich werden schwangeren Frauen acht Vorsorgeuntersuchungen von der Kasse bezahlt.	Die französische Regierung tut was für gesunde Babys.
Im Durchschnitt gehen nur 38 % der Studierenden zur Wahl der Hochschulgremien.	Ich wäre schon froh, wenn bei der kommenden Wahl nur 30 % wählen gingen.

Schreiben Sie Ihre eigenen persönlichen Meinungen auf, über die Sie sprechen könnten

Informationen, die mich persönlich interessieren	*Schlüsse, die ich daraus ziehen kann*
___	___
___	___
___	___
___	___

Übung 9
Körpersprache nutzen, um Zustimmung oder Ablehnung zum Ausdruck zu bringen

Wenn Sie selbstbewußt wirken wollen, müssen Sie sich Klarheit verschaffen über die Botschaften, die Ihr Körper ausstrahlt. Häufig drücken wir Empfindungen wie Angst, Sorgen, Traurigkeit, Begeisterung, Überraschung und Argwohn mit dem Gesichtsausdruck und durch Bewegungen aus. Die Körpersprache beeindruckt andere nachhaltig, manche Wissenschaftler behaupten sogar, sie enthalte die Essenz der Kommunikation. Die folgenden Übungen können Ihnen helfen, auf Ihre Körpersprache mehr zu achten.

Vorschläge. Um Ihre Körpersprache zu verstehen, beobachten Sie, wie sich Ihr Körper verhält und welche Wirkungen Ihre Körperhaltung, Gestik und Mimik haben. Lesen Sie zunächst beide Übungen durch, bevor Sie damit beginnen und Ihre Aufzeichnungen machen. Die Versuche können mit einer oder verschiedenen Personen gemacht werden.

Erster Schritt:
Körpersprache, die Zustimmung zum Ausdruck bringt

Um feststellen zu können, wie Ihre Körpersprache das Verhalten einer anderen Person beeinflußt, müssen Sie zunächst eine positive Beziehung zu jemandem aufbauen. Schauen Sie der betreffenden Person lächelnd in die Augen, beugen Sie sich leicht vor, und machen Sie zustimmende Bemerkungen wie „Ich verstehe", „Mensch, das ist interessant", „Richtig" oder „Hmm."

Merken Sie sich, was Sie tun und welche Reaktionen Sie damit herauslocken. Es ist wichtig, daß Sie sich ein Thema aussuchen, das Sie und Ihren Partner nicht belastet oder für die Beziehung entscheidend ist. Achten Sie auch darauf, daß Sie jemanden auswählen, mit dem Sie hinterher über Körpersprache diskutieren können.

Beispiel. Claudia berichtet, wie sie ihre Körpersprache beobachtete.

1. Beschreiben Sie kurz die Situation (mit wem? Wann? Wo?): *Mein Freund berichtete mir von seiner Fahrradtour am Wochenende.*

2. Beschreiben Sie

Ihre Körpersprache:	Wie reagierte Ihr Freund?
Ich schaute ihn an.	*Er konnte nicht wegsehen.*
Ich nickte ihm zu.	*Er sprach immer angeregter.*
Ich lächelte.	*Er lächelte die ganze Zeit.*
Ich beugte mich vor.	*Er beugte sich vor, nahm meine Hand.*

3. Wie fühlten Sie sich dabei, wohlüberlegt positive Signale zu senden?
Zuerst kam ich mir wie eine Schauspielerin vor, doch dann begann mir die Sache Spaß zu machen. Weil ich zuhören mußte, war ich ganz bei der Sache, nickte und rief an den richtigen Stellen „Super", „Klasse". Früher war ich von den Erzählungen meines Freundes niemals so hingerissen wie jetzt, als ich aktiv zuhörte.

Schreiben Sie Ihre eigenen Erfahrungen mit Körpersprache auf, die Zustimmung zum Ausdruck bringt

1. Beschreiben Sie kurz die Situation (mit wem? Wann? Wo?):

___

___

2. Beschreiben Sie Ihre Körpersprache: Wie reagierte die andere Person?

___

___

3. Wie fühlten Sie sich dabei, wohlüberlegt positive Signale auszusenden?

___

___

Zweiter Schritt: Körpersprache, die Ablehnung zum Ausdruck bringt

Beispiel

1. Beschreiben Sie kurz die Situation (mit wem? Wann? Wo?)
   Mein Freund versuchte, mich für das nächste Wochenende zu einer Fahrradtour zu überreden. Gewöhnlich habe ich seinen Vorschlägen immer zugestimmt, weil ich nicht als Spielverderber dastehen wollte. Aber dieses Mal wollte ich nein sagen. Deshalb habe ich probiert, meine Gefühle durch Gesichtsausdruck und Körpersprache auszudrücken.

2. Beschreiben Sie

Ihre Körpersprache:	Wie reagierte Ihr Freund?
Ich schaute häufig weg, zeigte mich zerstreut.	*Er sprach lauter.*
Ich unterdrückte ein Lächeln.	*Er lächelte nicht und schien immer ärgerlicher zu werden.*
Ich schüttelte den Kopf.	*Er fand einen neuen Grund, warum ich unbedingt dabeisein sollte.*
Ich scharrte unruhig mit den Füßen und ließ die Schultern hängen.	*Er bekam es schließlich mit und sagte: „Du hast wohl keine Lust.“*

3. Wie fühlten Sie sich dabei, wohlüberlegt negative Signale zu senden?
   Im Vergleich zum anderen Experiment, in dem ich positive Signale gesendet habe, habe ich mich bedeutend unwohler gefühlt. Die negative Körpersprache weist die Leute sicher deutlich zurück, aber eigentlich glaube ich, daß ich lieber andere wirkungsvolle Mittel einsetze, um zum Anliegen eines anderen nein zu sagen. Ich habe auch begriffen, daß die Botschaft manchmal verworren ist, wenn ich nein sage, mein Körper aber keine Ablehnung zeigt. Ich muß also sicherstellen, daß meine Worte und mein Körper dieselbe Botschaft senden, also wir beide zustimmen oder ablehnen. Immer wenn meine Worte und mein Körperausdruck nicht übereinstimmten, wußte mein Freund nicht mehr, was er eigentlich denken sollte.

4. Was geschah, als Sie dem anderen den Zweck dieser Übungen zur Körpersprache erklärten?
Wir diskutierten, wie wir mit unserer Körpersprache die Aussage unserer Worte verstärken könnten. Wir sprachen auch darüber, wie wortlose Körpersprache unsere Einstellung zu einer anderen Person deutlich machen könnte. Um unsere Kommunikation miteinander zu verbessern, haben wir vereinbart, einander zu fragen, wenn es bezüglich einer Geste, eines Gesichtsausdrucks oder der Körperhaltung Unklarheiten gibt.

Schreiben Sie Ihre eigenen Erfahrungen mit Körpersprache auf, die Ablehnung zum Ausdruck bringt

1. Beschreiben Sie kurz die Situation (mit wem? Wo? Wann?):

___

___

2. Beschreiben Sie Ihre Körpersprache: ___ ___

Wie reagierte die andere Person? ___ ___

3. Wie fühlten Sie sich dabei, wohlüberlegt negative Signale auszusenden?

___

Übung 10
Keine Rechtfertigungen mehr!

Passive Menschen haben oft das Gefühl, sie müßten sich für ihre Ansichten rechtfertigen. Wenn jemand sie in Frage stellt oder kritisiert, ziehen sie sich entweder zurück oder fühlen sich genötigt, sich mit langatmigen Begründungen zu verteidigen. Wenn es in der Erziehung auch wünschenswert ist, Entscheidungen zu begründen, so ist es in zwischenmenschlichen Situationen eher lästig. In Beziehungen sind Gefühle mindestens genauso wichtig wie Argumente. Wir glauben, daß es als Erklärung völlig ausreicht zu sagen: „Weil ich mich so und so fühle." Solche absoluten „Gefühlsäußerungen" können Sie in einer Auseinandersetzung nutzen, um einem Quälgeist, der Sie mit seinen ewigen Nachfragen in die Enge treiben will, den Wind aus den Segeln zu nehmen. Um einem Angriff zu begegnen, können Sie sich mit einer einfachen Ablehnung verteidigen. Dem Vorwurf, Sie seien zu empfindlich, könnten Sie einfach mit „Das glaube ich nicht" oder „Das ist Ihre Meinung, nicht meine" begegnen. Der Aufforderung, Sie sollten Ihre Gefühle rechtfertigen, könnten Sie entgegnen: „So sehe ich die Sache nun mal, und ich muß mich dafür nicht rechtfertigen."

Vorschläge. Stellen Sie die üblichen Redewendungen fest, die Sie verärgern und sie herausfordern, sich zu verteidigen. Als nächstes entwickeln Sie Kurzantworten, mit denen Sie deutlich machen, daß Sie nicht bereit sind, sich für Ihre Meinung oder Ihr Gefühl zu entschuldigen. Dann wiederholen Sie diese Kurzantworten so lange, bis sie ganz zu Ihrem Wortschatz gehören.

Beispiel

Äußerungen, die Rechtfertigungen für eine Meinung/ein Gefühl von Ihnen zu verlangen scheinen	*Die selbstbewußte Antwort*
„Sie sind wirklich rechthaberisch!"	„Mag sein, aber im Augenblick geht es darum, wie wir die Arbeit hier am besten verteilen. Lassen Sie uns darüber sprechen."
Jemand stellt jeden Punkt, den ich zu entwickeln versuche, in Frage, indem er immer wieder fragt: „Aber was ist so besonders an diesem Vorschlag? Ich kann seine Tragweite nicht erkennen."	„Ich habe wirklich nicht über alle Gründe nachgedacht, die diesen Vorschlag untermauern. Aber ich denke dennoch, daß er sinnvoll ist und es sich deshalb lohnt, ihn weiter zu verfolgen."

Übung 11
Ausdrucksvoll sprechen, um Gefühle zu zeigen

Wer schüchtern ist, bringt beim Sprechen selten Gefühle zum Ausdruck. Deshalb wirken Schüchterne oft langweilig und uninteressant. Und haben es natürlich schwer, Freunde zu finden.

Freundschaft entwickelt sich im allgemeinen nur, wenn man sich wechselseitig öffnet, den anderen akzeptiert und Informationen, die man erfährt, nicht weitergibt. Häufig tauscht man sich über intime Erfahrungen und Erlebnisse in seinem Leben aus, teilt sich Meinungen, Gedanken, Gefühle und Wertvorstellungen mit. Weil aber schüchterne Menschen oft gar nicht wissen, wie man Gefühle ausdrückt, werden sie fälschlicherweise für reserviert, arrogant oder kalt gehalten. Um selbstbewußt – das bedeutet auch: weniger schüchtern – zu werden, probieren Sie am besten aus, wie man Gefühle offen zeigt. Das ist überaus wichtig, um sich zu einer interessanten Persönlichkeit zu entwickeln. Die folgende Übung fördert Ihre persönliche Ausstrahlung.

Vorschläge. Schreiben Sie auf, welche Gefühle oder Eindrücke Sie in den vergangenen Tagen hatten, aber niemandem mitzuteilen wagten. Wie fühlten Sie sich heute morgen beim Aufwachen? Wie fühlten Sie sich auf dem Weg zur Arbeit? Beim Zeitunglesen? Beim Fernsehen? Schreiben Sie dann die Sätze auf, mit denen Sie diese Gefühle zum Ausdruck hätten bringen können. Sprechen Sie sich diese Sätze laut vor. Versuchen Sie, Gefühl in Ihre Stimme zu bringen. Variieren Sie die Tonhöhe, Sprechgeschwindigkeit und Lautstärke. Bemühen Sie sich um einen mit Leben erfüllten Ausdruck. Am besten, Sie kontrollieren sich mit Hilfe eines Kassettenrecorders. Wenn Sie damit fertig sind, nehmen Sie sich vor, morgen mindestens zweimal einer Zuhörerschaft mitzuteilen, wie Sie sich fühlen. Für den nächsten Tag ermutigen Sie sich dann, drei Gefühlsäußerungen zu wagen. Fahren Sie damit fort, indem Sie immer häufiger über Ihre Gefühle sprechen. Sprechen Sie zunächst mit Leuten, von denen Sie annehmen, daß sie an Ihnen interessiert sind. Wählen Sie dabei einen geeigneten Ort aus. Halten Sie dann fest, worüber Sie sich äußerten und wie die andere Person auf Sie reagierte.

Beispiel. Herbert war ziemlich niedergeschlagen. Er war mit der Vorstellung aufgewachsen, ein wortarmer, dafür aber gedankenreicher Mensch zu sein. Jetzt nahm er sich vor, seine Gefühle auszusprechen und ein paar Überlegungen aus seinem Gedankenreichtum preiszugeben.

Gefühle, die ich in den vergangenen Tagen wahrgenommen habe	*Ausdruck von Gefühlen*
Erleichterung	„Ich bin erleichtert, daß ich meine Steuererklärung fertig habe."
Hunger	„Was duftet da so lecker? Ich komme fast um vor Hunger."
Niedergeschlagenheit	„Ich fühle mich heute ziemlich mies."
Enttäuschung	„Ich bin wirklich enttäuscht, daß du deine Aufgaben nicht erledigt hast."
Vorfreude	„Ich freue mich riesig, daß du zu meiner Geburtstagsfeier kommst."

Was ist Ihnen am Klang Ihrer Stimme und Ihren Körperbewegungen aufgefallen, als Sie die Sätze laut vortrugen?

Ich habe vor Erleichterung aufgeatmet, als ich den Satz „Ich bin erleichtert ..." aussprach. Und ich habe die Luft richtig in mich hineingesogen, als ich von dem leckeren Duft sprach! Als ich über meine Niedergeschlagenheit sprach, hörte ich mich müde und schlapp an.

Schreiben Sie Ihre eigenen Gefühle auf, und überlegen Sie sich, wie sie ausgedrückt werden könnten

Gefühle, die Sie in den vergangenen Tagen wahrgenommen haben	*Ausdruck von Gefühlen*
______________________	______________________
______________________	______________________
______________________	______________________
______________________	______________________

Zusammenfassung

Sie haben die ersten kleinen Schritte auf dem Weg zur Selbstbehauptung gemacht. Gewiß haben Sie die meisten der vorgeschlagenen Übungen erfolgreich absolviert und auf diese Weise an Selbstsicherheit gewonnen. Üben Sie das vorgeschlagene Verhalten, wo immer es geht. Probieren Sie verschiedene Möglichkeiten aus. Wenn Sie in der Öffentlichkeit neues Verhalten testen, bedenken Sie stets, was in der jeweiligen Umgebung angebracht ist. Hüten Sie sich vor Übertreibungen, wenn Sie andere anerkennen, anlächeln, ansehen. Indessen dürfte Ihr Risiko gering sein: Da unsichere Menschen nur andeutungsweise eine der vorgeschlagenen Verhaltensweisen zeigen, werden auch Sie kaum in die Gefahr kommen, zu dick aufzutragen.

Vergessen Sie nicht, Ihre Erfahrungen in Ihrem Tagebuch festzuhalten. Ermahnen Sie sich selbst, Ihr neues Verhalten auszuprobieren. Belohnen Sie sich nach jeder gelungenen Übung, indem Sie sich einen Wunsch erfüllen oder etwas tun, was Ihnen Freude bereitet. Sonnen Sie sich ruhig ein wenig im Glanz Ihres gewachsenen Selbstbewußtseins, wenn Sie merken, daß Sie sich selbst und Ihr ganzes alltägliches Leben besser beherrschen.

4

Die C.H.E.F.-Methode: Ein neuer Weg für den Umgang mit Konflikten

In diesem Kapitel stellen wir einen neuen Ansatz für den Umgang mit zwischenmenschlichen Konflikten vor: die C.H.E.F.-METHODE. Mit Hilfe dieser Technik können Sie lernen, Konflikte zu analysieren, Ihre Bedürfnisse und Rechte zu definieren, eine Lösung für den Konflikt vorzuschlagen und, wenn nötig, mit Ihrem Minus-Typ eine Verhaltensänderung auszuhandeln. Mit anderen Worten: Sie werden sich darauf vorbereiten, Ihre Sache zu vertreten. Damit tun Sie übrigens etwas Entscheidendes für die Erfüllung des Vertrages, den Sie am Ende von Kapitel 1 mit sich selbst geschlossen haben.

Verhandeln Sie richtig

In Konflikten mit anderen haben Sie drei Optionen: Sie können sich unterordnen, Sie können kämpfen, oder Sie können eine befriedigende Lösung aushandeln. Da Sie sich auf unser Trainingsprogramm eingelassen haben, geht es Ihnen vermutlich gegen den Strich, weiterhin zu buckeln, Ihre Rechte und Interessen denen Ihres Minus-Typs unterzuordnen. Auf der anderen Seite haben Sie wohl auch keine Lust, sich auf Kämpfe einzulassen. Kämpfen ist fast immer fruchtlos, weil es für gewöhnlich Beziehungen zerstört und mehr Probleme schafft als beseitigt. So ist denn das Verhandeln die beste Alternative. Wir empfehlen, Lösungen für Ihre Konflikte mit anderen in immer mehr Lebensbereichen auszuhandeln; nicht nur mit selbstgefälligen Partnern, Verwandten und Freunden, sondern auch mit Kindern, Chefs, Kollegen, Nachbarn und Geschäftspartnern. Verhandeln ist ein Prozeß, durch den Konfliktparteien (einzelne Menschen, Gesellschaften oder Regierungen) zu einer Übereinkunft kommen. Dabei legen sie fest, welche Leistungen jeder Beteiligte erfüllt und was er dafür an Gegenleistungen erhält. Ein bekanntes Beispiel für Verhandlungen ist das Feilschen zwischen einem Käufer und einem Verkäufer über den Preis einer Ware wie etwa eines Gebrauchtwagens, eines Hauses oder eines Schmuckstücks.

Lassen Sie uns einmal darüber nachdenken, wie Stefan seinen gebrauchten Lastwagen an Johannes verkauft. Beim Verhandeln haben die Parteien sich zum Teil ergänzende und zum Teil entgegengesetzte Ziele. Die sich ergänzenden Ziele: Johannes will einen gebrauchten Kleinlaster kaufen, und Stefan will einen loswerden. Aber Johannes und Stefan haben auch widerstreitende Ziele: Stefan will soviel Geld wie möglich für seinen alten Lkw, während Johannes so wenig wie möglich zahlen will. Beim Aushandeln des Preises macht jeder Angebote und Gegenangebote, aber beide bleiben bei der Stange, weil sie eine Übereinkunft erreichen wollen. Im Laufe dieses Prozesses geben sowohl Johannes als auch Stefan ein bißchen nach, so daß sich ein beiderseits zufriedenstellender Austausch herbeiführen läßt.

Das Ergebnis einer erfolgreichen Verhandlung ist eine Vereinbarung oder ein Vertrag. Sie sind einverstanden, dem anderen einen Ausgleich dafür zu leisten, daß er das ausgeführt hat, was im Vertrag festgelegt ist. Johannes ist bereit, Stefan für seinen Lastwagen 10 000 Mark zu bezahlen. Verträge haben die allgemeine Form: „Wenn du X tust (oder aufhörst, Y zu tun), werde ich dir Z geben.“ Ein Beispiel: „Wenn du mehr lernst, kaufe ich dir ein Radio.“ Oder: „Wenn du das Aquarium saubermachst, bügle ich deine Hemden.“ Oder: „Wenn du mir deinen Lkw gibst, gebe ich dir 10 000 Mark.“

Verhandeln ist auch eine Methode für die Regulierung zwischenmenschlicher Beziehungen und für die Lösung von Konflikten. Wenn ein Freund Sie ständig ausnutzt, haben Sie, wie wir meinen, ein Recht darauf, mit ihm eine Verhaltensänderung auszuhandeln. Würde sich nichts ändern, bekäme er mehr Güter und Dienstleistungen von Ihnen als Sie von ihm. Und so verhandeln Sie mit ihm: Entweder bitten Sie ihn, mehr für Sie zu tun (z. B. das Benzin zu bezahlen, wenn er sich Ihr Auto leiht) oder seine Ansprüche auf Ihre Zeit, auf Ihre Energie und Ihren Besitz einzuschränken (z. B. nichts mehr von Ihnen zu leihen).

Verhandeln ist nichts Hinterlistiges, Manipulatives oder Künstliches. Viele Probleme entstehen ja erst, weil die unmittelbare, natürliche Reaktion eines Menschen auf eine belastende Situation unerfreuliche Konsequenzen nach sich ziehen kann. Mit Verhandlungsgeschick können Sie dafür sorgen, daß Ihre soziale Machtbilanz ausgeglichen ist. Das macht Sie im Gegenzug zu einem durchsetzungsfähigeren und tatkräftigeren Menschen. Das Verhandeln verhilft Ihnen auch zu mehr Offenheit bei der Äußerung Ihrer Wünsche gegenüber anderen Leuten und bei der Beobachtung des Geschehens in einem gegebenen Konflikt. Diese offene Kommunikation baut eine Wechselbeziehung zwischen Freunden auf und dient oft zugleich der Vermeidung von Konflikten.

Warum Skripts schreiben?

Der erste Schritt, wirkungsvolles Verhandeln zu erlernen, ist die Analyse und das „Neu-Schreiben" Ihrer wiederkehrenden Minus-Situationen. Halten Sie sich jetzt Ihre Minus-Situationen ein paar Minuten lang vor Augen – konzentrieren Sie sich besonders auf diejenigen, die ständig wiederkehren und Sie mit einem Gefühl der Unzulänglichkeit und Unzufriedenheit zurücklassen. Analysieren Sie jede Minus-Situation, als ob Sie eine Szene aus einem Theaterstück anschauen würden. Dann entdecken Sie, daß jede Szene folgende Elemente enthält:

Personen Sie und mindestens eine andere Person, Ihr Minus-Typ.

Handlung Sie haben bestimmte Ziele im Sinn, Ihr Minus-Typ ebenso. Ein Konflikt entsteht und führt zu Handlungen, die Sie ärgern, demütigen oder erschrecken. Es kann zu Drohungen und Beleidigungen kommen. Die Szene endet mit Ihrer „Niederlage" und ist begleitet von dem Gefühl des Zorns, der Aufgeregtheit und der Kraftlosigkeit.

Schauplatz Die Zeit und der Platz, wo sich die Szene typischerweise abspielt.

Skript (Botschaft) Der Text, den Ihr Minus-Typ spricht und auf den Sie mit dem gebührenden Nachdruck antworten möchten. Das Skript schließt auch die Körpersprache der Darsteller ein – die Kraft der Stimme, den Gesichtsausdruck, das Achselzucken, Handbewegungen und Körperhaltung.

Die meisten von uns haben kaum Schwierigkeiten, sich die wirklich üblen Szenen unter diesen begrifflichen Vorgaben ins Gedächtnis zu rufen. Wir lassen sie ja immer wieder in unserem Gedächtnis Revue passieren und spielen den Dialog, die Beschimpfungen, die Drohungen und die üblen Gefühle oft genug durch. Wir tadeln uns für unsere verpfuschten Antworten und schaffen zwanghafte Wiederholungen desselben Verhaltens, während wir unser angeschlagenes Ego pflegen.

Wir empfehlen dagegen, daß Sie die Skripts Ihrer Minus-Situationen gründlich durchdenken und neu schreiben – ungefähr so, wie ein Dramatiker eine Szene schreiben und korrigieren würde, um das angestrebte Ziel innerhalb des dramatischen Gesamtkonzepts zu erreichen. Indem Sie ein Skript erarbeiten, arbeiten Sie einen Aktionsplan für die Zukunft aus und wenden damit eine Methode an, im Verhalten Ihres Minus-Typs (und vielleicht auch in Ihrem!) eine Änderung herbeizuführen. Dabei geht es genau um die Szene, in der Sie sich so oft „fertiggemacht" fühlten. Eine sorgfältige Planung ist der Schlüssel zum Erfolg.

- Das Ausarbeiten Ihres Skripts gibt Ihnen einen ersten Orientierungsrahmen für die Durchsetzung Ihres Standpunkts.
- Die Ausarbeitung Ihres Skripts zwingt Sie, die Situation abzuklären und Ihre Bedürfnisse zu bestimmen.
- Ein Skript gibt Ihnen die Zuversicht, daß Sie sich in der nächsten Auseinandersetzung behaupten; denn Sie wissen, welches Ihre „wohlerwogenen Vorschläge" sein werden. Sie vermeiden ungeschickte, unüberlegte Ausbrüche, die Sie später bedauern.
- Da Sie vermutlich die Dinge oft auf eine selbstzerstörerische Weise aussprechen, ist es wichtig, daß Sie die richtigen Worte festlegen, die Ihre Wünsche genau ausdrücken. Indem Sie Ihren Text lesen und korrigieren, können Sie in ausgewogener Art auf die beabsichtigte Aussage hinzielen. Sie haben eine

geschriebene Aufzeichnung Ihrer beabsichtigten Botschaft, und Sie können sie infolgedessen auf ihre Wirksamkeit hin durchsehen, anstatt sich auf Ihr Gedächtnis zu verlassen.

- Um ein Höchstmaß an Wirkung zu erzielen, muß eine auf Durchsetzung bedachte Botschaft mit kraftvoller Stimme und mit bekräftigender Körpersprache vorgetragen werden. Eine gut geplante und gut einstudierte durchsetzungsfähige Botschaft ist das beste Gegenmittel gegen Lampenfieber. Die beste Art, den Klang der Stimme, die Sprachmelodie und die Gesten einzuüben, ist die wiederholte Beschäftigung mit einem bekannten Text, den Sie bei Ihrem Minus-Typ anbringen wollen.

Das Schreiben einer Szene ist selbst schon eine neue Verhaltensweise. Es ist eine konkrete Methode, Verantwortung für die Qualität Ihrer Beziehungen zu anderen zu übernehmen. Nicht durchsetzungsfähige Leute reagieren passiv oder aggressiv auf Situationen, die andere um sie herum entwickeln. Wenn Sie an einem Skript zur Selbstbehauptung arbeiten, können Sie es dazu bringen, daß Sie agieren und nicht reagieren, und Sie können ein gewisses Maß an Selbstbestimmung und Kontrolle über die Ergebnisse Ihrer Interaktionen mit anderen gewinnen.

C.H.E.F.-Skripts

Sharon Bower hat ein Konzept aus vier Schritten entwickelt, dessen Name sich im Deutschen mit dem Kürzel (Akronym) C.H.E.F.-Methode wiedergeben läßt. Es befähigt zur Abfassung von Skripts zur erfolgreichen Selbstbehauptung. Es ist mit vielen hundert Versuchspersonen erfolgreich getestet worden. Nehmen Sie sich eine Minute Zeit, und denken Sie über Ihre Problem-Situation nach (siehe Arbeitsblatt 3, S. 29/33). Stellen Sie sich die folgenden Fragen zu Ihrem Konflikt:

- Welches unerwünschte Verhalten hat mein Minus-Typ an den Tag gelegt? (**C**harakterisieren)
- Wie kann ich meinem Minus-Typ meine Gefühle und Gedanken in Anbetracht dieses Verhaltens klarmachen? (**H**inweisen)

- Über welche Verhaltensänderungen möchte ich verhandeln? Was will ich an meinem eigenen Verhalten ändern? (**E**rwartungen erläutern)
- Welche Belohnungen kann ich meinem Minus-Typ in Aussicht stellen, wenn er den Vertrag einhält? (**F**olgen aufzeigen)

Das Akronym C.H.E.F.-Methode ergibt sich aus den Anfangsbuchstaben der vier Schlüsselwörter Charakterisieren, Hinweisen, Erwartungen erläutern, Folgen aufzeigen. Sie charakterisieren zunächst objektiv das aggressive Verhalten Ihres Minus-Typs, Sie weisen dann deutlich darauf hin, wie dies bei Ihnen ankommt, Sie erläutern danach, was für eine Verhaltensänderung Sie erwarten, und zeigen schließlich die Folgen einer solchen Änderung auf.

Die Bestandteile der C.H.E.F.-Methode enthalten die wichtigsten Punkte eines Skripts, das auf die Selbstbehauptung in Ihrer Minus-Szene ausgerichtet ist. Es ist nicht immer notwendig, das ganze Skript anzubringen. Darüber später mehr.

Sehen wir uns nun die verschiedenen Bestandteile des C.H.E.F.-Skripts genauer an.

Charakterisieren

Hinweisen

Erwartungen erläutern

Folgen aufzeigen

Charakterisieren

Sie beginnen Ihr Skript, indem Sie Ihrem Minus-Typ genau das Verhalten beschreiben (charakterisieren), das Sie stört. Seien Sie so objektiv und konkret wie möglich. Normalerweise ist man es nicht gewöhnt, das Verhalten von anderen objektiv zu charakterisieren. Man neigt dazu, seine emotionale Betroffenheit zum Ausdruck zu bringen oder mögliche Motive hinter der Handlung zu erschließen. Vermeiden Sie dieses „Psychoanalysieren"; es provoziert nur.

Verwenden Sie statt dessen einfache, konkrete Begriffe, um das Verhalten Ihres Minus-Typs zu charakterisieren. Dann hat er oder sie wenig Grund, mit Ihnen über diesen Punkt zu streiten. Unterstellen Sie ihm oder ihr keine böse Absicht; vermeiden Sie es, über Motive zu spekulieren. Sie können die Motive eines anderen Menschen nicht kennen, und solche Anschuldigungen machen Sie nur zur Zielscheibe von Dementis und Gegenargumenten. Vermeiden Sie unscharfe Ausdrücke wie „Du beachtest mich nicht". Verwenden Sie konkrete Beschreibungen wie „Du schaust mich nicht an, wenn ich dich anspreche". Vermeiden Sie Verallgemeinerungen mit dem Wort „immer" („Immer nörgelst du herum"). Machen Sie genaue Zeitangaben, und schildern Sie die Handlungen exakt. Etwa: „Die letzten vier Male, als wir über den Kontostand diskutierten, hast du die Art kritisiert, in der ich die Aufzeichnungen führe."

Bevor Sie Ihre Charakterisierung aussprechen, sollten Sie einen Einstiegssatz ins Gespräch formulieren: „Ich möchte jetzt etwas mit dir besprechen" oder „Weißt du, daß ...?" oder „Ich habe festgestellt, daß ..." Sie können Ihre C.H.E.F.-Botschaft mit solchen Sätzen einfädeln. Der Einfädler hilft Ihnen, die Aufmerksamkeit Ihres Minus-Typs zu gewinnen und den Stil der Aussage zu bestimmen, mit der Sie Ihren Standpunkt vertreten.

Hinweisen

Denken Sie über das aggressive (eben beschriebene) Verhalten Ihres Minus-Typs nach, und drücken Sie aus, was Sie empfinden. Formulieren Sie präzise, um Ihrem Minus-Typ mitzuteilen, wie sein Verhalten auf Sie wirkt, und machen Sie ihm klar, daß Sie von *Ihren* Gefühlen sprechen. Bemühen Sie sich, wenn Sie ein Problem durch Verhandeln zu lösen hoffen, um objektive Klarheit und Sachlichkeit anstelle von Gefühlsausbrüchen oder vernichtendem Sarkasmus. Vermeiden Sie es, Ihren Minus-Typ zu verletzen oder Schuldgefühle bei ihm auszulösen.

Formulieren Sie, wenn Sie sich angegriffen fühlen, aus einer positiven und nicht aus einer negativen Grundhaltung heraus. Negative Ausdrücke bedeuten Ablehnung wie etwa im Satz „Ich hasse dich, wenn du das tust", „Du machst mich zornig" oder „Du bist gefühllos und arrogant". Es kann natürlich sein, daß sich bei Ihnen negative Reaktionen auf das üble Verhalten Ihres Minus-Typs einstellen. Aber Sie erreichen eine größere Wirkung, wenn Sie Ihr Augenmerk auf die gemeinsamen Ziele und auf die Defizite der Interaktion richten anstatt auf Ihre Haßgefühle. Zielorientierte Feststellungen könnten sein: „Ich glaube, daß uns dein Verhalten und meine Reaktion davon abhalten, eine angenehme Beziehung zueinander zu haben." Oder: „Ich fühle mich bedeutungslos und herabgesetzt, wenn du mich so oft kritisierst." Ein Diskussionsleiter kann die Abschweifungen von Gruppenmitgliedern unterbinden mit den Worten: „Ich fühle mich unbehaglich, wenn wir vom Thema abkommen, insbesondere wenn ich mich für das Einhalten der Tagesordnung verantwortlich fühle" oder: „Ich glaube, diese Bemerkungen führen uns von dem anstehenden Problem weg." Ein schüchterner Mensch, dem ein Freund eine Standpauke hält, könnte seine Gefühle mit diesem Satz ausdrücken: „Ich habe das Gefühl, zu ersticken, wenn ich so angegangen werde. Ich glaube, unsere Beziehung sollte mehr auf Gegenseitigkeit beruhen."

Ein Teenager kann seine Gefühle gegenüber einem autoritären Elternteil so ausdrücken: „Ich fühle mich frustriert und glaube, ich würde schneller erwachsen werden, wenn ich mehr eigene Entscheidungen treffen dürfte."

Solche Aussagen über die eigenen Gefühle erscheinen nicht als feindliche Attacke, sondern als Hinweis. Sie zeigen: Die Kombination aus dem Verhalten des Minus-Typs und Ihrer Reaktion führt dazu, daß Ihre Beziehung den beiderseitigen Zielen näher kommt. Positive Aussagen über die Gefühle bieten demgemäß eine Chance, daß man beim anderen auf wohlwollende Aufmerksamkeit stößt und nicht zum Abstreiten oder zu Gegenattacken herausfordert.

Alte Freunde neigen dazu, sich auf eine Anzahl von abgenutzten Gefühlsausdrücken wie *hassen, verstimmt sein, elend, verlegen, zornig* oder *enttäuscht* zu beschränken. Durch übermäßigen Gebrauch werden sie abgedroschen und verlieren ihre Lebendigkeit. Sie können jetzt neue Wege erproben, um Ihre Gefühle auszudrücken, indem Sie eine bildhafte Redeweise verwenden oder die konkreten Aspekte Ihrer emotionalen Reaktionen beschreiben. So können Sie z. B. Verlegenheit durch die Metapher „Ich fühle mich nackt und ausgesetzt" ausdrücken; einen Konflikt durch den Satz deutlich machen: „Ich habe das Gefühl, daß mein Kopf sich gleichzeitig nach zwei Seiten dreht."

Erwartungen erläutern

Nachdem Sie das impertinente Verhalten Ihres Minus-Typs beschrieben und Ihre darauf bezogenen Gefühle und/oder Gedanken ausgedrückt haben, kommt der dritte Schritt: Sie bitten ausdrücklich um ein bestimmtes verändertes Verhalten. Im Grunde geht es um den Wunsch: „Bitte hör auf, X zu tun, und tue statt dessen Y." Wissenschaftliche Untersuchungen haben gezeigt, daß solche Bitten am ehesten akzeptiert werden, wenn nicht zu viel auf einmal verlangt wird. Die besten Ergebnisse zeigen sich bei nur einer Bitte. Die Bitte sollte konkret und hinreichend eingegrenzt sein, und die Sprache sollte sich auf objektive Antworten und nicht so sehr auf Charakterzüge oder persönliche Einstellungen beziehen. Sagen Sie: „Bitte spiel nicht mehr sonntags morgens um 7 Uhr auf der E-Gitarre" und nicht „Sei nicht so rücksichtslos"; „Bitte nehmen Sie dieses defekte Radio zurück" anstatt „Wieso hören Sie nicht auf, die Verbraucher für dumm zu verkaufen?"

Die Bitte muß vernünftig und von dem anderen erfüllbar sein. Die Frau eines mittellosen Mannes kann nicht einen neuen Pelzmantel verlangen; ein Kind kann nicht die totale Freiheit von der elterlichen Autorität und Verantwortung erwarten. Die Wirkung der C.H.E.F.-Methode beruht zum Teil darauf, daß Sie dem Minus-Typ Ungerechtigkeit und unfaires Verhalten objektiv vorhalten. Diesen Vorteil verlieren Sie, wenn Sie unrealistische und unfaire Ansprüche stellen. Auch wenn Ihre Bitte nicht ungerechtfertigt ist, kann sie unvernünftig sein, weil es um eine zu große Aufgabe oder um eine zu anspruchsvolle Verhaltensänderung geht. Wenn Sie weitgehende Änderungen im Verhalten Ihres Minus-Typs haben wollen, dann sollten Sie sich diesem Ziel durch eine Reihe von kleineren Absprachen über einen längeren Zeitraum hinweg annähern.

Denken Sie auch daran, daß Verträge oft ein neues Verhalten für *beide* Parteien festsetzen. Es kann Aspekte in *Ihrem* Verhalten geben, die Ihr Minus-Typ gern verändert haben möchte. Denken Sie daran: Erfolgreiche Verhandlungen schließen Geben und Nehmen ein. Überlegen Sie, ob es möglich ist, einer Übereinkunft zuzustimmen nach der Art „Wenn du *dies* für mich tust, dann werde ich *jenes* für dich tun." Analysieren Sie also Ihr Verhalten in der Problem-Situation, um festzustellen, ob es eine Änderung gibt, die der Minus-Typ von Ihnen verlangen könnte. Wie schwierig wäre es für Sie, dieses Verhalten zu ändern? Je besser Sie auf solche Gegenforderungen vorbereitet sind, desto besser werden Sie in der Lage sein, wirkungsvoll zu verhandeln.

Wenn Sie Ihr Minus-Typ bittet, ein Verhalten zu ändern, an dem Sie hängen („hör auf mit dem Zigarrenrauchen"), dann stellen Sie eine realistische Kosten-Nutzen-Rechnung für eine solche Verhaltensänderung auf. Ist es die Mithilfe beim Spülen wert, daß man den Partner dafür das Fußballspiel der Woche anschauen läßt, ohne kritische Bemerkungen dazu zu machen? Es gibt keine festen Regeln dafür, welchen Wert man einer Sache beizumessen hat. Deshalb sprechen die beiden Parteien ehrlich über ihre Bedürfnisse, die Größe der Beschwerden gegenüber den Annehmlichkeiten bestimmter Aktivitäten, die im Austausch verhandelt werden. Ziel ist immer, einen ausgeglichenen Vertrag oder „Tauschhandel" zustande zu bringen.

Folgen aufzeigen

Vertragsmäßige Vereinbarungen enthalten Konsequenzen (Vergünstigungen und Strafen) für beide Parteien, je nachdem, ob sie sich an die Vertragsbedingungen halten oder nicht. Für unsere Methode bedeutet das: Die Übereinkunft legt konkret und einfach die Belohnung dar, die Ihr Minus-Typ erhält, wenn er sich an den Vertrag hält, und/oder die Strafe, wenn er dies nicht tut.

Belohnungen. Bei Belohnungen handelt es sich nicht unbedingt um materielle Dinge wie Geld, Süßigkeiten, Nerzmäntel oder Ausflüge in einen Freizeitpark. Derlei materielle Vorteile fallen zahlenmäßig ab gegenüber dem großen Bereich der „sozialen Belohnungen", die wir anderen zukommen lassen. Es gibt Hunderte von kleinen Möglichkeiten, wie wir Zuneigung oder Anerkennung geben oder unsere Wertschätzung für andere zeigen – berühren, umarmen, küssen, Komplimente machen für das Aussehen der betreffenden Person, für die Intelligenz oder die Persönlichkeit. Viele soziale Belohnungen bestehen in der Erlaubnis, eine angenehme Tätigkeit auszuüben: Man läßt ein Kind fernsehen, einen Teenager mit voller Lautstärke auf der E-Gitarre spielen oder widmet den Geschichten einer älteren Person aus ihrem früheren Leben größte Aufmerksamkeit. Obwohl wir solche Kleinigkeiten nicht als Belohnungen einstufen, motivieren sie unsere Mitmenschen stark zu Verhaltensänderungen.

Die einzige Belohnung innerhalb eines Vertrages ist oft ganz einfach die Feststellung „Ich werde mich besser fühlen", wenn der Minus-Typ eine seiner störenden Verhaltensweisen abstellt. Wir tun dies häufig mit Bemerkungen wie „Ich fände es schön, wenn du aufhören würdest, X zu tun" (oder „anfangen, Y zu tun"). Dieses Versprechen einer kleinen sozialen Belohnung gewinnt seine Kraft allein aus dem Wunsch des Minus-Typs, Ihnen zu gefallen. Ein Mann hört mit dem Zigarrenrauchen bei Tisch auf, wenn es seinen verehrten Gästen unangenehm ist; eine Frau hört auf, falsche Wimpern zu tragen, wenn das ihren geschätzten Partner stört. Solche kleinen Gefälligkeiten werden ständig ausgetauscht.

Bestrafungen. Soziale Bestrafung gibt es in großem Ausmaß, und wir alle verwenden sie häufig. Wir strafen durch Ignorieren oder Kritisieren, wir strafen, indem wir Desinteresse oder Langeweile zeigen, indem wir die Wünsche eines anderen mißachten, indem wir etwas oder jemanden abwerten, den der andere mag, durch beleidigende Bemerkungen über das Aussehen, durch Attackieren, Lächerlichmachen oder Demütigen. Eine verbreitete Form der Bestrafung ist das Vorenthalten von Rechten oder die Verweigerung der Erlaubnis, etwas zu tun. Zum Beispiel strafen Eltern die Kinder, indem Sie sie in ihr Zimmer schicken, ihre Fernsehzeit beschneiden oder sie nicht mit ihren Freunden spielen lassen.

Heben Sie die positiven Konsequenzen hervor. Beim Abschluß eines Vertrages haben Sie wahrscheinlich mehr Erfolg, wenn Sie die positiven, belohnenden Konsequenzen für das erwünschte Verhalten hervorheben, als wenn Sie Nachdruck auf die negativen Konsequenzen für unerwünschtes Verhalten legen. Die Bestrafung für Vertragsbruch muß nicht immer ausdrücklich genannt werden. In der Formulierung „Wenn du mir hilfst, backe ich dir einen Kuchen" steckt schon die Umkehrung: „Wenn du mir nicht hilfst, backe ich ihn eben nicht für dich." Der Verlust einer erhofften Belohnung ist eine frustrierende Bestrafung.

Versuchen Sie, nicht allzuoft auf die Bestrafung „schlechten Verhaltens" zurückzugreifen. Bestrafung sollte sparsam verwendet und relativ mild und kurz gestaltet werden. Die C.H.E.F.-

Skripts weiter unten in diesem Buch geben eine „negative Konsequenz" für den Fall vor, daß der andere sich nicht ändert. Verstehen Sie das bitte nicht falsch: Diese Passagen sollten nur verwendet werden, wenn der Vertrag mit positiven Konsequenzen allem Anschein nach zu nichts geführt hat.

Legen Sie Bestrafungen dar, wenn Ihr Vertrag sie vorsieht, und achten Sie darauf, daß sie einen realistischen und glaubwürdigen Eindruck machen. Die Bestrafung sollte geringfügig sein, aber auf persönlicher Ebene doch spürbar. Beispiele: „Für jede fehlende Arbeitsstunde im Haushalt ziehe ich 50 Pfennig von deinem wöchentlichen Taschengeld ab." Oder: „Wenn Sie mir bei meiner Arbeit nicht mehr Verantwortung übertragen, werde ich umgehend einen größeren Teil meines angesammelten Urlaubs nehmen."

Überzogene Drohungen sind wirkungslos und damit widersprüchlich. Sie verlieren an Glaubwürdigkeit, wenn Sie Drohungen dieser Art loslassen: „Wenn du nicht parierst, liebe ich dich nicht mehr / verlasse ich dich / breche ich zusammen / gebe ich die Kinder ins Waisenhaus." Solche fürchterlichen Ankündigungen zögern lediglich die notwendige Präzisierung der wirklichen Konsequenzen hinaus. Legen Sie nur Bestrafungen von einer Größenordnung fest, die zur Größe des „Vertragsbruchs" passen. Und beschränken Sie sich auf Aktionen, die Sie gegen die andere Partei gegebenenfalls auch ausführen. Wägen Sie diese Strafaktionen gegen Ihre eigenen Bedürfnisse ab. Wenn Sie es schätzen, oft mit Ihren Kindern Tischtennis zu spielen, werden Sie ein Spielverbot wohl kaum als Strafe verwenden; damit würden Sie ja auch sich selber strafen.

Seien Sie sich immer bewußt, daß Bestrafung unerwünschte Nebeneffekte erzeugen kann. Wenn Sie jemanden strafen, wird diese Person vermutlich Zorn und eine starke Abneigung gegen Sie verspüren. Obwohl Sie lediglich ein störendes Verhaltensmuster verändern wollten, ziehen Sie sich durch die Bestrafungsaktion einen haßerfüllten Rebellen heran, der zurückschlagen oder Ihnen einfach aus dem Weg gehen wird. Aus diesen Gründen legen die besten Verträge das Schwergewicht auf positive, belohnende Konsequenzen.

Erarbeiten Sie ein C.H.E.F.-Skript

Die beste Methode, mit der man lernen kann, C.H.E.F.-Skripts zu verfassen, ist, sich an Vorbildern zu orientieren. Um zu veranschaulichen, wie so ein Skript entsteht, wollen wir uns einmal eine Beratungssitzung zwischen Sharon Bower und Linda anschauen.

Linda, eine 45jährige Frau, lebte – von ihrem Mann getrennt – mit ihren drei Kindern und der betagten Mutter zusammen. Nach 25 Jahren als Hausfrau übernahm Linda wieder eine Vollzeitstelle. Um sich beruflich fortzubilden, besuchte sie Teilzeitkurse an der Volkshochschule. Die Umstellung war für Linda nicht leicht. Sie war depressiv und ängstlich, weil ihre Kenntnisse und Fähigkeiten stark eingerostet waren. Zudem glaubte sie an den kulturellen Mythos, daß ihre langen Hausfrauenjahre sie passiv und ineffektiv, denkschwach und inkompetent gemacht hatten. Sie fühlte sich niedergeschlagen und unfähig, mit alltäglichen Angelegenheiten umzugehen. Sie konnte nicht für ihre Rechte eintreten. Es fehlte ihr an Sicherheit, um für ihre Selbstverwirklichung zu kämpfen – gegen Leute, die ihr keinen Platz einräumen wollten. Obwohl eine ihrer anfänglichen Klagen ihre Mutter betraf, die sehr kritisch und dominierend war, gab Linda in ihren Formulierungen nicht zu erkennen, daß ihre Probleme Durchsetzungskraft erforderten. Sie war ungehalten wegen der Dominanz ihrer Mutter, aber sie meinte, sie könne keine Auseinandersetzung mit ihr riskieren, weil sie ihre Hilfe brauchte in finanzieller Hinsicht, in der Hauswirtschaft und beim Babysitten während ihrer Arbeitszeit. Sie äußerte auch Sorge um ihre Mutter und wollte ihre Beziehung zu ihr verbessern. Es schien klar, daß Linda lernen mußte, ihre Rechte gegenüber einer dominanten Mutter zu vertreten.

Zunächst präparierten Sharon Bower und Linda eine Szene heraus, die ihr Probleme machte. Es war wichtig, zu wissen, *wann* die Mutter Linda dominierte, bezüglich welcher *Themen*, unter welchen *Umständen*, und *wann* und *wo* die Szenen sich ereigneten. Viele Fragen waren nötig, um das Umfeld des Problems dingfest zu machen, um die Faktoren in einer gegebenen Szene zu klären und neu zu formulieren.

Lindas anfängliche Klage war, daß ihre Mutter ständig an ihr herumnörgle. Als sie aufgefordert wurde, einen Einzelaspekt herauszuheben (Charakterisieren), sagte Linda, sie sei besonders aufgebracht über die mütterlichen Nörgeleien in der Frage, wo Linda einkaufen gehe. Ihre Mutter pflegte zu sagen, Lindas Supermarkt sei zu weit entfernt, dorthin zu fahren sei eine Benzin- und Zeitverschwendung. Warum Linda nicht in den Laden direkt um die Ecke gehe, wo sie, die Mutter, gerne hinging. Linda sagte, das Genörgel führe bei ihr zu dem Gefühl, ein Kind zu sein, unfähig, eigene Entscheidungen zu treffen (Hinweisen). Sie wollte, daß ihre Mutter ihr keine Vorschriften mehr machte, wo sie einkaufen sollte (Erwartungen erläutern). Erst nach längerer Befragung konnte Sharon Bower von Linda eine Antwort darauf bekommen, welche positiven Folgen sie ihrer Mutter anbieten konnte. Schließlich wurde beschlossen, daß Linda ihre Mutter und die Kinder sonntags zu einem Picknick mitnehmen würde (etwas, das die Mutter sehr schätzte), wenn die Mutter sich mit ihrer Kritik zurückhielt (positive Folgen aufzeigen). Sollte die Mutter aber weiterhin nörgeln, würde Linda ruhig aus dem Zimmer gehen und sich weigern, die Kritik anzuhören (negative Folgen).

Nachdem die Angemessenheit der Sprache überprüft war, schrieb Linda das endgültige Skript zur Selbstbehauptung für die nächste Konfrontation mit der Mutter in der gemeinsamen Küche:

Charakterisieren	Du sagst, ich soll in einen anderen Laden zum Einkaufen gehen. Das begründest du mit deinen ganz persönlichen Argumenten.
Hinweisen	Wenn du dich so verhältst, fühle ich mich wie ein Kind behandelt. Ich bin eine erwachsene Person, und erwachsene Leute treffen ihre eigenen Entscheidungen. Es ist wichtig für mich, diese Wahl selbst zu treffen.
Erwartungen erläutern	Bitte spar dir künftig deine Bemerkungen zu dieser Frage.
Folgen aufzeigen	*Positiv:* Wenn du jetzt mit deinen kritischen Bemerkungen aufhörst, bereite ich ein Picknick vor, an dem wir alle am Sonntag Spaß haben.

[*Negativ* (nur zu äußern, wenn nötig): Wenn du weiterhin in dieser Angelegenheit auf mich einredest, gehe ich einfach hinaus. Ich will zu diesem Thema von jetzt an nichts mehr hören.]

Linda hat dies der Mutter ins Stammbuch geschrieben und ihre Aussage mit sicher wirkenden Gesten unterstützt. Sie bereitete sich im Rollenspiel mit Sharon Bower auch darauf vor, an ihrem Skript weiterhin unerschütterlich festzuhalten – trotz der mütterlichen Versuche, sie abzulenken oder zu hindern. Sie vervollkommnete die Szene in der Beratungssituation und brachte sie am folgenden Sonntag „auf die Bühne". Sie erzielte einen erstklassigen Erfolg. Sie war nicht nur erfreut über ihren Mut, sondern erreichte von ihrer Mutter auch die Einwilligung, daß das Einkaufen kein Thema mehr war. Dieser kleine Erfolg motivierte Linda, C.H.E.F.-Skripts für andere Situationen auszuarbeiten, in denen sie sich „fertiggemacht" fühlte, und sie in die Tat umzusetzen. Später erzählte sie Sharon:

> **„Ich gebe zu, ich hatte meine Zweifel, vor allem als ich mir vorstellte, daß ich wirklich die vorher festgelegten Worte zu meiner Mutter sagen würde. Aber als der Moment kam, verwendete ich die Formulierungen aus dem Skript fast wörtlich. Durch den Rückgriff auf das Skript fühlte ich mich abgesichert. Schließlich wurde ich meiner selbst sicherer, als ich den Effekt meiner Durchsetzungskraft sah. Von da an konnte ich ohne Skript weitermachen und einfach Ich selbst (mein *neues* Selbst) sein."**

Beim Abfassen guter Skripts gibt es Schwierigkeiten, die immer wieder auftauchen. Zum Beispiel hatte Linda Probleme mit der konkreten Charakterisierung des offensiven Verhaltens ihrer Mutter. Statt dessen verwendete sie unscharfe Allgemeinplätze. Wenn wir Lindas ursprüngliches Skript wiedergeben wollten, sähe es etwa so aus:

Charakterisieren	Mutter, du bist eine alte Nörglerin!
Hinweisen	Ich hasse dich!
Erwartungen erläutern	Wenn du mit dem Nörgeln nicht aufhörst ...
Folgen aufzeigen	... werde ich losschreien und fortgehen.

Dieses Skript ist eine karikaturhafte Ansammlung von Irrtümern. Es enthält so ziemlich jeden Fehler, den man innerhalb von vier kurzen Zeilen machen kann. Vergleichen Sie es mit dem endgültigen Skript, das Linda und Sharon Bower entwickelten, und beachten Sie die Unterschiede in der Sprache. In dem weniger wirkungsvollen Skript besteht das **Charakterisieren** in einer vagen Etikettierung mit Hilfe von Namen; **Hinweisen** ist eine negative Attacke auf die ganze Person und nicht so sehr der Ausdruck von Lindas Empfindungen angesichts der ewigen Bemerkungen ihrer Mutter; **Erwartungen erläutern** fordert einen totalen Wandel eines nicht näher erfaßten Persönlichkeitszuges; und die **Folge** ist nur negativ **aufgezeigt**, darüber hinaus viel zu streng, und wird für Linda ebensosehr eine Strafe sein wie für die Mutter. Lindas Skripts werfen ein deutliches Licht auf die Eigenheiten von besseren und weniger wirkungsvollen Skripts.

Zusammenfassung der Regeln für das Schreiben von C.H.E.F.-Skripts

Tafel 1 faßt zusammen, wie man bei einem guten C.H.E.F.-Skript vorgehen soll und wie man nicht vorgehen soll. Da wir uns später wieder darauf beziehen werden, sind die Regeln durchnumeriert. Es ist hilfreich, diese Regeln eingehend zu studieren und Ihren Lernerfolg zu überprüfen, und dies nicht nur jetzt, sondern auch später noch mehrere Male. Die Regeln sind einer der wichtigeren Teile dieses Buchs. Unser Tip: Immer wieder darauf zurückgreifen.

Tafel 1: Regeln für das Verfassen von C.H.E.F.-Skripts

	Nummer	*richtig*	*falsch*
Charakterisieren	C1	Das Verhalten der anderen Person objektiv beschreiben.	Ihre emotionalen Reaktionen darauf beschreiben.
	C2	Konkret formulieren.	Abstrakte, vage Begriffe verwenden.
	C3	Einen bestimmten Zeitpunkt, einen Schauplatz und die Häufigkeit der Aktion beschreiben.	Verallgemeinernd von „immer" sprechen.
	C4	Die Handlung, nicht das „Motiv" beschreiben.	Über die Motive oder Ziele Ihres Minus-Typs spekulieren.
Hinweisen	H1	Ihre Gefühle ausdrücken.	Ihre Gefühle in Abrede stellen.
	H2	Ihre Gefühle ruhig aussprechen.	Gefühlsausbrüche zulassen.
	H3	Gefühle auf positive Weise konstatieren, mit Bezug auf ein Ziel.	Gefühle auf negative Art konstatieren, durch Demütigung oder Angriff.
	H4	Sich auf eine bestimmte verletzende Verhaltensweise beziehen, nicht auf die ganze Person.	Die Person als solche attackieren.
Erwartungen	E1	Den Minus-Typ ausdrücklich um Änderung seines Verhaltens bitten.	Lediglich durchblicken lassen, daß Sie sich eine Änderung wünschen.
	E2	Um eine kleine Änderung bitten.	Eine zu große Änderung verlangen.
	E3	Nur eine oder zwei Änderungen gleichzeitig erbitten.	Zu viele Änderungen verlangen.
	E4	Die konkreten Handlungen, die Sie nicht mehr haben wollen, genau bezeichnen, ebenso die erwünschten.	Änderungen bei verschwommen bezeichneten Charakterzügen oder Eigenheiten verlangen.
	E5	In Betracht ziehen, ob Ihr	Die Bedürfnisse Ihres Minus-

Erwartungen		Minus-Typ ohne große Verluste Ihrer Bitte nachkommen kann.	Typs ignorieren oder lediglich sich selbst zuliebe danach fragen.
	E6	Genau umschreiben (falls angemessen), welches Verhalten Sie im Rahmen der Vereinbarung bei sich selbst ändern wollen.	Davon ausgehen, daß nur Ihr Minus-Typ sich zu ändern hat.
Folgen aufzeigen	F1	Die Konsequenzen offenlegen.	Sich genieren, über Belohnung und Bestrafung zu reden.
	F2	Für eine Änderung in der gewünschten Richtung eine Belohnung geben.	Nur Strafen für keine oder zuwenig Änderung geben.
	F3	Etwas aussuchen, was für Ihren Minus-Typ erstrebenswert ist und was ihn aufbaut.	Etwas aussuchen, was nur für Sie eine Belohnung sein könnte.
	F4	Eine Belohnung auswählen, die groß genug ist, um die Fortdauer der Verhaltensänderung zu gewährleisten.	Eine Belohnung anbieten, die Sie nicht erbringen können oder wollen.
	F5	Eine Bestrafung von einer Größenordnung wählen, die zum Ausmaß des „Vergehens“ paßt, also der Weigerung, sich zu ändern.	Übertriebene Drohungen aussprechen.
	F6	Eine Bestrafung wählen, die Sie auch wirklich ausführen wollen.	Unrealistische Drohungen oder eine selbstzerstörerische Strafe anwenden.

Lernen Sie, Verletzungen der Regeln in Tafel 1 zu erkennen. Versetzen Sie sich nochmals in Lindas Situation; dann wird Ihnen klar, was „Verletzungen“ bedeutet. Sie haben ein gutes und ein wirkungsloses Skript gesehen. In Tafel 2 haben wir jedem Verfahrensschritt ein paar zusätzliche schlechte Formulierungen beigefügt, um die Arten von Fehlern deutlich zu machen, die häufig gemacht werden. Name und Nummer der verletzten Regel sind rechts vom jeweiligen Text angegeben.

Tafel 2: Untaugliche Fassungen von Lindas Skript

	Fassung	*Verletzte Regel*	*Regel-nummer*
Charakterisieren	1. Du nörgelst immer.	Verallgemeinerung („immer")	C3
		Ungenaue Bezeichnung.	C2
	2. Du bist immer darauf aus, mich zu beherrschen.	Verallgemeinerung („immer")	C3
		Schließt auf Motive.	C4
	3. Du machst mich nervös.	Beschreibt sich selbst, nicht den anderen.	C1
Hinweisen	1. Ich hasse dich!	Extremer Gefühlsausbruch.	H2
		Negativ.	H3
		Attackiert die ganze Person.	H4
	2. Ich empfinde überhaupt nichts mehr für dich.	Bestreitet Gefühle.	H1
		Attackiert die ganze Person.	H4
	3. Du machst mich wütend.	Negativ.	H3
Erwartungen	1. Hör auf, an mir herumzunörgeln.	Ungenaue Bezeichnung.	E4
		Zu weit gefaßt.	E2
		Bringt nur Ihnen selbst etwas.	E5
	2. Halt den Mund!	Zu weit gefaßt.	E2
		Verlust für den anderen.	E4
		Bringt nur Ihnen etwas.	E5
	3. Du solltest wissen, wie sich unsere Beziehung verbessern läßt.	Durchblicken lassen.	E1
		Ungenaue Bezeichnung.	E4
		Bringt nur Ihnen etwas.	E5
Folgen aufzeigen	1. Ich werfe dich raus!	Keine Belohnung.	F2
		Unvernünftige Bestrafung.	F5
		Wollen Sie das wirklich tun?	F6
	2. Ich hätte mehr zu lachen, wenn du mich alleine ließest.	Wirklich erstrebenswert?	F3
		Hinreichend große Belohnung?	F4
	3. Wir werden künftig besser miteinander klarkommen.	Nicht ausformuliert.	F1
		Hinreichend große Belohnung?	F4

Übungsaufgaben: untaugliche und geeignete C.H.E.F.-Skripts

Die beste Art, sich die Regeln für ein wirkungsvolles C.H.E.F.-Skript anzueignen, ist die Arbeit mit Beispielen. Für jede der folgenden drei Situationen zeigt die linke Spalte ein schwaches Skript, die rechte eine bessere Ausführung. Schreiben Sie in die Leerstellen die Nummern der Regeln aus Tafel 2, die das schlechtere Skript verletzt. (Eine einzelne Formulierung in einem schlechten Skript kann gleichzeitig gegen mehrere Regeln verstoßen.) Vergleichen Sie immer mit den besseren Versionen. Sie finden die korrekten Antworten am Ende dieses Kapitels (Seite 117). Gehen Sie die Situationen und Skripts nacheinander durch, und beantworten Sie dann die Fragen, die Ihnen bei der Konzentration auf die wichtigen Punkte helfen.

Situation 1. Eine Tätigkeit ablehnen

Jahrelang waren Sie nicht fähig, nein zu sagen, wenn gemeinnützige Organisationen Ihre Zeit in unzumutbarem Ausmaß in Beschlag nehmen wollten. Sie werden ständig zum Geldsammeln für alle möglichen Vereine und Verbände herangezogen, auch wenn Sie ungern von Tür zu Tür gehen. Sie wollen Ihre Energien jetzt anderswo einsetzen und deshalb von weiteren Sammeltätigkeiten befreit werden. Wenn der oder die Verantwortliche einer Sammelaktion Sie auffordert, dieses Jahr wieder mitzuarbeiten, dann äußern Sie sich entsprechend dem gelungenen Skript. Untersuchen Sie das untaugliche Skript auf Fehler.

	Untaugliches Skript	*Besseres Skript*
C	Ich habe immer für Ihre Organisation gearbeitet. (Welche Regeln verletzt? ____________________	Ich habe für die XYZ-Stiftung fünf Jahre hintereinander gesammelt.
H	Ich bin zu erschöpft, um bei diesem Geschäft weiterhin	Ich fühle mich durch diese Bitte unter Druck gesetzt. Ich

	mitzumachen. Sie sollten mehr Rücksicht nehmen. (Welche Regeln verletzt? ________________________	habe mich schon anderweitig verpflichtet, deshalb sage ich dieses Jahr nein zu Ihrer Bitte.
E	Streichen Sie mich deshalb bitte aus Ihrer Liste, und behelligen Sie mich nicht mehr. (Welche Regeln verletzt? ________________________	Bitte nehmen Sie meinen Namen aus der Liste der freiwilligen Helfer.
F	Wenn Sie in diesem Jahr auf mich verzichten, kann ich vielleicht nächstes Jahr wieder mithelfen. (Welche Regeln verletzt? ________________________	*Positiv:* Danke, ich weiß das zu schätzen [*Negativ:* Wenn Sie mich nächstes Jahr wieder anrufen, sage ich wieder nein.]

Beantworten Sie jetzt bitte die folgenden Fragen zu Situation 1:

1. Wie würden Sie als Organisator der Sammelaktion argumentieren, wenn Sie auf die spezifischen Formulierungen des untauglichen Skripts antworten wollten?
2. Wie könnte ein hartnäckiger Organisator versuchen, Sie so in Verlegenheit zu bringen, daß Sie die Tätigkeit doch übernehmen?
3. Wie könnten Sie Ihren Standpunkt gegenüber einem Versuch vertreten, Ihnen Schuldgefühle einzuflößen, weil Sie sich bei dieser Gelegenheit nicht als Freiwillige(r) zur Verfügung stellen?

Situation 2. Bitte um Mitwirkung

Eine Arbeitsgruppe aus Professoren und Studierenden einer Hochschulfakultät ist damit beschäftigt, einen Vorschlag für eine Lehrplanreform auszuarbeiten. Als Studierender fühlen Sie sich von den anderen Gruppenmitgliedern nicht ernst genommen und isoliert, da Sie auch etwas dazu sagen möchten, aber nicht angehört werden. Vergleichen Sie das untaugliche und das bessere Skript. Suchen Sie die Fehler heraus, und lesen Sie das bessere Skript laut.

	Untaugliches Skript	*Besseres Skript*
C	Sie reden, und ich soll nur stumm zuhören. (Welche Regeln verletzt? ______________________	Ich habe Ihre Anregungen für unseren gemeinsamen Vorschlag gehört.
H	Muß es sein, daß Sie die Diskussionen dominieren? (Welche Regeln verletzt? ______________________	Ich würde auch gerne eine Anregung loswerden.
E	Wenn Sie mal ruhig sind, kann ich vielleicht auch mein Scherflein beisteuern. (Welche Regeln verletzt? ______________________	Ich würde gern das Wort erhalten, um meine Anregungen jetzt abzugeben. Ist das möglich?
F	Auf diese Weise bekommen Sie etwas in den endgültigen Vorschlag, was für die Studierenden wichtig ist. (Welche Regeln verletzt? ______________________	*Positiv:* Ich werde optimistischer und effektiver arbeiten, wenn ich das Gefühl habe, daß jeder die Möglichkeit hat, Ideen beizusteuern. [*Negativ:* Wenn man mich nicht einbezieht, muß ich feststellen, daß ich unfair behandelt worden bin.]

Beantworten Sie nun die folgenden Fragen zu Situation 2:

1. Wie würden Sie als Mitglied der Fakultät auf die Formulierungen des untauglichen Skripts antworten?
2. Mit welcher Antwort würden Sie als Studierender gegenüber diesem Fakultätsmitglied Ihren Standpunkt vertreten?
3. Diese Situation schließt ein, daß ein jüngerer Mensch ver-

sucht, sich mit älteren Autoritätspersonen anzulegen. Meinen Sie, das Skript müßte verändert werden, wenn die Arbeitsgruppe ausschließlich aus Studenten bestünde? Wie würden Sie den Wortlaut für diese Situation ändern?

Situation 3. Ändern einer störenden Gewohnheit

Sie sind Führungskraft in einer Firma. Einer Ihrer Untergebenen trifft Entscheidungen, die nicht in seine Kompetenz fallen und die er an höherer Stelle hätte vortragen sollen. Welche Fehler würden Sie machen, wenn Sie das untaugliche Skript umsetzen würden? Lesen Sie das bessere laut!

	Untaugliches Skript	*Besseres Skript*
C	Sie treffen zu viele Entscheidungen, die nicht in Ihre Kompetenz fallen, und die meisten dieser Entscheidungen sind auch nicht besonders gut. (Welche Regeln verletzt?	Letzten Donnerstag, als Sie Herrn Adams sagten, die Firma werde ihm einen 20prozentigen Rabatt einräumen, haben Sie eine Entscheidung getroffen, die Ihnen nicht zusteht.
H	Es macht mich krank, wenn ich Ihre Fehlentscheidungen zu korrigieren habe. Sie sind irgendwie daneben. (Welche Regeln verletzt?	Ich bin irritiert und möchte, daß Sie einsehen, daß es wichtig ist, daß jeder nur das macht, was zu seinem Job gehört.
E	Ihre Arbeit besteht lediglich darin, zu entscheiden, welche unserer Warenhäuser besondere Lieferaufträge bekommen. (Welche Regeln verletzt?	Ich habe eine Liste von Richtlinien über Ihre Entscheidungsbefugnisse zusammengestellt. Hier ist eine Kopie für Sie. Gehen wir sie durch, beantworten wir die Fragen, die Sie vielleicht haben, und schauen wir, daß wir uns in dieser Sache einigen können.

F	Die Dinge laufen besser, wenn Sie sich um Ihre eigene Arbeit kümmern und mir die meinige lassen. (Welche Regeln verletzt? ____________________	*Positiv:* Ich hoffe, daß wir mit dieser Absprache künftig solche Probleme vermeiden können. [*Negativ:* Ich werde Sie sofort mit allen Entscheidungsfehlern dieser Art konfrontieren.]

Beantworten Sie nun folgende Fragen zu Situation 3:

1. Wie würden Sie als Angestellter auf das schlechte Skript antworten?
2. Welche selbstsichere Antwort würden Sie als Vorgesetzter diesem Angestellten geben?
3. Was wäre das wichtigste Ziel Ihres C.H.E.F.-Skripts, wenn Sie als Vorgesetzter einen Angestellten bitten, mehr Leistung zu bringen?

Lösung der Übungsaufgaben „Untaugliche und geeignete C.H.E.F.-Skripts"

Die schlechten Skripts verstoßen gegen folgende Regeln:

Situation	*Charakterisieren*	*Hinweisen*	*Erwartungen erläutern*	*Folgen aufzeigen*
Eine Tätigkeit ablehnen	C1 C2 C3	H2 H3 H4	E2 E4	F4
Bitte um Mitwirkung	C3	H3	E2 E6	F3
Ändern einer störenden Gewohnheit	C1 C2 C3	H2 H3 H4	E4 E6	F1 F4

5

Skripts für Standard-Situationen

Bevor Sie sich an eigenen C.H.E.F.-Skripts versuchen, könnte es von Nutzen sein, weitere C.H.E.F.-Skripts zu studieren, die sich in der täglichen Praxis bereits bewährt haben. Dieses Kapitel präsentiert beispielhafte Skripts. Sie decken eine Vielzahl von Situationen ab, in denen Durchsetzungskraft gefordert ist. Wir geben zuerst eine allgemeine Einführung. Dann charakterisieren wir ein bestimmtes Problem, präsentieren das Modell-Skript und berichten von den Ergebnissen.

Die Skripts, die wir ausgewählt haben, beziehen sich auf folgende Situationen:

Bitte um Berichtigung einer Rechnung
Bitte um Information
Bitte um Hilfe
Verdeutlichung Ihrer Anweisungen
Bitte um Gehaltserhöhung
Bitte um Versöhnung
Bitte um Beteiligung
Überzogene Forderungen zurückweisen
Gegen störende Gewohnheiten protestieren
Gegen ungerechte Kritik protestieren
Gegen körperliche Gewalt protestieren
Gegen Gefühlsausbrüche protestieren
Gegen Übervorteilung protestieren
Mit Suchtkranken umgehen
Unabhängigkeit herstellen
Mit Schweigen umgehen

„Prima!" werden Sie vielleicht sagen, „alle meine Probleme finden sich ja hier wieder, und ich brauche nichts selbst zu schreiben!" Langsam – eins nach dem anderen! Obwohl fast jeder sich früher oder später einigen dieser Situationen stellen muß, gibt es kein „Standard-Skript", das Ihr Problem löst, ohne daß Sie etwas dazu beitragen. Sie werden Ihre eigenen Skripts in eigenen Worten aufsetzen müssen. Aber wenn Sie sehen, was andere gemacht haben, wird es Ihnen diese Aufgabe erleichtern.

Bitte um Berichtigung einer Rechnung

Um überhöhte Rechnungen für Reparaturen im Haus zu vermeiden, sollte man sich beim ersten Kontakt mit dem Handwerker erkundigen: „Wieviel verlangen Sie pro Stunde? Gehen die Anfahrkosten auch auf meine Rechnung?" Notieren Sie die Ankunfts- und Abfahrtszeiten des Handwerkers, und bitten Sie ihn, diese Zeitangaben zu bestätigen. In unserem Beispiel sagte Michaela, als der Handwerker kam: „Ich stelle fest, es ist 9.15 Uhr." Und als er wegging, sagte sie: „Es ist jetzt 9.45 Uhr. Sie sind eine halbe Stunde hier gewesen."

Situation. Eine Firma, die Geschirrspüler repariert, gab mir eine überhöhte Rechnung. Ich beschloß, mit Hilfe von C.H.E.F. einen Beschwerdebrief zu schreiben.

	An die Kundendienstabteilung: Sehr geehrte Frau Bauer,
(Charakterisieren)	Ich habe vorsorglich die Zeit notiert, die Ihr Mitarbeiter für die Reparatur meiner Spülmaschine aufgewendet hat. Er kam um 9.15 Uhr und ging um 9.45 Uhr, arbeitete also eine halbe Stunde.
(Hinweisen)	Ich bin überrascht, daß Sie jetzt eine Stunde Arbeitszeit in Rechnung stellen, nämlich DM 85,–.
(Erwartungen erläutern)	Ich erwarte, daß die Rechnung auf den korrekten Betrag von DM 42,50 heruntergesetzt wird.
(Folgen aufzeigen)	Ich hoffe, auch künftig auf einen zufriedenstellenden Service durch Ihre Firma rechnen zu können.
	Mit freundlichen Grüßen

Ergebnis. Ich erhielt einen freundlichen Brief, in dem es hieß, meine Rechnung sei auf DM 42,50 korrigiert worden. Die Buchhaltung hatte einen Fehler gemacht.

Bitte um Information

Macht es Ihnen etwas aus, wenn Sie jemanden bitten müssen, Ihnen etwas zu erklären? Manche Leute halten es für ein Zeichen von Schwäche, wenn sie bei der Erledigung einer Aufgabe um Hilfe bitten. Doch manchmal kommen wir ohne Unterstützung nicht zurecht und sind gekränkt, wenn man uns ignoriert. Die folgende Geschichte zeigt das.

Situation. Bei dem Unternehmen, in dem ich arbeite, habe ich mich über meinen Chef geärgert, weil er mir nicht erklärt hatte, wie das Vorschlagswesen gehandhabt wird. Ich beschloß, in die Offensive zu gehen. Ich schrieb dieses Skript und übte es zwei Tage lang ein, bevor ich zu ihm ging.

Charakterisieren	Ich habe Sie mehrmals gebeten, mich in das Vorschlagswesen einzuweisen. Sie haben zugestimmt, aber dann leider nichts unternommen.
Hinweisen	Ich habe das Gefühl, daß ich mich in einem wichtigen Teil meines Aufgabengebiets nicht auskenne. Das frustriert mich und unterhöhlt meine Position.
Erwartungen erläutern	Deshalb möchte ich mit Ihnen einen Termin ausmachen, an dem Sie mir das Vorschlagswesen erklären.
Folgen aufzeigen	*Positiv:* Wenn ich jetzt etwas darüber lerne, kann ich später Zeit sparen und in meiner Position mehr leisten. [*Negativ:* Wenn ich das nicht bald lerne, kenne ich mich in meinem Arbeitsgebiet nicht so aus, wie es sein müßte.]

Ergebnis. Wir machten für Mittwoch einen Termin aus. Ich habe dann das Nötige erfahren und fühle mich jetzt kompetent.

Bitte um Hilfe

Hausarbeit sollte auf alle Familienmitglieder gerecht aufgeteilt werden. Häufig jedoch lassen sich Eltern zu Sklaven machen, die für alles verantwortlich sind, und sie werden wütend, wenn die Kinder sich nicht um die häuslichen Tätigkeiten scheren, die nach Erledigung schreien. Überforderte Eltern können zu ihrem Recht kommen, indem sie das Problem aufs Tapet bringen und bei einer Anzahl von Arbeiten um Mithilfe bitten. Wenn die Konsequenzen für das (Nicht-)Ausführen dieser Arbeiten klar sind, werden die Kinder loslegen und helfen.

Situation. Meine Kinder waren in den Ferien daheim; sie aßen, hingen herum und sahen fern. Obwohl ich wegen einer anspruchsvollen wissenschaftlichen Untersuchung sehr viel zu tun hatte, hofften wir, am Ende des Sommers noch ein paar Tage Camping-Urlaub rauszuschlagen. Vor unserer Abfahrt mußten noch einige Gartenarbeiten gemacht werden. Doch die Kinder erledigten sie nicht. Ich kam zu dem Schluß, daß ich die Initiative ergreifen müßte. Deshalb ließ ich gegenüber meinen Kindern am Donnerstagabend nach dem Essen dieses Skript los:

Charakterisieren	Ihr habt den ganzen Tag ferngesehen, obwohl ich euch gesagt habe, ihr sollt den Rasen mähen und das Unkraut jäten.
Hinweisen	Es ärgert mich, daß ihr immer nur herumhängt, und wenn ich dann heimkomme, klagt ihr darüber, daß ihr noch nicht auf dem Campingplatz seid. Wenn ich sähe, daß der Rasen gemäht und das Unkraut entfernt ist, wäre ich weniger unter Druck und könnte nächste Woche mit euch starten.
Erwartungen erläutern	Der Rasen muß gemäht und das Unkraut muß weg sein, bevor wir fahren können. Erledigt bitte bis morgen diese Arbeiten.
Folgen aufzeigen	*Positiv:* Zeit für ein paar Urlaubstage gibt es nur, wenn diese Arbeiten bis morgen nachmittag um sechs Uhr erledigt sind.

[*Negativ:* Wenn sie bis morgen abend nicht erledigt sind, können wir am Sonntag nicht fahren.]

Ergebnis. Die Kinder waren damit einverstanden, daß sie das Grundstück am nächsten Tag mähen und frei von Unkraut machen würden. Sie schafften es zwar nicht bis sechs Uhr, aber in diesem Punkt war ich flexibel. In der folgenden Woche fuhren wir alle in die Ferien und genossen den Urlaub in vollen Zügen.

Verdeutlichung Ihrer Anweisungen

Wenn jemand Ihre Mitteilung oder Ihre Anweisungen nicht versteht, sollten Sie nicht sagen: „Na gut, andere Leute verstehen mich, warum Sie nicht?" Solche Feststellungen führen dazu, daß der andere eine Verteidigungshaltung einnimmt und die Verständigung blockiert ist. Nach dieser Vorhaltung wird Sie die betreffende Person mit noch geringerer Wahrscheinlichkeit verstehen. Machen Sie dem anderen keine Vorwürfe, überlegen Sie, wie Sie es anstellen können, Anweisungen in verständlicherer Form zu geben.

Situation. Als Abteilungsleiter in einer Verwaltung war ich bei einem Auszubildenden am Ende meiner Geduld. Ich erklärte ihm immer wieder, was er zu tun hatte. Nichts half. Bis ich ans Skript-Schreiben ging, war ich versucht, ihn wegen Dummheit und mangelnder Kooperationsbereitschaft einfach zu versetzen.

Charakterisieren Wenn ich Sie bitte, ein Projekt auszuarbeiten, erkläre ich die Vorgehensweise und wiederhole die Erklärung sogar, wenn ich das Gefühl habe, daß Sie mich nicht verstehen. Aber manchmal haben Sie immer noch Fragen, wenn Sie das Gehörte anwenden wollen, und Sie sagen, Sie hätten Angst, Fehler zu machen.

Hinweisen Wenn das passiert, bin ich frustriert und ärgere mich über Sie.

Erwartungen erläutern Ich will unser Kommunikationsproblem lösen. Es wäre mir recht, wenn Sie das Gesagte in eigenen Worten wiedergäben, anstatt daß ich meine Erklärung wiederhole. Auf diese Weise kann ich jedes Mißverständnis abklären. Könnten wir es auf diese Weise einmal versuchen?

Folgen aufzeigen *Positiv:* Wir können in Zukunft erfolgreicher arbeiten, wenn ich von Ihnen diese direkte Rückmeldung bekomme, und es gibt nicht so viel Gezerre, bis das Projekt fertig ist.
[*Negativ:* Ich werde mich weiterhin frustriert und verärgert fühlen, wenn ich keine schnelle Rückmeldung bekomme.]

Ergebnis. Es war ein hartes Stück Arbeit. Er brauchte lange, bis er das Verfahren verstand. Aber die Zeit, die wir auf die Beseitigung der Mißverständnisse verwendeten, brachte eine Zeitersparnis für das Projekt als Ganzes. Ich muß nicht ständig meine Arbeit unterbrechen, weil ich seine Fragen beantworten und Erklärungen liefern muß.

Bitte um Gehaltserhöhung

Geldangelegenheiten erfordern eine besondere Planung und ein sicheres Auftreten. Obwohl die meisten von uns gerne ein höheres Gehalt hätten, scheuen wir davor zurück, darum zu bitten. Sammeln Sie Fakten, um die entscheidenden Fragen beantworten zu können: Welche Arbeiten verrichten vergleichbare Kollegen in meiner Position? Wie ist ihre Vergütung? Warum verdiene ich eine Gehaltserhöhung? Was werde ich tun, wenn ich das, was ich will, nicht bekomme?

Situation. Ich bin unterbezahlt und habe mehrmals versucht, dies meinem Chef (einem Zahnarzt) beizubringen. Zum Beispiel habe ich manchmal beiläufig gesagt: „Na ja, das geht jetzt schon zwei Jahre, Zeit für eine Beförderung (haha)." Das war nicht besonders lustig, weil er nie darauf reagierte. Um etwas zu tun, schrieb ich dieses Skript und trug es vor.

Charakterisieren	Ich habe jetzt zwei Jahre lang ohne Lohnerhöhung mit Ihnen zusammengearbeitet. Dabei ist mein Gehalt um 10 % niedriger als das monatliche Durchschnittsgehalt von Zahnarzthelferinnen.
Hinweisen	Ich fühle mich offen gesagt unfair behandelt. Ich habe gewissenhaft beim Aufbau Ihrer Praxis mitgearbeitet. Als ich angefangen habe, gab es kaum genug Patienten, um einen Tag auszufüllen. Innerhalb eines Jahres hatte ich aber mehr als 40 Stunden pro Woche zu tun, und ich habe diese Belastung inzwischen länger als ein Jahr durchgehalten. Ich meine, ich habe dadurch zum Erfolg Ihrer Praxis beigetragen.
Erwartungen erläutern	Deshalb möchte ich über eine zehnprozentige Gehaltserhöhung und zusätzliche Vergünstigungen mit Ihnen sprechen. Wäre das am Mittwoch nach Arbeitsschluß möglich?
Folgen aufzeigen	*Positiv:* Jedenfalls möchte ich gern bei Ihnen weiterarbeiten, weil mir unsere Zusammenarbeit in der Praxis gefällt. [*Negativ:* Aber ich kann nicht weitermachen, wenn mein Gehalt und meine Vergünstigungen nicht auf einen vernünftigen Betrag angehoben werden.]

Ergebnis. Ich machte einen Termin aus, um mit meinem Zahnarzt zu reden, und trug dieses Skript vor. Dabei zeigte sich, daß er in Eile und außerdem nicht darauf vorbereitet war, sich mit meiner Bitte zu beschäftigen. Ich bat ihn deshalb um ein weiteres Treffen in dieser Angelegenheit, das zwei Tage später stattfand. Er nahm meine Bitte ernst, weil ich präzise Informationen gesammelt hatte, die im Verfahrensschritt Hinweisen dokumentiert sind. Wir setzten uns zwei Tage später zusammen und handelten eine günstige Vereinbarung aus, die das Gehalt und die Urlaubsregelung umfaßte.

Bitte um Versöhnung

Angenommen, eine erbitterte Meinungsverschiedenheit führt zur Beendigung einer engen Freundschaft. Obwohl Sie der Meinung sind, daß der Streit nicht auf Ihr Konto geht, wollen Sie die Sache wieder ins Lot bringen. Sie glauben, daß ihr(e) Freund(in) auch so denkt. Was können Sie tun? Im folgenden können Sie lesen, was jemand in einer solchen Situation unternommen hat.

Situation. Wegen eines Mißverständnisses in einem einzigen Punkt brach ich eine mir wichtige Freundschaft ab. Ich vermißte die Freundschaft sehr, aber ich scheute davor zurück, auf meine Freundin zuzugehen und die Dinge anzusprechen. Ich hatte Grund anzunehmen, daß sie über die Situation auch unglücklich war, aber nie auf mich zugehen würde; deshalb mußte ich den ersten Schritt tun. Ich rief sie an.

Charakterisieren	Wir sehen uns nicht mehr, und wir haben nicht einmal miteinander telefoniert.
Hinweisen	Diese unglückselige Funkstille macht mich traurig, weil ich mit dir zusammen viel Schönes erlebt habe und weil ich das Gefühl habe, daß unsere Freundschaft eine Menge an Positivem hatte.
Erwartungen erläutern	Könnten wir uns im Laufe dieser Woche zum Mittagessen treffen und über die Gründe für diese unangenehme Funkstille reden?
Folgen aufzeigen	*Positiv:* Es wäre wirklich schön, wenn man sich wieder mal sähe. [*Negativ:* Ich habe das Gefühl, wenn wir nicht zu einem Gespräch zusammenkommen, entfernen wir uns noch weiter voneinander.]

Ergebnis. Die Planung dieses Skripts half mir, die Sache voranzutreiben. Sie war froh darüber, daß ich das Eis brach. Wir unterhielten uns etwa eine halbe Stunde lang und vereinbarten, uns am folgenden Tag zum Mittagessen zu treffen.

Bitte um Beteiligung

Viele Leute haben Angst davor, in Gruppendiskussionen das Wort zu ergreifen. Sie sitzen passiv da und lassen andere reden, während sie sich über die Zeitverschwendung und sich selbst ärgern. Eine Frau nahm an einem Selbstbehauptungskurs teil, um zu lernen, in Konferenzen das Wort zu ergreifen, in denen sie die einzige Frau war.

Situation. In einer neu eingerichteten Verwaltungsstelle hatte ich das Gefühl, bei Besprechungen oft übergangen zu werden. Ich trug das folgende Skript vor:

Charakterisieren	Ich habe bei dieser Diskussion aufmerksam zugehört und festgestellt, daß in den letzten zwanzig Minuten nur drei Leute gesprochen haben und daß sie hauptsächlich miteinander gesprochen haben.
Hinweisen	Ich würde gerne auch etwas beitragen, aber ich habe dabei eine Schwierigkeit: Ich komme bei diesem Gespräch nie dazwischen. Diese Situation macht mich fertig.
Erwartungen erläutern	Es würde mir helfen, wenn der jeweilige Redner sich an alle wenden würde, indem er uns alle anschauen und nach jedem Satzende eine Pause von mehreren Sekunden einschalten würde. Auf diese Weise können wir eine Frage stellen oder zur Klärung eines Diskussionspunkts beitragen, ohne unterbrechen zu müssen. Sind Sie damit einverstanden?
Folgen aufzeigen	*Positiv:* Ich habe vor, von jetzt an Klärungsfragen zu stellen, und ich hoffe, andere werden das auch tun: Auf diese Weise können wir dann alle teilnehmen. [*Negativ:* Wenn ich nicht teilnehmen kann, habe ich nicht das Gefühl, zur Konferenz zu gehören.]

Ergebnis. Alle begannen, auf einer Basis größerer Gleichberechtigung miteinander zu reden. Ein Mann schob mir eine Notiz zu und sagte: „Danke schön. Ich habe hier gesessen und mich nicht getraut, mir ein Herz zu fassen und diesen drei Dauerrednern den Marsch zu blasen." Ich selbst muß nicht mehr dasitzen und mich ärgern, und ich habe das Gefühl, ein nützliches Mitglied der Konferenz zu sein.

Überzogene Forderungen zurückweisen

Viele Leute sind voller Groll, weil sie nicht genug Zeit für ihre Freizeitaktivitäten haben. Sie haben zu viele Verpflichtungen übernommen, weil sie es zuließen, daß andere sie ausnutzten. Wir finden es schön, anderen zu helfen, aber wir mögen keine überzogenen Ansprüche auf unsere Zeit, unsere Begabungen und unser Geld. Es kann sein, daß wir uns zu schuldig oder unbehaglich fühlen, um zu sagen: „Nein, ich möchte meine Zeit oder mein Geld lieber nicht auf diese Weise verwenden." Hier zwei Skripts, eines geschrieben von einem überarbeiteten Lagerverwalter, das andere von einem überlasteten Nachbarn.

Situation A. Als Angestellter in einem großen Warenhaus wurde ich gebeten, immer mehr Aufgaben zu übernehmen, zum Beispiel Inventur machen, Bestellungen annehmen und Regale auffüllen. Da ich auch viel mit den Kunden zu tun hatte, wurden mir diese zusätzlichen Aufgaben zu viel. Ich bereitete das folgende Skript vor und trug es der Abteilungsleiterin vor.

Charakterisieren	Im vergangenen Monat hatten wir fast immer sehr viel zu tun, und Sie haben mich sogar fast jeden Tag gebeten, noch zusätzliche Arbeiten zu übernehmen.
Hinweisen	Ich fühle mich überarbeitet und erschöpft.
Erwartungen erläutern	Normalerweise habe ich direkt vor dem Mittagessen eine halbe Stunde frei. Die fehlt mir jetzt. Wären Sie so nett, mir künftig zu Arbeitsbeginn mitzuteilen, welche Extra-Arbeiten am vordringlichsten sind; dann

würde ich sie vor dem Essen erledigen – oder zu einer anderen Zeit, wenn ich ein paar freie Minuten habe.

Folgen aufzeigen	*Positiv:* Ich komme mit den Kunden und mit den zusätzlichen Arbeiten besser zu Streich, wenn Sie mir sagen, welche Arbeit im Moment am wichtigsten ist. [*Negativ:* Wenn ich nicht weiß, welche Arbeit am wichtigsten ist, schaffe ich es vielleicht nicht, die wirklich dringenden Sachen zu erledigen.]

Ergebnis. Die Abteilungsleiterin machte eine Prioritätenliste der Tätigkeiten, die sie erledigt haben wollte. Daraus konnte ich dann ersehen, welches die wichtigeren waren. Unsere Beziehung hat sich sehr verbessert, und ich fühlte mich weniger unter Druck.

Situation B. Unsere gehbehinderte Nachbarin hatte sich daran gewöhnt, von mir immer wieder zu einem Konzert gefahren zu werden. Dabei ist sie selbst durchaus noch in der Lage, sich ans Steuer zu setzen. Wir wissen wohl, daß sie allein ist, würden sie aber gern davon abbringen, sich blindlings auf uns zu verlassen.

Charakterisieren	Hans und ich haben dich in diesem Jahr zu vielen Veranstaltungen gefahren, und manchmal haben wir sogar unseren eigenen Zeitplan umgeworfen, um uns auf deine Bedürfnisse einzustellen.
Hinweisen	Wir wollen ein freundschaftliches Verhältnis zu dir aufrechterhalten, aber wir möchten dir doch sagen, daß wir nicht die Verantwortung für all die Fahrten zu diesen Veranstaltungen übernehmen können.
Erwartungen erläutern	Könnten wir einen Plan ausarbeiten, der es uns möglich macht, daß wir uns beiderseits beim Organisieren der Fahrten unabhängiger fühlen?
Folgen aufzeigen	*Positiv:* Auf diese Weise werden wir die Gelegenheiten, bei denen wir wirklich miteinander etwas unternehmen, mehr genießen.

[*Negativ:* Sonst fühlen wir uns zunehmend unbehaglicher beim Gedanken daran, wie du dich abhängig von uns machst.]

Ergebnis. Als unsere Freundin wieder wegen einer Fahrt anrief, hatte ich mein Skript griffbereit am Telefon liegen. Ich hatte es mehrfach laut geübt und konnte es infolgedessen freundlich, aber bestimmt vortragen. Sie bot an, manchmal selbst zu fahren, und hat seither andere Freunde darum gebeten, sie zu begleiten. Unsere Freundschaft ist wieder im Lot.

Gegen störende Gewohnheiten protestieren

Die meisten von uns würden nicht zögern, sich bei jemandem zu beschweren, der uns ständig auf die Zehen treten oder anrülpsen würde, aber wir weisen sehr ungern auf weniger offenkundige ärgerliche Gewohnheiten hin. Wir meinen, das könnte unhöflich und peinlich sein. (Außer bei Kindern, denen wir ihre Fehler vielleicht übereifrig aufzeigen.) Aber kleine Irritationen, die sich oft genug wiederholen, können eine alte Freundschaft zugrunde richten; oft werden solche Gewohnheiten um so störender, je länger Sie es aufschieben, die betreffende Person um eine Änderung zu bitten. Das folgende Skript zeigt, wie jemand mit einer Verunsicherung geringeren Ausmaßes umging, ohne gleich als Nörgler zu gelten.

Situation. Ich hatte nie etwas zu der ärgerlichen Gewohnheit meines Bruders gesagt, mich beim Reden zu unterbrechen. Wir teilten uns die Wohnung, und ich wollte Frieden bewahren. Ich bereitete dieses Skript vor, übte es und verwendete es beim nächsten Mal, als er mich unterbrach.

Charakterisieren	Hast du gemerkt, daß du mich unterbrochen hast, bevor ich zur Hauptsache kommen konnte?
Hinweisen	Wenn du dich so verhältst, komme ich mir dumm vor, als ob meine Gedanken bedeutungslos wären, und ich habe Lust, ganz aufzuhören zu reden.

Erwartungen erläutern Versuchen wir es so: Wenn einer von uns aufhört zu sprechen, zählt der andere still bis drei, bevor er das Gespräch wieder aufnimmt. So kann jeder das abschließen, was er zu sagen hat, ohne daß er unterbrochen wird. Wenn einer von uns in das alte Muster verfällt, können wir einander erinnern – wie ich es jetzt bei dir mache. In Ordnung?

Folgen aufzeigen *Positiv:* Auf diese Weise können wir uns gut miteinander unterhalten.
[*Negativ*: Wenn diese Übereinkunft nicht funktioniert, werde ich dich meinerseits unterbrechen müssen, um überhaupt zu Wort zu kommen.]

Ergebnis. Es hat geklappt. Ihm ist seine schlechte Gewohnheit bewußter geworden, und er versuchte sie abzulegen. Er hielt mir dann auch Gewohnheiten vor, die ihn an mir störten! Das Zusammenleben klappt jetzt reibungsloser. Es gab sogar einige lustige Momente, als wir versuchten, einander bei der unangenehmen Gewohnheit des Unterbrechens zu erwischen.

Gegen ungerechte Kritik protestieren

Konstruktive Kritik kann wertvoll sein; wenn Sie aber meinen, jemand kritisiere Sie auf unfaire Weise, können Sie dem einen Riegel vorschieben. Gegen übermäßige Kritik zu protestieren ist ein Problem, das praktisch jeder hat.

Situation A. Ich war frisch als Abteilungsleiterin eingestellt worden. Ich übernahm die Stelle eines Herrn Willig, der in Ruhestand gegangen war. Als „Erbe" übernahm ich Willigs Sekretärin, die fünfzehn Jahre lang an dieser Stelle gesessen hatte und sehr gut beurteilt wurde, die aber noch nie für eine Frau gearbeitet hatte. Während der ersten zwei Wochen sagte sie ständig: „Aber so hat es Herr Willig nicht gemacht." Oder: „Herr Willig ist systematischer vorgegangen" usw. Obwohl ich die Unterstützung dieser Frau brauchte, stellte ich fest: Ihr ständiger

Verweis auf Willig war ihre Art, mich zu kritisieren. Ich spürte, daß diese indirekte Art von Kritik unfair war und sich störend auf meine neue Tätigkeit auswirkte. Ich plante dieses Skript und trug es vor:

Charakterisieren	Eben heute morgen und auch mehrfach in den letzten Tagen haben Sie Herrn Willig und seine Methoden erwähnt.
Hinweisen	Es ärgert mich sehr, von Ihnen ständig daran erinnert zu werden, daß Herr Willig anders an die Sachen heranging. Mir ist klar, daß Herr Willig seine Methoden hatte, aber ich habe meine eigenen Vorstellungen und will sie ausprobieren.
Erwartungen erläutern	Bitte erzählen Sie mir nicht mehr, wie Herr Willig etwas machte.
Folgen aufzeigen	*Positiv:* Wenn Sie mit diesem ewigen „Herr Willig" aufhören würden, dann könnte ich einige meiner Pläne schneller auf die Schiene bringen. Um das zu tun, würde ich natürlich gerne einige Ihrer Ideen kennenlernen. [*Negativ:* Wenn Sie aber weiterhin Ihre Vergleiche zwischen mir und Herrn Willig anstellen, werden wir es sehr schwer miteinander haben.]

Ergebnis. Sie erwähnte Herrn Willig noch ein paarmal; wenn sie es tat, erinnerte ich sie an unsere Diskussion. Unser Kontakt hat sich verbessert, weil ich allmählich bemerkte, daß sie sich Mühe gab, mich nicht mehr mit ihrem „Herr Willig hat aber ..." zu behelligen.

Situation B. Ich habe eine Freundin, die an fast allem, was ich tue, etwas auszusetzen findet. Wenn sie mich einmal nicht kritisiert, haben wir viel Spaß miteinander, weshalb ich ihre Freundschaft nicht aufgeben will. Um eine Verhaltensänderung herbeizuführen, schrieb ich ein Skript und wartete auf eine günstige Gelegenheit, um den Abschnitt „Charakterisieren" mit einem aktuellen Geschehen zu konkretisieren.

Charakterisieren	Die Bemerkung, die du gerade gemacht hast – „Du bist zu wählerisch, wenn du auf dem Markt Gemüse aussuchst" –, ist typisch für die Dinge, die du mir ungefähr zehnmal in der Woche vorhältst.
Hinweisen	Diese kritischen Bemerkungen tun mir nicht gut. Ich schätze deine ungebetenen Ratschläge nicht und fühle mich oft durch sie verletzt.
Erwartungen erläutern	Ich will, daß du mit diesem Sperrfeuer von kritischen Bemerkungen über mein Verhalten aufhörst. Von jetzt an sage ich immer „Stop", wenn ich eine kritische Bemerkung erkenne.
Folgen aufzeigen	*Positiv:* Wenn du diese Änderung hinbekommst, werde ich es dir zu danken wissen. [*Negativ:* Wenn du mit deiner Krittelei nicht aufhören und wenn du nicht ab und zu etwas Nettes sagen kannst, werde ich unsere Beziehung nicht mehr als Freundschaft betrachten. Ich werde sie als einseitig und demütigend ansehen.]

Ergebnis. Nachdem ich dieses Skript vorgetragen hatte, versprach meine Freundin, sie werde versuchen sich zu ändern, aber ... Ich war nicht überrascht, als ich an diesem Nachmittag noch mehr Kritisches hörte. Als ich die ersten zwei- oder dreimal „Stop" sagte, sah mich meine Freundin überrascht an. Sie war nicht daran gewöhnt, daß ich ihr Rückmeldungen zu ihrem Verhalten gab. Als ihr klar wurde, wie viele kritische Bemerkungen sie losließ, machte sie einen echten Änderungsversuch. Inzwischen amüsieren wir uns über unsere gegenseitigen „Stops".

Gegen körperliche Gewalt protestieren

Manche Leute reagieren auf Frustrationen mit Gewalttätigkeit: Sie schlagen, teilen Ohrfeigen aus, brüllen, werfen Türen zu, schleudern Teller an die Wand und schreien. Passive Menschen stellen fest, daß sie lernen müssen, gegen solch aggressive Minus-Typen aufzustehen. Wenn Sie mit einem Aggressor einen Änderungsvertrag abschließen, sollten Sie ihm eine andere Form des Abreagierens vorschlagen. Versuchen Sie auch, überzeugende positive Konsequenzen zu nennen, die ihn dazu ermuntern, sein Verhalten zu ändern. Übrigens kann man sich mit einem Brief oder einem Telefongespräch oft am leichtesten gegenüber einer aggressiven Person behaupten.

Situation. Ein Schüler geriet in hitzige Diskussionen mit seinem Vater. Dabei ging es um die Dauer des Ausgehens am Abend, über die Schule, die Arbeit, häusliche Tätigkeiten, das Taschengeld, um Rauchen und Biertrinken. Diese Diskussionen verschärften sich stets bis zu dem Grad, daß der Vater den halbwüchsigen Sohn ohrfeigte. Der Sohn war nahe daran, auszuziehen, als er in einen Selbstbehauptungskurs kam. Er entwickelte das folgende Skript in Briefform und übermittelte es eine Stunde *nach* dem nächsten Gewaltexzeß seines Vaters. Die aufgezeigte Folge – es ging dabei um das Angeln – war realistisch gewählt: Das war das gemeinsame Hobby, das dem Vater den größten Spaß machte.

	Lieber Papa,
Charakterisieren	wir haben eben eine Auseinandersetzung hinter uns, die sich bis zum Anschreien verschärft hat und bis dahin, daß du mich geohrfeigt hast. Das ist schon oft passiert.
Hinweisen	Ich bin wirklich aufgebracht, weil du mich ohrfeigst. Ich glaube nicht, daß wir unser Problem auf diese Weise lösen können.
Erwartungen erläutern	Ich will, daß du mich nicht mehr anschreist und schlägst, wenn wir Streit haben. Machen wir folgendes: Wenn einer von uns ein Argument vorgebracht hat, müssen wir sieben Sekunden lang warten, bevor der nächste Satz gesprochen werden kann, entweder von dir oder von mir. Während dieser Zeit überlegen wir, wie wir die Situation entschärfen und uns selbst beruhigen. Meinst du, du könntest einen Versuch mit den sieben Sekunden „Auszeit" machen?

Folgen aufzeigen Wenn du dich bei der nächsten Diskussion auf diese Sieben-Sekunden-Regel einläßt, gehe ich nächsten Sonntag mit dir angeln. Wenn nicht, werde ich dich daran erinnern, daß du auf sieben zählen sollst. Wenn unsere Diskussionen weiterhin in Gewalttätigkeit ausarten, gehe ich zur Erziehungsberatung.

Dein Hartmut

Ergebnis. Ich gab den Brief eine Stunde nach einer Auseinandersetzung über das Rauchen ab. Da er sich schuldig fühlte, akzeptierte er gleich. Aber beim nächsten Mal fiel er in der Hitze des Gefechts zurück in seine alten Gewohnheiten. Ich mußte ihn viermal an die Sieben-Sekunden-Regel erinnern. – und er seinerseits erinnerte mich zweimal. Diese Auseinandersetzung zog sich nach unserem Eindruck so unglaublich langsam hin, daß wir sie abbrachen. In der vergangenen Woche hatten wir nur kleinere Streitereien, und letzten Sonntag haben wir uns beim Angeln gut verstanden.

Gegen Gefühlsausbrüche protestieren

Ein verbreitetes Vorurteil führt uns zu der schiefen Vorstellung, Gefühle seien wie Dampf, der in einem Kessel zurückgehalten wird: Wenn wir durch einen aggressiven Ausbruch „Dampf ablassen", wird der Druck, aggressiv zu sein, abfallen. Aber die wissenschaftliche Forschung hat genau das Gegenteil erwiesen. Wenn Sie „geladen" sind und sich entsprechend austoben, erhöht sich die Wahrscheinlichkeit, daß Sie Ihr Aggressionsniveau noch höher schrauben und beim nächsten Mal, wenn wieder eine vergleichbare Frustration auftaucht, aggressiv handeln. Sie können lernen, Ruhe zu bewahren, auch wenn es etwas gibt, das Sie aufregt. Erstens können Sie ruhig mit sich selbst über die Bedeutung der Situation sprechen; zweitens können Sie Alternativhandlungen ausführen, die den Zorn in Grenzen halten. In der nachfolgenden Situation sprach eine Frau mit ihrem Sohn ab, daß sie ihm bei der Kontrolle seiner emotionalen Ausbrüche helfen wolle.

Situation. Unser vierzehnjähriger Sohn begann, Zeitungen auszutragen, seinen ersten Job. Wegen verschiedener unglücklicher Umstände geriet er mit dem Vertriebsleiter aneinander. Infolgedessen fühlte sich unser Sohn unfair behandelt. Er reagierte mit heftigen Wutanfällen. Ich wollte, daß er damit aufhörte und das Problem direkt anging. Ich schrieb das folgende Skript und trug es ihm vor:

Charakterisieren	Mein lieber Junge, du machst eine große Szene, du schreist und stampfst mit dem Fuß auf.
Hinweisen	Ich finde deine Gefühlsausbrüche gräßlich und störend, und ich glaube nicht, daß sie dein Problem lösen. Ich werde langsam zornig auf dich, wenn du herumschreist und -trampelst.
Erwartungen erläutern	Ich möchte, daß du mit diesem Verhalten aufhörst und anfängst zu überlegen, wie sich diese Situation auf konstruktive Weise angehen läßt. Bitte mach das so.
Folgen aufzeigen	*Positiv:* Wenn du nicht mehr herumbrüllst und mit den Füßen aufstampfst, werde ich gerne mit dir über eine vernünftige Lösung reden. [*Negativ:* Wenn du mit der Schreierei weitermachst, werde ich zwei Mark von deinem Taschengeld abziehen und weitere zwei Mark jedesmal, wenn du dich künftig so benimmst.]

Ergebnis. Unser Sohn hörte mit dem Schreien auf, bat um einen Tip zur Lösung seines Problems mit dem Vertriebsleiter, und wir arbeiteten miteinander ein Skript zur Durchsetzung seiner Forderungen aus. Glücklicherweise sagte er dem Leiter auf vernünftige Weise seine Meinung und beschloß dann, mit seinem Job weiterzumachen.

Gegen Übervorteilung protestieren

Die meisten von uns haben es schon erlebt, daß sie im Alltag begaunert wurden: schlechter Service, nachlässig ausgeführte Reparaturen, minderwertige Waren oder irreführende Werbung zählen wir dazu. Die Person, die das folgende Skript vortrug, wurde von einigen Jungen aus der Nachbarschaft aber buchstäblich bestohlen.

Situation. Als ich von der Arbeit kam, war ich außer mir, weil man in meine Garage eingebrochen und das Fahrrad meines Sohnes gestohlen hatte. Ich hatte klare Beweise, daß drei Jungen aus der Nachbarschaft das Fahrrad in Einzelteilen verkauften. Ich wollte mich beschweren, aber nicht gleich zur Polizei gehen. Nach einem Brainstorming mit den Arbeitskollegen beschloß ich, daß das Skript an die irregeleiteten Burschen gerichtet sein sollte, nicht an die Eltern und nicht an die Polizei. Ich bat die drei Jungen in mein Haus und trug ihnen dieses Skript ruhig, aber mit Nachdruck vor:

Charakterisieren	Thorsten sagte mir, einer von euch habe zugegeben, daß ihr sein Fahrrad geklaut habt. Ich habe Beweise, daß das stimmt. Ich kann auch beweisen, daß ihr Teile von Thorstens Rad verkauft habt.
Hinweisen	Ich bin zornig darüber, daß ihr das Fahrrad gestohlen und auseinandergenommen habt. Es wäre nicht richtig, wenn ihr ungeschoren davonkommen würdet.
Erwartungen erläutern	Ich will, daß ihr alle heute abend heimgeht und euren Eltern erzählt, was ihr getan habt. Ich erwarte, daß ich innerhalb von 48 Stunden von euren Eltern Nachricht erhalte; daraus soll hervorgehen, wie das Fahrrad wieder in seine ursprüngliche Gestalt versetzt werden kann. Und schließlich will ich von euch allen das Versprechen, daß sich so etwas nicht wiederholt.
Folgen aufzeigen	*Positiv:* Wenn ihr das zusammen mit euren

Eltern regelt, werde ich eine bessere Meinung von euch haben.
[*Negativ:* Wenn ich innerhalb von 48 Stunden nichts höre, gehe ich selbst zu euren Eltern. Wenn wir uns nicht einigen können, werde ich gleich anschließend zur Polizei gehen.]

Ergebnis. Ich war erstaunt, wie ich die Sache durchziehen konnte. Ich hatte mein Skript auf meinem Schoß, aber sie wußten nicht, daß ich meinen Text schriftlich vor mir hatte. Das Treffen dauerte etwa fünf Minuten. Die Eltern aller drei Jungen meldeten sich innerhalb von 48 Stunden. Die Jungen erstatteten die Kosten für die fehlenden Teile des Fahrrads.

Mit Suchtkranken umgehen

Wohlmeinende und mitfühlende Verwandte, Freunde, Vorgesetzte oder Arbeitgeber gehen oft nicht effektiv mit jenen ernsten Situationen um, in denen es um den Mißbrauch von Alkohol oder Drogen geht. Die meisten von uns haben das Gefühl, wenn wir genug Liebe und Verständnis aufbrächten, könne das Problem gelöst werden; in Wirklichkeit werden wir mit unserem einfühlsamen Verhalten das Problem vielleicht noch verstärken. Ein Vorgesetzter machte die folgende Erfahrung mit einer alkoholkranken Angestellten.

Situation. Eine Mitarbeiterin zeigte häufig Anzeichen von starkem Alkoholgenuß, wenn sie vom Mittagessen zurückkam. Zu diesen Zeiten war sie reizbar und fiel am Nachmittag mit ihrer Leistung ab. In den vorangegangenen Wochen hatte sie beim Tippen und beim Ablegen Fehler gemacht. Ihre fehlerhafte Arbeit mußte nochmals getippt, verlorene Akten mußten wiederbeschafft werden. Ich stellte fest, daß ihre zunehmende Reizbarkeit uns alle einschüchterte und ihre mäßigen Arbeitsergebnisse uns zusätzliche Zeit kosteten. Zuvor hatte ich ihr meine Freundschaft angeboten und ihr gut zugeredet (sie hatte häusliche Probleme), aber jetzt stellte ich fest, daß ihre Essenszeit immer länger und ihre Arbeitszeit immer kürzer wurde. Die meisten ihrer

Probleme waren zu groß, als daß ich ihr hätte helfen können. Als Vorgesetzter mußte ich aber ihre Aufmerksamkeit auf ihre nachlassende Produktivität lenken. Eine Sozialarbeiterin der Suchtberatung schlug mir vor, nicht mehr den Kumpel zu spielen. Deshalb schrieb ich den folgenden geschäftsmäßigen Brief. (Ein derartiges Schreiben richtet sich natürlich nach den Maßnahmen, die ein Unternehmen in einem solchen Fall ergreift.)

Charakterisieren	Ihre Arbeitsleistung war in den letzten zwei Monaten nicht ausreichend.
Hinweisen	Dabei habe ich das Gefühl, daß ich Ihnen bei der Lösung des Problems nicht helfen kann.
Erwartungen erläutern	Ich möchte deshalb, daß Sie mit Frau Krüger von der Suchtberatung sprechen. Hier ist ihre Telefonnummer. Nehmen Sie bitte Kontakt mit ihr auf.
Folgen aufzeigen	*Positiv:* Wenn Sie das tun, bin ich sicher, daß Sie in den nächsten zwei Monaten die Qualität Ihrer Arbeit verbessern können. [*Negativ:* Wenn Sie nicht zur Beratung gehen, habe ich keine andere Wahl, als Sie zu entlassen.]

Ergebnis. Sie rief die Beraterin an. Ich war befreit von der unangemessenen Rolle eines Therapeuten oder Beraters, und sie erhielt die professionelle Hilfe, die sie brauchte. Die Qualität ihrer Arbeit erhöhte sich, als sie Hilfe bei ihrem Problem erhielt und zur Essenszeit keinen Alkohol mehr trank.

Unabhängigkeit herstellen

Wenn wir das Gefühl haben, daß wir unsere eigenen, gut überlegten Entscheidungen treffen können, wollen wir auch wirklich unser Leben selbst gestalten. Unabhängigkeit gegenüber geliebten Personen zu gewinnen ist bisweilen schwierig, weil wir aus ihrem Schatten heraustreten und gleichzeitig von ihrer Wärme profitieren wollen. Um unabhängig zu werden, müssen wir uns behaupten, müssen sagen: „Das bin ich, das will ich, und das glaube ich." Die Suche nach Unabhängigkeit ist die Suche nach sich selbst. Ein Schüler, der kurz vor dem Abitur stand, schrieb den folgenden Brief an seinen Vater.

Situation. Ich hatte einen dominierenden Vater, der versuchte, jede meiner Handlungen zu kontrollieren – er wollte mir vorschreiben, welche Kurse ich zu belegen, welche Freunde ich zu haben, welche Kleider ich zu tragen, wo ich einzukaufen hätte usw. Ich beschloß, seine ungebetenen Ratschläge zurückzuschrauben:

Charakterisieren	Du gibst mir genaue Anweisungen für meinen Alltagskram – wie ich mit meiner Kleidung und mit meinem Motorrad umzugehen habe und wie ich meine Zeit einteilen soll.
Hinweisen	Wenn du mir solche ins einzelne gehenden Anweisungen gibst, fühle ich mich völlig hilflos, als ob ich ein kleines Kind wäre. Ich bin aber längst erwachsen!
Erwartungen erläutern	Hör bitte auf, alles für mich zu planen, und mach mir keine Vorschläge, wenn ich nicht eigens darum bitte. Laß mich lernen, wie ich mich selber durchschlage.
Folgen aufzeigen	*Positiv:* Wenn du mir dazu Gelegenheit gibst, lerne ich, meine eigenen Entscheidungen zu treffen und für mich selbst verantwortlich zu sein. Dann kannst du stolz auf mich sein, und wir werden wesentlich besser miteinander auskommen. [*Negativ:* Aber wenn ich den Eindruck habe, daß du mir Anweisungen in Dingen gibst, die ich selbst entscheiden kann, werde ich dich *einmal* daran erinnern. Wenn du es dann immer noch tust, werde ich mich einfach umdrehen und aus dem Zimmer gehen.]

Ergebnis. Ich trug das Skript meinem Vater am folgenden Tag vor, als er gerade zu einer Erklärung darüber ansetzte, wo ich meine

Kleidung zu kaufen hätte. Er verteidigte sich und sagte, er wolle mich nicht bevormunden. Aber am nächsten Tag tat er es wieder, indem er sagte, welche Mitschüler ich als Freunde haben solle. Ich erinnerte ihn an unsere Absprache und verließ das Zimmer. Danach kam sein leidiges Verhalten immer seltener vor.

Mit Schweigen umgehen

Die meisten Minus-Typen sagen nicht, was sie im Schilde führen. Statt dessen übermitteln sie ihre Gefühle – Feindseligkeit, Ablehnung und Unmut – durch eine negative Körpersprache. Man fühlt sich manipuliert und verärgert darüber, daß sie nicht zur Sprache bringen, was ihnen gegen den Strich geht. Die beste Art, gegen Schweigen anzugehen, ist das Eintreten für die eigenen Rechte und die Bitte, der Partner möge den Mund auftun. Hier der Bericht einer Frau:

Situation. Mein Partner ist ein Meister der negativen Körpersprache und Mimik. Oft antwortet er nicht auf das, was ich sage, schleudert mir aber einen vernichtenden Blick zu. Seine zornigen Blicke gingen mir mehr und mehr auf die Nerven; ich sagte ihm deshalb, was geschehen müßte, damit ich weiterhin mit ihm zusammenleben könnte.

Charakterisieren	Du schaust mich oft feindselig an, wenn ich etwas gesagt oder getan habe. Ich frage dich, was los ist, aber du zuckst mit den Schultern und schaust weg.
Hinweisen	Ich fühle mich gar nicht gut, wenn du dich ausschweigst. Es könnte aber sein, daß ich dich unabsichtlich störe. Das ist ebenfalls sehr ärgerlich; ich will ja eigentlich auf deine Gefühle und Wünsche Rücksicht nehmen.
Erwartungen erläutern	Sag es mir bitte direkt, wenn ich etwas gesagt oder (nicht) getan habe, das dich wütend macht oder verletzt. Vielleicht könnten wir damit anfangen, uns eine halbe Stunde pro Tag zusammenzusetzen und über solche

	Dinge zu reden. Bist du damit einverstanden? Welches wäre für dich der beste Zeitpunkt?
Folgen aufzeigen	*Positiv:* Wenn wir so verfahren, will ich jeden Versuch unternehmen, deine Wünsche zu erfüllen oder einen beiderseits zufriedenstellenden Kompromiß zu entwickeln. [*Negativ:* Wenn du deine Gefühle und Wünsche nicht direkt in Worten ausdrückst, werde ich mich nicht mehr um die Verbesserung unseres Verhältnisses kümmern. Ich werde unsere Beziehung dann beenden.]

Ergebnis. Dieses Problem war sehr schwierig, und ich mußte noch mehrere Male eigens darum bitten, daß wir unsere Kommunikation neu gestalteten. Es stellte sich heraus, daß ich selbst mehrere körpersprachliche Ausdrucksweisen entwickelt hatte, z. B. zu Boden zu schauen und so zu tun, als sei ich beschäftigt, die ihn aufregten. Als wir beide daran arbeiteten, unser Verhalten zu verbessern, fühlten wir uns allmählich enger verbunden und zufriedener in unserer Beziehung.

Zusammenfassung

Die in diesem Kapitel vorgestellten Skripts zeigen, wie C.H.E.F. für die Bearbeitung verschiedener Probleme eingesetzt wurde. Sie erkennen wahrscheinlich unter diesen Beispielen eines oder mehrere Ihrer Probleme wieder. Aber wie schon anfangs gesagt, sind die Skripts nicht als allgemeinverbindliche Vorlagen gedacht. Entwickeln Sie Ihren eigenen Stil, wenn Sie Ihre Skripts abfassen, und folgen Sie dabei den Regeln für die Durchsetzung Ihres Standpunkts. Es ist zu hoffen, daß Sie auf dem Weg zur Lösung zwischenmenschlicher Probleme vorankommen. Lernen, wie man verhandelt, wie man Probleme auf eine Art löst, daß jeder dabei etwas gewinnt – das ist eine humane Methode, zu einer Balance der Kräfte zu kommen. Wir wünschen Ihnen den Mut und das Geschick, Ihren Standpunkt sicher zu vertreten, wenn Ihre Situation Durchsetzungskraft erfordert.

6

Verfassen Sie Ihre eigenen C.H.E.F.-Skripts

In diesem Kapitel werden Sie Ihre Problem-Situation, die Sie im Arbeitsblatt 3 (Seite 33) beschrieben haben, analysieren und anschließend ein C.H.E.F.-Skript verfassen, mit dem Sie diese Situation meistern. Zunächst aber möchten wir Sie durch die folgende Übung zur Praxis des Skriptschreibens hinführen.

Situation. Letzte Woche kauften Sie eine Bluse (wenn Sie eine Frau sind) oder ein Hemd (wenn Sie ein Mann sind) in einem renommierten Geschäft. Doch das Kleidungsstück lief beim ersten Waschen mehr als üblich ein. Sie wollen jetzt eine neue Bluse (ein neues Hemd) als Ersatz oder einen Gutschein gleichen Wertes. Sie sind ein bißchen nervös wegen der Rückgabe der Ware und arbeiten deshalb ein Skript für das Gespräch mit dem Verkäufer oder der Verkäuferin aus.

Formulieren Sie zunächst einen ersten Entwurf. Sie können ihn jederzeit redigieren und verändern. Nehmen Sie einen Stift, und fassen Sie die besten Formulierungen ab, die Sie der Frau oder dem Mann vom Verkauf vortragen könnten.

Charakterisieren ______________________________

____

____

Hinweisen ______________________________

____

____

Erwartungen ______________________________

erläutern ______________________________

____

Folgen aufzeigen *Positiv* ______________________________

____

____

Negativ ______________________________

____

____

Überprüfen Sie jetzt, ob Sie die Regeln für gelungene Skripts (Kapitel 4, Seite 110) eingehalten haben. Vergleichen Sie Ihr Skript mit dem nachfolgenden Modellskript.

Charakterisieren	Ich habe diese Bluse (dieses Hemd) letzte Woche hier gekauft. Sie (Es) ging beim ersten Waschen dermaßen ein, daß ich sie (es) nicht mehr tragen kann.
Hinweisen	Ich finde, eine so teure Bluse sollte vorbehandelt sein.
Erwartungen erläutern	Ich möchte, daß mir das Geschäft den Kaufpreis dieser Bluse voll erstattet.
Folgen aufzeigen	*Positiv:* Wenn Sie das tun, werde ich das Geld gleich wieder hier anlegen und mir eine Bluse kaufen, die mir ebenso gut steht. [*Negativ:* Wenn nicht, dann bin ich die längste Zeit Ihr Kunde gewesen.]

Verfassen Sie ein Skript für Ihre Problem-Situation

Ein C.H.E.F.-Skript ist zunächst schriftlich auszuformulieren. Tragen Sie nicht aus dem Stegreif vor, das erschwert Ihre ersten Bemühungen. Gehen Sie für den Anfang zurück zu Arbeitsblatt 3 in Kapitel 1 (Seite 29), und sehen Sie sich die Problem-Szene nochmals an, derentwegen Sie ein Skript ausarbeiten wollen. Auf jenem Arbeitsblatt faßten Sie das Wer, Was und Wann zusammen. Rekapitulieren Sie bitte:

1. Wer sind die Gesprächspartner in dieser Szene? Sie und wer sonst noch?

2. Wann und wo spielte sich diese Szene ab?

3. Was passierte in dieser Szene? Charakterisieren Sie das Verhalten Ihres Minus-Typs und das Ihrige.

4. Ohne Umschweife: Wie fühlten Sie sich in dieser Situation?

Beginnen Sie jetzt in Arbeitsblatt 5 mit der Niederschrift Ihres Textes. Bearbeiten Sie die Zeilen „Erwiderung des Minus-Typs" und „Ihr Gegenargument" zunächst noch nicht.

ARBEITSBLATT 5
VERFASSEN EINES C.H.E.F.-SKRIPTS

1. Schritt
CHARAKTERISIEREN Sie das störende Verhalten der anderen Person konkret mit sachlichen Worten. Beobachten Sie genau, was er oder sie gesagt oder getan hat.

Erwiderung des Minus-Typs:

Ihr Gegenargument:

____

____

2. Schritt
HINWEISEN auf Ihre Gefühle oder Gedanken zu diesem Verhalten oder Problem auf eine positive, neue Weise.
Erwiderung des Minus-Typs:

____

____

Ihr Gegenargument:

____

____

3. Schritt
Erläutern Sie Ihre **E**RWARTUNGEN einer Verhaltensänderung, von der Sie wollen, daß der/die andere sie vornimmt. Bitten Sie um Zustimmung.
Erwiderung des Minus-Typs:

____

____

Ihr Gegenargument:

____

____

4. Schritt
ZEIGEN Sie die **F**OLGEN AUF, welche die andere Person zu erwarten hat, wenn sie die Vereinbarung über die Verhaltensänderung einhält.

Positiv: ________________________________

Erwiderung des Minus-Typs:

____

____

Ihr Gegenargument:

____

____

Sagen Sie Ihrem Minus-Typ nötigenfalls, welche negativen Folgen Sie für den Fall vorsehen, daß sich keine Änderung zeigt. Wohlgemerkt: Sie sollen negative Folgen nur aussprechen, wenn es gar nicht anders geht.

[*Negativ:* ______________________________

Erwiderung des Minus-Typs:

____

____

Ihr Gegenargument:

____

____

Redigieren Sie Ihr Skript

Überprüfen Sie jetzt bitte Ihre Formulierungen vor allem auf übertriebene oder emotional aufgeladene Ausdrücke. Schreiben Sie, soweit nötig, den Text nochmals neu, und formulieren Sie diesmal möglichst knapp. Denken Sie daran, daß Ihr Skript kurz sein und die Sache auf den Punkt bringen sollte; ein, zwei Sätze pro Verfahrensschritt sind genug.

Die letzte Prüfungsphase besteht darin, daß Sie Ihr Skript anhand der folgenden Fragen überprüfen und gegebenenfalls ändern.

Charakterisieren

- Macht Ihre Beschreibung die Situation klar? Ersetzen Sie alle Ausdrücke, die das Verhalten oder Problem, das Ihnen zu schaffen macht, nicht objektiv charakterisieren. Bemühen Sie sich um eine präzise Sprache.
- Haben Sie ein einzelnes, genau umgrenztes Verhalten oder Problem beschrieben oder eine lange Liste von Klagepunkten? Beschränken Sie sich auf *ein* einziges Verhalten oder Problem, dem Sie sich jetzt stellen wollen.
- Ist Ihnen der Fehler unterlaufen, die Einstellungen, Motive oder Absichten des anderen zu charakterisieren? Versuchen Sie nicht, im Kopf des anderen zu lesen und zu psychoanalysieren.

Hinweisen

- Sprechen Sie wirklich nur über Ihre eigenen Gefühle und Meinungen? Vermeiden Sie Wörter, welche die andere Person lächerlich machen oder beschämen. Flüche und beleidigende Wörter (dumm, grausam, selbstsüchtig, rassistisch, idiotisch, langweilig) werden sehr wahrscheinlich dazu führen, daß der/die andere in Verteidigungsstellung geht und daß ein Streit losbricht.
- Haben Sie Ihre Gefühle und Gedanken auf eine positive, neue Weise ausgedrückt? Legen Sie nicht Ihre „alten Platten" auf, die Ihr Minus-Typ schon nicht mehr hören kann und bei denen er automatisch abdreht.
- Haben Sie eine zurückhaltende Ausdrucksweise eingehalten? Bemühen Sie sich um emotionale Zurückhaltung und nicht um dramatisches Aufbauschen.

Erwartungen erläutern

- Haben Sie nur eine kleine Verhaltensänderung vorgeschlagen?
- Ist es realistisch, von der anderen Person diese Veränderung zu erwarten?
- Sind Sie darauf vorbereitet, auch Ihr eigenes Verhalten zu überprüfen und gegebenenfalls zu ändern, wenn Ihr Minus-Typ Sie darum bittet?
- Welche Gegenargumente fordern Sie heraus, und wie werden Sie darauf reagieren?

Folgen aufzeigen

- Haben Sie positive Folgen herausgestellt, die für die andere Person eine Art Belohnung bedeuten?
- Ist die Belohnung, die Sie ausgewählt haben, wirklich der anderen Person angepaßt?
- Können Sie diese Konsequenzen realistischerweise durchziehen?

Planen Sie Reaktionen mit ein

Sie haben nun die Grundlage Ihres Skripts fertiggestellt. Bedenken Sie jetzt bitte, daß Sie Ihr Skript nicht in einem Vakuum vortragen werden. Der Minus-Typ wird auf Sie reagieren. Es ist also an der Zeit, sich über mögliche Gegenargumente Gedanken zu machen. Sie können sich wirkungsvolle Entgegnungen ausdenken oder Ihr Skript so umarbeiten, daß Sie den wahrscheinlichsten Reaktionen zuvorkommen können.

Gewöhnlich reichen ein, zwei Sätze, um jemanden davon abzuhalten, daß er Sie in Verwirrung und Aufregung stürzt und mitten in Ihrem Selbstbehauptungsversuch auflaufen läßt. Ein Satz wie „Schön, daß Sie das so offen sagen" erlaubt es Ihnen, in Ihrem Skript fortzufahren. „Bitte unterbrich mich nicht, bis ich ausgeredet habe" erfüllt den gleichen Zweck. Ein Argument, das der Minus-Typ mitten in der Abwicklung Ihres Skripts bringt, kann ausgehebelt werden durch den Satz: „Das ist vielleicht für dich/Sie jetzt ein Thema; ich denke darüber nach. Aber im Moment will ich zu meinem eigenen Punkt zurückkommen ..."

Lassen Sie uns diese Überlegungen in die Tat umsetzen. Bitte gehen Sie zu Arbeitsblatt 5 zurück. Nehmen Sie die Perspektive Ihres Minus-Typs ein, und notieren Sie mögliche Erwiderungen in die dafür vorgesehenen Zeilen. Überlegen Sie sich dann ein Gegenargument oder einen allgemeinen Satz, mit dem Sie den Einwand widerlegen oder auch nur das Gespräch zum nächsten Schritt Ihres Skripts zurückführen.

Auf diese Weise kommen Ihnen Erwiderungen des Minus-Typs sogar gelegen, weil Sie gut vorbereitet sind, sie zurückzuweisen. Mehr dazu in Kapitel 7.

Führen Sie eine Einigung herbei

Wie Ihnen wohl schon beim Durcharbeiten des vorangegangenen Abschnitts klargeworden ist, kann ein Minus-Typ Ihr Skript zur Kenntnis nehmen, dann aber die Einzelheiten des Vertrages selbst noch aushandeln. Er oder sie will vielleicht über die angemessene Belohnung für die gewünschte Verhaltensänderung feilschen oder vorschlagen, daß Sie erst einmal Ihr Verhalten ändern. Diese Art Verhandlung ist wünschenswert, insoweit sie aufgabenorientiert ist. Handeln Sie ruhig ein bißchen wie Schnäppchenjäger auf dem Flohmarkt. Immerhin geht es um den Preis der Verhaltensänderung Ihres Minus-Typs.

Auf dieser Stufe beginnen Sie zu improvisieren. Das Skript hat seinen Zweck erfüllt, wenn Sie und Ihr Minus-Typ wirklich fähig sind, sich auf die Frage des Werts der Abmachung zu konzentrieren – und da Sie sich schon sorgfältig überlegt haben, was sie *Ihnen* wert ist, kommt es im Moment nicht so sehr darauf an, daß Sie einen genau festgelegten Text vortragen. Versuchen Sie vielmehr an Ihren Minimalforderungen festzuhalten.

Aber Vorsicht! Hüten Sie sich davor, eine Verhandlung zu hastig zu beenden. Lassen Sie sich nicht in eine solche Hektik versetzen, daß Sie Ihr Ziel aus den Augen verlieren und Ihnen schließlich nicht einmal klar ist, welchen Vertragsbedingungen Sie zugestimmt haben. Die Belastung in emotional aufgeladenen Gesprächen ist groß. Deshalb möchte man sich der Situation gern dadurch entziehen, daß man eine schnelle Lösung herbeiführt, um die unangenehme Sache hinter sich zu bringen. Manchmal ist es deshalb ratsam, daß Sie beide die Einigung in ihrer endgültigen Form schriftlich festhalten und sogar unterschreiben. Eine unterschriebene Vereinbarung bietet noch Wochen später einen Bezugspunkt.

Runden Sie die Szene ab

Angenommen, Sie haben Ihre Mitteilung gut angebracht und eine Vereinbarung ausgehandelt. Was könnten Sie nach Ende der Verhandlungen noch zur Sprache bringen?

Erstens ist es wichtig, dem anderen für die Bereitschaft zur Verhaltensänderung zu danken. Äußern Sie ehrliche Wertschätzung, feiern Sie es vielleicht auch miteinander, wenn es paßt. Zweitens: Sie beide spüren jetzt die Erleichterung nach Abschluß der Verhandlungen, und in dieser Situation können Sie vorschlagen, daß Sie künftige Konflikte oder unangenehme Situationen auf ähnliche Weise bearbeiten.

Aber bringen Sie zu diesem Zeitpunkt *keine* weitere störende Verhaltensform aufs Tapet, die Sie geändert wissen wollen. Genießen Sie erst einmal die Absprache, die Sie jetzt getroffen haben. Drittens: Machen Sie deutlich, daß Sie sich Ihrerseits an die Vereinbarung auf jeden Fall halten werden, da Sie ja an einem besseren Verhältnis mit der Person interessiert sind.

Überlegen Sie sich nun ein abschließendes Wort für den Fall, daß Ihr Minus-Typ der Vereinbarung zustimmt. Führen Sie sich die Szene bildhaft vor Augen, und formulieren Sie dann zwei abschließende Bemerkungen, die in Ihrem Ohr gut klingen.

Schlußsatz 1:

____

Schlußsatz 2:

____

Das Skript, das Sie gerade geschrieben haben, wird Ihnen im weiteren Trainingsprogramm noch nützlich sein. Bewahren Sie es auf; es könnte sein, daß Sie es nach Lektüre von Kapitel 7 noch einmal korrigieren wollen. Außerdem werden Sie es zusammen mit den Übungen zur Körpersprache in Kapitel 8 gut gebrauchen können.

Verkürzte Skripts

Oft werden wir gefragt, ob immer alle vier Schritte der C.H.E.F.-Methode auszuführen sind. Lassen Sie uns die Antwort anhand der folgenden Beispiele herausfinden.

- Sie sagen zu einem schwergewichtigen Besucher: „Sie sitzen auf einem Stuhl mit einem kaputten Bein!"
- Sie sagen in einem Gespräch zu Leuten, die das Gespräch dominieren: „Ich warte schon zehn Minuten darauf, ins Gespräch hineinzukommen."
- Bei der Rückgabe fehlerhafter Ware äußern Sie: „Bei diesem Radio funktioniert der Lautsprecher nicht."

Es ist klar, daß dieses Charakterisieren ausreicht, um die gewünschte Wirkung zu erzielen. Wir sehen: In abgekürzten

Skripts werden die einzelnen Schritte von C.H.E.F. durch Auslassungen, Schnitte und Verknappung verschmolzen. Ein einfaches Hinweisen-Statement kann die Stelle eines unnötig langen C.H.E.F.-Skripts übernehmen. Gehen Sie bitte dieses Beispiel durch: „Ich mag es nicht, wenn du dich beim Essen mit den Ellbogen aufstützt."
Das bedeutet:

Charakterisieren	Du hast beim Essen die Ellbogen auf dem Tisch. Das machst du öfter.
Hinweisen	Es ärgert mich, wenn du während des Essens die Ellbogen auf dem Tisch hast.
Erwartungen erläutern	Bitte nimm die Ellbogen herunter vom Tisch. Halte sie seitlich.
Folgen aufzeigen	*Positiv:* Wenn du das tust, finde ich deine Tischmanieren gut, und du machst mir eine Freude. [*Negativ:* Wenn du weiterhin mit den Ellbogen auf dem Tisch ißt, werde ich dich auch künftig ermahnen.]

Es würde schon recht bemüht klingen, wenn man die vier Schritte des verkürzten „Ellbogen"-Skripts in voller Länge formulieren würde. Man kann sagen: Bei allgemein verbindlichen sozialen Normen, die in einem bestimmten Kontext vorgebracht werden, erklärt sich der Teilsatz aus sich selbst.

Schreiben Sie, um in Übung zu kommen, verkürzte Skripts für die folgenden Situationen.

Situation 1. Sie warten in einer Schlange, um Fahrkarten zu kaufen, und ein Unbekannter ordnet sich vor Ihnen in die Schlange ein. Sie sagen:

____

____

Situation 2. Sie haben in Ihrem Büro mit einem Vertreter alle geschäftlichen Angelegenheiten besprochen, aber er ist wie eine Klette und redet endlos weiter. Sie wollen ihn zum Gehen bewegen. Sie sagen:

Situation 3. Sie haben gestern einen Freund gekränkt. Heute fühlen Sie sich zerknirscht und wollen sich aufrichtig entschuldigen. Sie sagen:

Solche verkürzten Skripts sind nützlich für den Umgang mit Problemen des Alltagslebens. Ihre Wirksamkeit hängt jedoch davon ab, ob die beteiligten Personen gleiche Voraussetzungen und Ziele haben. Wieviel kann man mit der Feststellung „Mir geht es nicht gut, wenn du X tust" erreichen? Das hängt davon ab, ob dem anderen mehr an Ihrer Zufriedenheit als an der Aktivität X gelegen ist, manchmal auch davon, ob er oder sie glaubt, daß Sie es wirklich ernst meinen. Seit längerem bestehende Schwierigkeiten lassen sich gewöhnlich nicht mit verkürzten Skripts lösen. Bei jedem Problem müssen Sie selbst entscheiden, ob Sie ein komplettes C.H.E.F.-Skript verwenden wollen. Wir empfehlen, zunächst ein komplettes Skript zu verfassen, auch wenn Sie es für unnötig halten, es in allen vier Schritten vorzutragen.

Skripts für Briefe oder Telefongespräche

Bisher sind wir von der Vorstellung ausgegangen, C.H.E.F.-Skripts würden sich im Gespräch, in Face-to-face-Situationen realisieren. Sie können ein Skript aber durchaus auch per Telefon oder in Briefform weitergeben. Hier ein Brief, den eine Frau ihrem Arzt schrieb:

	Sehr geehrter Herr Doktor Henninger,
Charakterisieren	ich habe drei Tage lang versucht, Sie telefonisch zu erreichen. Ihre Sprechstundenhilfe hat meine Anrufe entgegengenommen und

	mir gesagt, Sie würden zurückrufen, aber bis jetzt habe ich nichts von Ihnen gehört
Hinweisen	Ich habe das Gefühl, vertröstet zu werden, obwohl ich ein dringendes Anliegen habe.
Erwartungen erläutern	Bitte rufen Sie mich so bald wie möglich an.
Folgen aufzeigen	Wenn Sie mich bis Freitag nicht anrufen, überlege ich mir ernsthaft, ob ich nicht den Arzt wechseln soll.
	Mit freundlichen Grüßen

Der Arzt nahm ihren Brief so ernst, daß er sie sofort anrief, nachdem er den Brief gelesen hatte.

Ein Brief kann auch eine wirksame Methode sein, um mit jemandem Kontakt zu halten oder aufzunehmen, den Sie jeden Tag sehen, aber nur mit Schwierigkeiten ansprechen können. Ein Jugendlicher konnte seinen Vater nicht dazu bringen, daß er ihm zuhörte. Obwohl sie im gleichen Haus lebten, schrieb der Junge ein Skript als Brief, den er an seinen Vater abschickte. Der Brief erklärte auch kurz, warum der Junge seinen Vater auf diese unübliche Art ansprach. Die Wirkung war verblüffend: Auf einmal hörte der geschäftige Vater aufmerksam dem zu, was sein Sohn ihm zu sagen hatte.

Für schüchterne Menschen hat ein Brief den Vorzug, daß es sich um einen Monolog handelt; man kann ihn nicht unterbrechen. Sie sagen, was Sie sagen wollen, und entgehen Gegenangriffen und Botschaften durch Körpersprache, die Ihr Minus-Typ verwendet, um Sie in Zorn oder in Angst zu versetzen. Das Schreiben von Skripts, die zu Briefen werden, kann deshalb als Vorstufe der Selbstbehauptung empfohlen werden. Der Brief kann an eine Einzelperson geschickt werden (dann geht es um ein persönliches Problem) oder an eine Firma (dann geht es meist um ein Kundenproblem). Auf einen Brief zu einem persönlichen Problem muß eventuell ein direktes Gespräch folgen, damit eine Vereinbarung zustande kommt, aber wenigstens hat der Brief die Basis für das Gespräch hergestellt. Dagegen führt ein Kundenbrief an eine Firma (wenn etwa gegenüber einem Versorgungsbetrieb gegen eine Beitragserhöhung protestiert wird) selten zu einem direkten Gespräch.

Das Telefon ist ein anderes Medium für die Übermittlung Ihres Skripts an Ihren Minus-Typ. Der Vorteil des Telefons ist, daß es Sie von der drohenden Körpersprache Ihres Minus-Typs und von eventuellen körperlichen Angriffen fernhält. Ein Nachteil ist, daß der Minus-Typ das Gespräch beenden kann, wann immer es ihm oder ihr gefällt. Ein Minus-Typ kann sagen: „Komm mir jetzt nicht mit diesem Zeug! Tschüs!" und auflegen. Ein anderer, der seine machtlose Lage spürt, sagt vielleicht: „Wir können das nicht am Telefon lösen. Wir gehen die Sache an, wenn ich heute abend nach Hause komme."

Üben Sie in der Gruppe

Die Arbeit mit mehreren vertrauten Personen macht es leichter und angenehmer, das Skript-Schreiben zu lernen. Freunde, Verwandte, Partner und Kollegen, die das Verfassen von C.H.E.F.-Skripts lernen, können sich zusammentun, um ihre Formulierungen auszufeilen und einzuüben. Es kann Ihr Selbstvertrauen aufbauen, wenn Sie von jemandem anders Anregungen für die Verbesserung Ihrer Fertigkeiten bekommen. Solche freundschaftlich verbundenen Menschen arbeiten gewöhnlich in der folgenden Weise zusammen:

ARBEITSBLATT 6
ÜBEN IN DER GRUPPE

1. **Vorbereitung.** Die Gruppenmitglieder bereiten C.H.E.F.-Skripts vor, bevor sie zusammentreffen.
2. **Konzentration** auf das Problem. Nehmen Sie sich jeweils nur ein Skript vor. Wenn Sie dran sind, beschreiben Sie Ihre Minus-Situation. Analysieren Sie dann, was Sie davon abhält, sich in dieser Situation zu behaupten, und tragen Sie ausführlich vor, was Sie gerne sagen und tun würden.
3. **Das Skript redigieren.** Lesen Sie zunächst Ihr ganzes Skript laut vor. Analysieren, kritisieren und überarbeiten Sie dann jede Zeile, und

berücksichtigen Sie dabei die Anregungen der anderen Gruppenmitglieder für Änderungen in der Wortwahl.

4. **Rollenspiel mit dem Minus-Typ.** Lassen Sie ein Mitglied der Gruppe Ihr redigiertes Skript lesen und Ihren Standpunkt vertreten, während Sie selbst den Minus-Typ spielen.

5. **Einwand-Brainstorming.** Überlegen Sie gemeinsam andere Antworten, die der Minus-Typ zu einem jeden Abschnitt Ihres Skripts geben könnte. Suchen Sie überzeugende Gegenargumente.

6. **Das revidierte Skript einüben.** Schalten Sie um auf Ihre eigene Rolle, und lesen Sie Ihren Text, während ein anderes Gruppenmitglied den Minus-Typ spielt. Gehen Sie die Szene drei- oder viermal auf diese Weise durch, und verwenden Sie bei den späteren Durchläufen das Skript immer weniger.

7. **Feedback über den Vortrag geben.** Fordern Sie Feedback anhand der folgenden Fragen ein:
   Über Ihre Stimme: Ist sie laut genug? zu laut?

   ____

   Ist sie kraftvoll genug? zu kräftig? zu emotional?

   ____

   Haben Sie ein vernünftiges Sprechtempo? Sprechen Sie zu schnell? zu langsam?

   ____

   Über den Blickkontakt: Schauen Sie die betreffende Person direkt an, oder schauen Sie zu oft weg?

   ____

   Lassen Sie Ihren Blick ab und zu ein bißchen schweifen, oder starren Sie auf das Gruppenmitglied, das den Minus-Typ spielt, wie das Kaninchen auf die Schlange?

   ____

   Unterstützen Ihre Augen Ihren Gefühlsausdruck? Wie?

   ____

   Über Ihre Körpersprache: Was tun Ihre Hände? Was drücken Ihre Hände für Ihren Minus-Typ aus?

   ____

Nesteln Sie an Dingen herum, die Sie in der Hand halten? Was können Sie tun, um das Spiel der Hände zu beruhigen?

Sitzen oder stehen Sie normalerweise bei einer dieser Szenen? In welcher Haltung?

Machen Sie verräterische Bewegungen, die Ihr Gesprächspartner als aggressiv oder passiv auffassen kann?

Über Ihren Gesichtsausdruck: Machen Sie den Eindruck, daß Sie wirklich hinter dem stehen, was Sie sagen?

Überziehen Sie den Eindruck von Festigkeit, indem Sie sich zu streng und übermächtig geben?

---

8. **Fragen Sie, welche Verhaltensweisen als die überzeugendsten empfunden werden, und machen Sie sich hier Notizen über diese positiven Verhaltensweisen.**

Wann ist ein Skript erfolgreich?

Ein Skript ist gelungen, wenn es wie geschmiert läuft *und* wenn es die vorgesehenen Ziele erreicht. Mit anderen Worten: Das erfolgreiche Skript hilft Ihnen nicht nur, eine Vereinbarung mit Ihrem Minus-Typ zustande zu bringen, sondern führt *wirklich* zu erfreulichen Verhaltensänderungen, so daß Sie beide mit Ihrer Beziehung zufriedener sind.

Ziehen Sie durchaus die Möglichkeit in Betracht, daß Ihr Skript danebengehen kann, weil es zu keiner Vereinbarung führt. In Kapitel 7 kommen wir auf einige taktische Kniffe zu sprechen, mit denen Ihre Minus-Typen eine Vereinbarung hintertreiben können. Dort geben wir Ihnen auch Anregungen zum Umgang mit diesen Manövern. Aber es wird auch Situationen geben, in denen eine gegenseitige Abstimmung nicht in Sicht ist. Wenn die Minus-Situation von Ihrem Gegenüber eine Anpassung erfordert, analysieren Sie nochmals die verschiedenen Vertragsbedingungen. Vielleicht können Sie um eine weniger tiefgreifende Änderung bitten, eine größere Belohnung oder Bestrafung erteilen, den Bedürfnissen Ihres Minus-Typs größeres Gewicht geben oder die Bedeutung der gewünschten Verhaltensänderung neu bewerten.

Selbst wenn sich aus Ihrem Skript keine Vereinbarung ergibt, wird es Ihnen doch einigen Gewinn bringen. Sie werden sich besser fühlen, weil Sie Ihre Gefühle ausgedrückt und versucht haben, eine unangenehme Situation aus dem Weg zu räumen. Sie werden mehr Respekt vor sich selbst gewonnen haben, und Sie haben es von nun an etwas leichter mit sich. Und auch wenn der andere sich nicht ändert, werden Sie wahrscheinlich offener Ihre Gefühle ausdrücken können. Es ist z. B. denkbar, daß es Ihnen auch mit dem besten Skript nicht gelingt, Ihren alten Onkel von seinen engstirnigen fremdenfeindlichen Vorurteilen abzubringen, aber es ist schon ein Gewinn für Sie, nicht länger Zustimmung heucheln zu müssen.

Nehmen Sie andererseits an, daß Sie Ihr Skript vorgetragen haben, daß Ihr Minus-Typ zugestimmt hat und Sie sich hervorragend fühlen. Prima! Aber wie wir schon gesehen haben, ist eine Übereinkunft nur so gut wie die Änderung, die sich daraus ergibt – sie ist wertlos, wenn sie nicht in die Praxis umgesetzt wird.

Setzen Sie die Vereinbarung in die Praxis um

Erstens: Wenn es darum geht, die Vereinbarung in die Tat umzusetzen, sollten Sie Ihre eigenen Verpflichtungen beachten. Es ist wichtig, daß auch Sie selbst alle Änderungen vornehmen, denen Sie Ihrerseits zugestimmt haben, und daß Sie die versprochenen Belohnungen zur versprochenen Zeit gewähren. Wenn Sie fürs Rasenmähen einen Dollar versprochen haben, dürfen Sie nicht auf einen halben heruntergehen. Wenn Sie versprochen haben, abends gemeinsam tanzen zu gehen, dürfen Sie nicht in letzter Minute auf einen Kinobesuch umschwenken.

Zweitens: Seien Sie Ihrem Minus-Typ bei der Erfüllung seines Vertrages behilflich. Unglücklicherweise versprechen manche Leute das Blaue vom Himmel herunter, ändern sich dann aber überhaupt nicht. Sie „vergessen“ oder „müssen einfach dies und jenes tun“ oder „haben keine Zeit“, um das Versprochene zu verwirklichen. Anfangs ist es wahrscheinlich klüger, solche Entschuldigungen zum Nennwert zu nehmen (vom Standpunkt dessen, der sie äußert, sind sie vollgültig). Aber das soll nicht heißen, daß Sie aufgeben sollen. Betrachten Sie sich statt dessen als einfühlsamen Lehrer, der einem sich abstrampelnden Schüler beim Lernen hilft. Wenn Sie annehmen, daß Ihr Minus-Typ ernsthafte Versuche unternommen hat, dann sollten Sie Antworten belohnen, die wenigstens in die richtige Richtung weisen. Es besteht die Hoffnung, daß das Verhalten der betreffenden Person zufriedenstellender sein wird, wenn Sie Belohnungen geben. Das ist besonders wahrscheinlich, wenn es ein Verhalten ist, das man sehr langsam lernt. Ein Partner, der verspricht, bei Parties häufiger zu tanzen, kann eine harte Zeit haben, bis er dieses neue Verhalten ausgebildet hat. Erwarten Sie nicht, daß sich schon bei der ersten Party das Verhalten um 100 % verbessert hat. Seien Sie schon froh (und belohnen Sie es), wenn es sich um 10 % bessert. Aber was ist, wenn Ihr Minus-Typ ständig nur Entschuldigungen produziert? Dann funktioniert der Vertrag offensichtlich überhaupt nicht. Um ihn wieder auf das rechte Geleise zu bringen, sollten Sie über mögliche Gründe nachdenken, derentwegen Ihr Minus-Typ seine Versprechungen nicht einhält:

- Die Belohnungen sind nicht angemessen – zu selten oder zu klein im Verhältnis zu der Änderung, die Sie wollen. Nehmen wir an, ein Ehemann war damit einverstanden, daß er dienstags zu einem frühen Zeitpunkt mit der Arbeit aufhört, seine Frau abholt und sie zu einem Volkshochschulkurs fährt, der um 17 Uhr beginnt. Nehmen wir weiter an, daß die Frau sich zur Belohnung mit einem Kuß bedankt. Möglicherweise findet er, wenn der Dienstag herankommt, diese Belohnung zu mager; sie kann ihn nicht dazu animieren, seinen ganzen Zeitplan umzuwerfen. Er führt vielleicht ein paar andere Entschuldigungen an – aber wenn sie wirklich die Änderung in seinem Verhalten will, sollte sie in Betracht ziehen, daß diese Belohnung nicht ausreicht und eine wirksamere ausprobiert werden muß.

- Wenn jemand versprochen hat, mit einer von Ihnen gewünschten Aktivität zu *beginnen,* sind vielleicht die passenden Gedächtnisstützen nicht gleich parat. Die Vereinbarung ist zeitweise „aus den Augen, aus dem Sinn". Der Ehemann, der zu spät kommt, hat sich vielleicht einfach in Einzelheiten seiner Arbeit vertieft und das Versprechen seiner Frau gegenüber schlicht vergessen. In einem solchen Fall kann es hilfreich sein, Erinnerungshilfen zu schaffen. Darauf kommen wir noch näher zu sprechen.
- Wenn jemand versprochen hat, etwas Störendes *nicht mehr* zu tun, kann das lästige Verhalten so automatisiert sein, daß er dessen gar nicht mehr bewußt ist. Deshalb kann er es ohne Hilfe von außen gar nicht verändern. Auch da können Winke mit dem Zaunpfahl hilfreich sein.
- Sie haben eventuell einige entscheidende Faktoren übersehen, die das Verhalten Ihres Minus-Typs in der Problem-Situation beeinflussen. Nehmen wir an, der Ehemann, der bis spät in den Abend arbeitet, befindet sich in einem Betrieb, in dem die Hauptarbeit des Tages spätnachmittags anfällt; nehmen wir weiterhin an, daß er diese Arbeit unbedingt erledigen muß, wenn er seine Stelle nicht riskieren will. Obwohl er der Bitte seiner Frau, sie um fünf Uhr irgendwohin zu bringen, zugestimmt hat, hätte er das nicht tun sollen. In einem solchen Fall wäre es besser, alternative Lösungen für den Dienstagabend der Frau zu finden. Beispielsweise könnte sie eine(n) andere(n) Kursteilnehmer(in) finden, der oder die sie mitnimmt, oder sie selbst kann früher ihren Arbeitsplatz verlassen und den Bus nehmen. Haben Sie niemals Angst davor, eine Problem-Situation erneut zu analysieren – meist gibt es mehrere Wege, ein Problem zu lösen.

Gedächtnisstützen

Wenn Sie und ein Minus-Typ den Eindruck haben, daß das Vergessen von Versprechungen ein Problem ist, richten Sie am besten Gedächtnisstützen für den Zeitpunkt ein, zu dem das neue Verhalten ausgeführt werden soll. Ein übergewichtiger Mann erinnerte sich an seinen Entschluß, nichts zu essen, indem er auf seinen Kühlschrank zwei Bilder stellte. Auf dem einen war er dick und fett, auf dem anderen schlank und gutaussehend.

Gedächtnisstützen variieren in ihrer Wirksamkeit je nach der zeitlichen Nähe zur Ausführung einer Aktivität. Manchmal ist es notwendig, an ein und demselben Tag zwei oder drei Erinnerungshilfen einzusetzen. Aber wenn die gewünschte Handlungsweise mehrmals zu gegebener Zeit ausgeführt worden ist, verbindet sie sich mit der Situation selbst, und Ihre speziellen Gedächtnisstützen können schrittweise entfernt werden. Schließlich schleift sich das gewünschte Verhalten ein und wird zur Gewohnheit, ohne daß noch Gedächtnisstützen erforderlich wären.

Es gibt noch eine andere Methode, jemanden an ein Versprechen oder eine Absichtserklärung zu erinnern: Der Betreffende soll sich vorstellen, wie er die versprochene Aktion ausführt. Sie wollen sich daran erinnern, daß Sie morgen ein Buch zu Julia bringen sollen: Sie können phantasieren, daß Sie sich dieses Buch gleich nach Ende des Frühstücks und kurz vor dem Weggehen „schnappen". Wenn Sie die Müllabfuhr morgen um 14 Uhr anrufen sollen, können Sie sich vorstellen, daß Sie sich in Ihrem Büro befinden, die Uhrzeiger auf 2 stehen sehen und daß von den Zeigern Funken und Blitze sprühen und auf das Telefon auftreffen. Wenn Sie sich eine solche Szene vorstellen, assoziieren Sie die Aktion mit der Situation. Sie können die Anregung geben, daß Ihr Minus-Typ diese „Vorbereitung durch Vorstellen" ausprobiert, um so seine Versprechungen besser einhalten zu können.

Und wie sieht es mit Verträgen aus, die auf die Abgewöhnung eines bestimmten Verhaltens zielen? Oft sind unsere Verhaltensweisen so tief eingewurzelt, daß wir sie wie im Schlaf, ohne Nachdenken ausführen. Angenommen, die Tischsitten Ihres Minus-Typs (etwa lautstarkes Kauen) oder sein kleiner Tick (etwa, daß er beim Sprechen ständig an seinem Ohr zieht) oder sonstige unangenehme Gewohnheiten (z. B. sich an Stellen kratzen, wo es sich nicht gehört) treiben Sie zum Wahnsinn. Nehmen wir weiter an, daß die Person Ihre Verärgerung versteht und sich aufrichtig dazu bereit erklärt, damit aufzuhören – und trotzdem so weitermacht. Dann könnten Sie sich auf ein Warnsystem verständigen, mit dessen Hilfe Sie dem Minus-Typ gegebenenfalls eine Rückmeldung geben würden. Ihr Signal könnte sein: „Du tust es schon wieder." Oder: „Jetzt!" Oder: „Stop!" Oder eine Handbewegung, auf die Sie sich geeinigt haben.

Denken Sie aber immer daran, daß diese Signale nur Krücken sind, die dieser Person helfen sollen, ihre Versprechungen einzuhalten. Wenn sie in scharfer Form oder mürrisch vorgebracht werden, werden sie statt dessen zu Bestrafungsaktionen. Verwenden Sie die Zeichen also freundlich, mit feinen Abstufungen, nicht mit dem Holzhammer.

Überlegen Sie nun, wie Sie und Ihr Minus-Typ den Erfolg ihrer Vereinbarung besser gewährleisten können. Wieviel an Änderung können Sie aufgrund der rein sprachlichen Beteuerung erwarten? Wie viele Mißerfolge und Rückfälle kalkulieren Sie ein? Angenommen, Sie sehen es schon voraus, daß Gedächtnisstützen erforderlich sind: Denken Sie sich in diesem Fall eine Methode aus, wie Sie die betreffende Person darauf hinweisen können, daß sie die gewünschte Reaktion zeigt oder das störende Verhalten einstellt. Schreiben Sie Ihre Idee dann hier nieder. Präzisieren Sie, welche Art von Gedächtnisstützen Sie mit welchem Zeitplan einsetzen wollen. Beachten Sie dabei folgendes: Wenn die Erinnerungshilfen in Gesellschaft gegeben werden sollen, dann sollten sie nicht aufdringlich sein. Sonst kommen Sie und andere in eine peinliche Situation.

Mein Plan für das Etablieren von Erinnerungshilfen sieht so aus:

____

____

Überlegen Sie als nächstes, wie Sie im Laufe der Zeit diese Gedächtnisstützen ausblenden oder stufenweise aus dem Verkehr ziehen – in dem Maße, in dem das Verhalten des Minus-Typs dem Inhalt der Vereinbarung näher kommt.

Mein Plan für das „Ausblenden" der Gedächtnisstützen sieht so aus:

Fügen Sie nun diese beiden Elemente Ihrem revidierten C.H.E.F.-Skript bei, so daß Sie zum Bestandteil der Vereinbarung werden.

Ein Wort über Nachverhandlungen

In der besten aller Welten wird Ihr Minus-Typ nicht nur den Vereinbarungen Ihres Skripts zustimmen, sondern er wird konsequent sein Verhalten ändern. Doch wir leben nicht in der besten aller Welten. Was geschieht, wenn Sie noch nicht ganz zufrieden sind, weil Sie weitere Änderungen wollen? Wenn diese für Sie wichtig genug sind, dann sollten Sie auf jeden Fall einen weiteren Vertrag für diese künftige Verhaltensänderung aushandeln. Das erfordert ein anderes Skript, aber es ist nichts Verwerfliches daran, nach einiger Zeit die Vertragsbedingungen ausdrücklich zu verändern oder einen Vertrag durch einen anderen zu ersetzen. Die Wünsche der Menschen können sich ändern, ebenso können sich die Umstände ändern. So gibt es wohl keinen Grund, warum ein Schulkind in den Ferien ebenso früh zu Bett gehen sollte wie während des Schuljahrs – warum soll man also nicht die Regeln ändern, um den unterschiedlichen Situationen gerecht zu werden?

Insgesamt läßt sich sagen: Gute Verträge verändern sich mit den Erfordernissen der Situation und den Gefühlen der Leute, die drinstecken. Es sind Werkzeuge, die Ihr Leben verbessern – und in diesem Sinne sollten sie verwendet werden!

7

Ausweichmanöver des Minus-Typs

Bisher ging es in diesem Buch in erster Linie um Sie selbst – wie Sie sich in Situationen, in denen es um die Durchsetzung Ihrer Interessen geht, verhalten können. Aber Auseinandersetzungen sind ja keine Monologe, sondern Dialoge. Sie können nicht erwarten, daß Ihr Minus-Typ höflich und aufmerksam Ihren Äußerungen zuhört und sich dann sanft dareinfügt mit den Worten: „Ja, mein(e) Liebe(r). Wo soll ich den Vertrag unterschreiben?" Er oder sie wird wahrscheinlich defensiv auf einige Teile Ihres Skripts reagieren. Wir nennen diese Verteidigungsstrategien „Ausweichmanöver", die Sie bei Ihren Selbstbehauptungsversuchen „aus der Bahn" werfen können. Dieses Kapitel gibt Ihnen Hilfen, die Manöver Ihres Minus-Typs vorauszusehen, und es schlägt Methoden der Bewältigung vor.

Das beste Skript ist kurz und so zielorientiert formuliert, daß Ihr Minus-Typ sich motiviert fühlt, zuzuhören und mit Ihnen zu verhandeln. Sie versuchen, gegen Ihre Absichten gerichtete Reaktionen abzuwenden, indem Sie Ihr Thema durchziehen, ohne den anderen zu attackieren. Außerdem prüfen Sie jede Zeile Ihres Skripts, um festzustellen, ob es eine offene Flanke für ein Gegenargument oder für ein Ausweichmanöver bietet. Wenn ja, versuchen Sie es entsprechend zu korrigieren.

Selbstverständlich wird Ihr Minus-Typ auch bei einem „perfekten" Skript in irgendeiner Weise reagieren. Die Reaktion kann einfach darin bestehen, daß er zu jedem Abschnitt Ihres Skripts eine Frage hat: „Siehst du mich so?", „Ist das dein Eindruck?" usw. Auf solche Fragen brauchen Sie nur mit „ja" zu antworten, bevor Sie in Ihrem Skript weitergehen.

Über diese freundlichen Reaktionen hinaus gibt es aber noch eine Menge von Ausweichmanövern. Nehmen wir an, Sie wollen darüber diskutieren, ob Sie als Studierender in einem Appartement oder in einem Wohnheim leben sollen, aber Ihr Vater verschiebt das Thema und kritisiert, daß Sie zu häufig zu Verabredungen zu spät kommen. In anderen Beispielfällen kann Ihr Minus-Typ vielleicht Ihre Feststellungen bestreiten oder Sie selbst herabsetzen, über Ihre Forderungen rechten, die Schuld an dem Problem auf Sie oder jemanden anders abwälzen, eine ausführliche Selbsterklärung abgeben oder versuchen zu analysieren, warum *Sie* so handeln, wie Sie handeln. Hinter solchen Reaktionen steckt oft die Absicht, Sie zum Schweigen zu bringen oder Ihre Sicht der Dinge zu verändern. Aber Sie können lernen, wie man mit solchen Manövern fertig wird und das Gespräch wieder zum ursprünglichen Thema zurückführt.

Die folgenden Seiten beschreiben eine Anzahl von Verteidigungsstrategien, die Sie möglicherweise mit Ihrem C.H.E.F.-Skript auslösen. Nach unserer Erfahrung ist keines der Manöver ausschließlich (oder auch nur vorwiegend) eine männliche oder eine weibliche Taktik. Aber da wir das Schwergewicht auf Zweiergespräche legen, haben wir zwecks Vereinfachung eine willkürliche Aufteilung in „er" oder „sie" vorgenommen, wenn wir uns auf den Minus-Typ beziehen, der unter der jeweiligen Überschrift beschrieben wird. Sie kennen den Stil Ihres Minus-Typs, und für die Beispiele, die einen vertrauten Klang haben, müssen Sie nur die Pronomina anpassen.

Wir besprechen die folgenden Ablenkungsmanöver:

Ablenken durch Aufschieben
Ablenken durch Abschweifen
Ablenken durch Bestreiten
Ablenken durch Vorwürfe
Ablenken durch Beleidigen
Ablenken durch Witzeleien
Ablenken durch Umdeuten
Ablenken durch Psychologisieren
Ablenken nach der Mitleidsmethode
Ablenken durch negative Körpersprache
Ablenken durch Sich-Entschuldigen
Ablenken durch Drohen
Ablenken durch Debattieren
Ablenken durch Verschleppen
Ablenken durch Verweigerung.

In jedem Fall geben wir Beispiele für wirkungsvolle Gegenreaktionen. Diese Gegenantworten lassen sich in verschiedene Kategorien aufteilen:

Dranbleiben	Wiederholen Sie Ihren Hauptpunkt, das Ziel Ihrer Durchsetzungsbemühungen (das ist normalerweise der Teil Erwartungen erläutern).
Widersprechen	Machen Sie eine direkte Aussage („Ich bin nicht einverstanden.").
Gefühle/Gedanken betonen	Legen Sie Nachdruck auf Ihre Gefühle oder Gedanken über das Verhalten oder die Situation, indem Sie mehr Einzelheiten ansprechen oder auf ihre Bedeutung hinweisen („Das ist wichtig für mich.").
Ja, aber …	Zustimmen, daß der andere das Recht auf bestimmte Gefühle hat und daraus bestimmte Folgerungen ableitet, aber nicht einverstanden sein mit der Unterstellung, daß Sie dieselben Gefühle haben oder dieselben Schlüsse ziehen müssen.
Ignorieren	Übergehen Sie die gesamte Ablenkung oder – noch besser – bestreiten Sie auf der Stelle ihre Bedeutung für das anstehende Problem („Das steht hier nicht zur Debatte.").
Umdeuten	Akzeptieren Sie die negative Charakterisierung nicht, die ein anderer Ihrem Verhalten gibt; definieren Sie Ihr Verhalten neu, und zwar mit positiven Ausdrücken. („Ich bin nicht neugierig, ich habe nur ein natürliches Interesse an den Angelegenheiten eines Freundes.")
Schnell antworten	Manchmal ist es am besten, wenn man mit einem einfachen „Ja" oder „Nein" oder mit einem anderen schnell formulierten Satz antwortet; so kommen Sie mit Ihrem zentralen Anliegen voran.
Fragen	Bitten Sie um Klarstellung, anstatt eine vage Kritik zu akzeptieren. („Inwiefern be-

nehme ich mich nach deiner Meinung unklug?")

Konsequenzen festlegen Wenn Sie an die Grenzen Ihrer Toleranz geraten oder sich bedroht fühlen, sollten Sie sich realistische negative Konsequenzen überlegen, wenn das kränkende Verhalten andauert. (Vorsicht bei dieser Methode, sie kann nach hinten losgehen.)

Stellen Sie sich nach der Lektüre der verschiedenen Ablenkungsmanöver (auf den folgenden Seiten) vor, wie Ihr eigener Minus-Typ das jeweilige Manöver als Reaktion auf Ihr C.H.E.F.-Skript einsetzen könnte. Entwerfen Sie eine wirkungsvolle Gegenantwort. Auf diese Weise können Sie sich besser auf die vielen Ablenkungsmanöver vorbereiten, die Ihr Minus-Typ möglicherweise einsetzt, um Sie niederzuhalten.

Ablenken durch Aufschieben

Die einfachste Methode, mit der Ihr Minus-Typ einer Lösung Ihres beiderseitigen Problems aus dem Wege gehen kann, ist, eine Diskussion zu vermeiden. Wenn Sie mit dem Satz anfangen: „Ich möchte das Problem mit dem Haushaltsgeld besprechen", sagt sie vielleicht: „Jetzt nicht. Ich bin zu müde." Oder: „Da wollen wir jetzt nicht dran rühren." Oder: „Ein andermal. Ich habe zu tun." Alles, was sie wirklich sagt, ist: „Was ich gerade tue, ist wichtiger als das, was du diskutieren willst." Wenn Sie Ihren Standpunkt verfechten wollen, haben Sie zwei Optionen. Erstens können Sie darauf dringen, daß die Sache sofort behandelt wird, indem Sie sagen: „Es ist wichtig für mich, daß wir das regeln (Gefühle betonen). Es dauert nur ein paar Minuten; ich habe ja schon einen Plan ausgearbeitet (dranbleiben)." Das regt vielleicht zum Zuhören an. Es sagt ihr auch, daß sie nichts zu tun hat außer zuzuhören. Ihre zweite Option: Sie können einen späteren Zeitpunkt für die Behandlung des Problems festlegen. Sie können sagen: „Wenn nicht jetzt, dann laß uns einen Termin für heute oder morgen verabreden (dranbleiben)." Wenn sie Ihnen einen Zeitpunkt nennt, wiederholen Sie ihn, danken ihr und lassen dann das Thema fallen. Aber achten Sie darauf, daß der Termin eingehalten wird.

Ablenkung durch Aufschieben	*Selbstbewußte Antwort*
„Ich kann jetzt nicht über Ihr Gehalt diskutieren. Ich muß mich auf meinTreffen mit J. B. vorbereiten."	„Bitte nennen Sie mir eine bestimmte Zeit, zu der ... (dranbleiben)."
„Jetzt nicht, ich habe den Kopf voll mit anderen Sachen, und ich brauche mich von Ihnen nicht drangsalieren zu lassen."	„Ich kann verstehen, daß Sie unter Druck sind, aber (ja, aber) diese Angelegenheit ist wichtig für mich (Gefühle betonen). Wann könnten wir sie besprechen? (Fragen)."
„Ich kann meine Zeit nicht vergeuden für Diskussionen mit Ihnen. Die Sache ist abgeschlossen."	„Die Sache ist noch nicht abgeschlossen, weil ... (widersprechen)" oder „Auch ich will keine Zeit für nutzlose Diskussionen vergeuden, aber ... (zustimmen – aber). Wenn wir keine Lösung finden, werde ich ... (Konsequenzen festlegen)."

Nehmen wir an, Sie müssen damit rechnen, daß Ihr persönlicher Minus-Typ auszuweichen versucht, wenn Sie Ihr Skript vortragen wollen. Versetzen Sie sich in ihre Lage. Überlegen Sie sich genau, was sie sagen könnte, und beschreiben Sie die Körpersprache, die sie verwenden könnte. Springen Sie danach wieder in Ihre eigene Rolle, und denken Sie sich eine wirkungsvolle Antwort auf die Verzögerungsmaßnahmen Ihres Minus-Typs aus. Vergessen Sie nicht: Wenn Sie darauf vorbereitet sind, positiv mit den Ausweichmanövern Ihres Minus-Typs umzugehen, haben Sie den halben Erfolg Ihrer Verhandlungen schon in der Tasche.

Wenn Ihr Minus-Typ sagt: „Ich möchte darüber überhaupt nie reden", könnten Sie entgegnen, das Problem sei wichtig für Sie, und darauf bestehen, daß Sie beide die Sache in Ordnung bringen.

Ablenken durch Abschweifen

Ihr Minus-Typ kann Sie vom Vortrag Ihres Skripts durch beiläufige Bemerkungen über Sie, Ihr Skript oder über belanglose Fragen abbringen. Eine Art, mit ihnen fertig zu werden, ist die Weigerung, darauf in langwierigen Antworten zu reagieren.

Ablenkungsmanöver	*Selbstbewußte Antworten*
„Sie sehen hübsch aus, wenn Sie zornig sind."	„Das gehört nicht hierher (ignorieren). Worauf ich hinauswill, ist ... (dranbleiben)."
„Wo haben Sie dieses große Wort gelernt?"	„Lassen Sie das jetzt beiseite (ignorieren). „Worum es mir geht, ist ... (dranbleiben)."
„Sollten Sie nicht die Abrechnung für die XY GmbH fertigmachen?"	„Ja, aber ich kann doch ein paar Minuten für unser Klärungsgespräch abzwacken (schnell antworten). Was ich sagen will, ist ...(dranbleiben)."

In jedem Fall helfen Ihnen die Antworten, mit Ihrem Skript weiterzumachen und nicht auf Nebengleise zu geraten.

Nehmen Sie nun in Ihrer Vorstellung vorweg, wie Ihr Minus-Typ Sie ablenken könnte. Was für charakteristische Bemerkungen hat er auf Lager, um Sie während Ihres Vortrags zu blockieren oder vom Thema abzubringen? Wie reagieren Sie darauf? Vielleicht versucht er Ihnen zuvorzukommen, indem er seinerseits ein Problem zur Diskussion vorschlägt. Wie gehen Sie damit um?

Ablenken durch Bestreiten

Eine leichte Verteidigungsmöglichkeit gegen Ihr Charakterisieren ist, alles abzustreiten. Wir haben vorgeschlagen, daß das Charakterisieren sich ausschließlich auf konkrete Verhaltensweisen Ihres Minus-Typs bezieht (und nicht auf seine Motive). Damit sollten Diskussionen vermieden werden. Trotzdem:

Wenn sie das Verhalten bestreitet, können Sie ganz einfach mit der Bekräftigung Ihrer Sichtweise fortfahren. Lassen Sie sich nicht auf eine Diskussion darüber ein, wessen Perspektive „korrekt" ist. Ihre Antwort kann einfach darin bestehen, daß Sie den Neinsager verneinen. Antworten Sie durch Wiederholung Ihrer Aussage, wobei Sie eventuell den Wortlaut ändern (dranbleiben). Sie können widerstreitende Sichtweisen zur Kenntnis nehmen, sie aber zeitweise hintanstellen (ja, aber). Sie sagen eigentlich: „Das mag *Ihre* Meinung sein, aber hier ist die meine." Hier einige denkbare Formulierungen, mit denen Ihr Charakterisieren bestritten werden könnte, und einige mögliche Antworten darauf.

Ablenken durch Bestreiten	*Selbstbewußte Antworten*
„Das stimmt nicht."	„Ich meine, es ist so (widersprechen). Außerdem ... (dranbleiben)."
„Sie wissen nicht, worüber Sie sprechen."	„Denken Sie darüber, wie Sie wollen, aber ich bin mir ganz sicher (ja, aber)."
„Sie verstehen mich immer wieder falsch."	„Ich spekuliere nicht. Ich beschreibe Tatsachen (umdeuten)."

Ablenken durch Vorwürfe

Wenn Sie jemandem sein kränkendes Verhalten vorhalten, sucht er vielleicht nach etwas, was er *Ihnen* vorwerfen kann. Er wird versuchen, sein Verhalten zu entschuldigen oder zu rationalisieren und Ihnen Schuldgefühle einzuflößen. Sie können kurz, aber bestimmt auf solch einen Vorwurf eingehen. Beantworten Sie schnell die Rüge und bringen dann einen Satz aus dem Verfahrensschritt Hinweisen vor oder stellen fest, das sei ein weiteres Problem, über das man ein anderes Mal verhandeln müsse. Hier einige Retourkutschen auf verschiedene Charakterisieren-Texte mit wirkungsvollen Antworten.

Charakterisieren	*Ablenkung durch Vorwürfe*	*Selbstbewußte Antworten*
„Sie sprechen sehr laut."	„Nur so hören Sie mir zu."	„Das stimmt nicht (widersprechen). Ich finde ... (Gefühle betonen)."
„Sie haben die Notiz, die ich Sie schreiben ließ, nicht in Umlauf gebracht."	„Nein, Sie haben mir nicht gesagt, daß ich das tun sollte."	„Ich will, daß alle Aktennotizen sofort in Umlauf kommen (schnell antworten)."
„Du trägst einen scheußlich abgetragenen Pullover."	„Das mache ich, weil du mir keinen neuen gekauft hast."	„Ich bin nicht verantwortlich für deine Kleidung (ignorieren). Ich finde ... (Gefühle betonen).

Manchmal kann der Gegenvorwurf Ihres Minus-Typs tatsächlich einen Wunsch nach einer Verhaltensänderung auf Ihrer Seite anzeigen. Beispiel: In Gesellschaft dominierte ein Ehemann immer das Gespräch; seine Frau bat ihn deshalb unter vier Augen, er möge nicht so viel reden. Er machte ihr den Vorwurf: „Du bist immer so ruhig, und deshalb habe ich dann das Gefühl, daß ich viel reden muß, um die Stille auszufüllen und deine Schüchternheit auszugleichen." Sie gab zu, daß sie teilweise dafür verantwortlich war. Sie versprach, sich in Gesellschaft häufiger zu Wort zu melden, falls er weniger rede. Sie sprach mit ihm ab, daß sie sich zwei Gesprächsthemen ausdenken werde, bevor sie zu Freunden gingen. Im Gegenzug war er bereit, bis zehn zu zählen, bevor er daranging, eine Gesprächspause zu füllen.

Ein häufig angewendeter Trick ist der Satz: „Ich habe dir's ja gesagt!" Soll heißen: Ihr Minus-Typ wirft Ihnen vor, das aktuelle Problem sei dadurch entstanden, daß Sie seinem Rat nicht folgten. Obwohl diese elternhafte Bemerkung ordentlich piksen kann, sollten Sie auf Gegenattacken verzichten. Es geht *nicht* darum, ob er früher einmal einen guten Rat gab; es geht vielmehr um sein gegenwärtiges Verhalten, das Sie unerfreulich finden und das er nach Ihrem Wunsch ändern soll. Auf dieses „Ich hab's dir doch gesagt!" könnten Sie antworten, indem Sie es einfach beiseite schieben: „Kann sein, aber ich will auf folgendes hinaus

… (ja, aber).“ Oder: „Ich mag dieses ‚Ich hab's dir ja gesagt‘ nicht (Gefühle betonen); mir kommt es darauf an, daß … (dranbleiben).“

Eine zweite Ausprägung dieser Taktik besteht darin, daß man anderen ein kränkendes Verhalten vorwirft. Der Minus-Typ sagt dann: „Ich benehme mich so, weil X (die Eltern, der Chef etc.) gemein zu mir war(en).“ Angenommen, Ihr Chef kommt oft mürrisch und zornig in Ihr Büro, und er krittelt grundlos an Ihrer Arbeit herum. Sie haben ein Skript verfaßt, mit dem Sie ihm Ihre Gefühlslage mitteilen und Ihre Vorstellungen über eine Änderung dieser Beziehung mitteilen wollen.

Charakterisieren	*Ablenkung durch Vorwürfe*	*Selbstbewußte Antworten*
„In den letzten beiden Wochen haben Sie die Art kritisiert, wie ich die Anrufe weitergebe.“	„Ich wurde wütend, weil mein Vorgesetzter darauf bestand, daß ich meinen Urlaub um sechs Wochen verschiebe.“	„Vielen Dank, daß Sie mir das sagen, aber ich fühle mich wie der Sündenbock für ein Problem, das mich nichts angeht (Gefühle betonen).“

Eine andere Art, jemandem etwas vorzuwerfen und dadurch das eigene kränkende Verhalten zu rechtfertigen, läuft über den Appell an Gruppennormen: „Alle machen es so.“ Sie brauchen nur anzumerken, daß Sie mit diesen Normen nicht konform gehen: „Das mag sein, aber das Verhalten wirkt trotzdem kränkend auf mich (ja, aber).“

Erwartungen erläutern	*Ablenkung durch Vorwürfe*	*Selbstbewußte Antworten*
„Stellst du bitte mal die Stereoanlage leiser!“	„Du bist aber auch zu empfindlich. Alle meine Freunde lassen ihre Anlage so laut laufen.“	„Das kann schon sein, aber es ist ganz einfach zu laut für mich (ja, aber). Ich habe sehr gute Ohren (umdeuten). Bitte stell sie leiser (dranbleiben).“

Ablenken durch Beleidigen

Eine Horrorgeschichte, die wir uns selbst einreden, läuft darauf hinaus, daß unser Minus-Typ uns beleidigt, wenn wir ihm die Meinung sagen wollen. Trotz aller Bemühungen, aufreizende Formulierungen aus dem C.H.E.F.-Skript herauszulassen, kann Ihr Minus-Typ sie immer noch als kritisch und herausfordernd ansehen und seinerseits zur Kritik oder zur Verbalattacke ausholen. Beschimpfungen sind nach Art und Qualität schier unbegrenzt. Im allgemeinen wird der Beleidiger Ihre Sicht der Dinge verächtlich machen, Sie herabsetzen, Ihre Fähigkeiten oder persönlichen Eigenschaften herunterziehen und Ihr Selbstwertgefühl angreifen. Beschimpfen umfaßt Beleidigungen, Mißbilligung, Flüche, sarkastische Bemerkungen und „verbale Tiefschläge". Die meisten dieser Verbalattacken sollten Sie einfach ignorieren und dann in Ihrem Skript fortfahren. Warum sollten Sie Ihren Minus-Typ für die Beschimpfung belohnen, indem Sie es ihm ermöglichen, Sie vom Thema abzubringen?

In den nachfolgenden Beispielen werden Sie feststellen, daß die wirkungsvollen Antworten darauf ausgerichtet sind, in der Spur zu bleiben. Verzichten Sie auf Gegenattacken; sie verstärken nur die Tendenz zur Beschimpfung. Sie können natürlich den Zorn des anderen zur Kenntnis nehmen und sagen: „Ich sehe, das macht dich wütend, aber diese Angelegenheit ist wichtig für mich." Wenn er/sie schreit und brüllt, können Sie ruhig fortfahren: „Es ist wichtig, daß wir darüber reden, aber ich kann es nicht haben, wenn du schreist."

Wenn Ihr Minus-Typ Sie beschimpft, können Sie das ignorieren oder eventuell umdeuten, was es in weniger emotionaler Sprache bedeutet. Sie können über irrelevante Argumente hinweggehen, und Sie können Ihre Gefühle betonen, um zum entscheidenden Punkt zurückzukommen.

Ablenken durch Beleidigen	*Selbstbewußte Antworten*
„Bist du so etwas wie ein Wachhund?"	„Ich kann ja wohl beobachten, was du getan hast (umdeuten)."
„Ich schere mich einen Dreck um deine Gefühle!"	„Mach, was du willst, aber im Augenblick haben wir ein Problem

	zu lösen (ja, aber), und ich glaube, es handelt sich um eine dringende Sache (Gefühle betonen)."
„Wie kommst du darauf, daß du mir eine Gardinenpredigt halten darfst?"	„Ich halte keine Predigten, Ich teile dir lediglich mit, daß ... (umdeuten)."

Ablenken durch Witzeleien

Ihr Minus-Typ kann auf Ihren Text reagieren, indem er ihn durch den Kakao zieht oder Ihren Wunsch durch Übertreibung ins Lächerliche zieht. Sie können das „humoristische" Element einfach ignorieren und bei Ihrem ernsthaften Charakterisieren und beim Hinweisen bleiben. Nichts erstickt die Provokation eines Spötters so schnell wie eine Hörerschaft, die nicht darauf reagiert. Hier einige Beispiele für Ablenkungsmanöver durch Scherze und für Ihre Reaktionsmöglichkeiten:

Charakterisieren	*Ablenkungsmanöver*	*Selbstbewußte Antworten*
„Weißt du, daß du mich in der letzten Stunde dreimal kritisiert hast?"	„Nur dreimal? Ich habe den Eindruck, ich bin heute nicht in Form."	„Das finde ich nicht lustig (Widersprechen)."
„Du hast den Bericht der Arbeitsgruppe nicht durchgesehen."	„Ich will mir nicht die Augen müde lesen."	„Es ist nicht witzig, seine Versprechen zu brechen (umdeuten). Ich habe das Gefühl ... (Gefühle betonen)."

Ablenken durch Umdeuten

Wenn Sie negative Gefühle über das Verhalten einer anderen Person äußern, wird sie sich vielleicht rausreden, indem sie die „Bedeutung" ihrer Handlungsweise neu interpretiert. So kann jemand sagen, er habe gewollt, daß Sie seine sarkastischen Bemerkungen im Sinne eines lockeren Witzes aufnähmen – das sei eben seine Art von Humor. Um mit dieser Taktik fertig zu werden, können Sie ihm sagen: „Ich sehe nur, was du tust, nicht die Absichten, die dahinterstehen." Sie könnten auch sagen: „Ich möchte, daß du dich in diesem Punkt änderst; denn ich mag sarkastische ‚Komplimente' nicht. Ich hätte es lieber, wenn du dich direkt äußern würdest und nicht in solchen ausgetüftelten Formeln voll von Sarkasmus."

In manchen Fällen können Sie einen Vorteil aus dem Wissen ziehen, wie der Minus-Typ das für Sie kränkende Verhalten betrachtet. Ein Mann nannte seine Frau „Schatz", wenn sie in Gesellschaft waren. Sie hatte jahrelang unter diesem Kosenamen gelitten und bat ihren Mann, damit aufzuhören. Er war überrascht, weil er meinte, diese Koseform zeige seine Zuneigung zu ihr, wenn sie unter Freunden seien. Solche Fehldeutungen lassen sich leicht ausräumen, wenn man sich darüber austauscht.

Wir wiederholen: Wenn Ihr Minus-Typ sein Verhalten im günstigen Licht seiner guten Absichten umdeutet, besteht die beste Reaktion in folgendem: Sie bestehen darauf, daß Sie die Sache ganz anders sehen, und Sie wollen eine eindeutige Verhaltensänderung.

Ablenken durch Umdeuten	*Selbstbewußte Antworten*
„Das war nur ein Scherz."	„Das kann sein, aber ich fand, das hat nicht gepaßt (ja, aber). Ich fühle mich wirklich verletzt (Gefühle betonen)."
„Ich wollte dir nur helfen."	„Vielleicht ... aber ich fand es unangenehm, Hilfe zu erhalten, als ich bereits wußte, wie ich die Arbeit zu machen hatte (ja, aber)."

Ablenken durch Psychologisieren

Oft versuchen wir, psychologische Erklärungen für das Verhalten anderer Leute zu finden (obwohl wir dieses Metier wirklich sehr schlecht beherrschen!). Wenn Ihr Minus-Typ sieht, wie Sie mit Bestimmtheit Ihren Standpunkt vertreten, wird er vielleicht den Amateuranalytiker spielen und tiefe Einsichten in Ihre Motive hineingeheimnissen.

Sie können auf zweierlei Art reagieren: Entweder sagen Sie, daß Sie mit den falschen Schlußfolgerungen nicht einverstanden sind (wenn sie wirklich falsch sind), oder Sie schieben seinen Redebeitrag beiseite. Im wesentlichen könnten Sie sagen: „Deine Analyse ist falsch, und außerdem tut sie nichts zur Sache (ignorieren). Das Problem besteht in deinem Verhalten und meiner Reaktion darauf. Gehen wir also die Sache auf dieser Ebene an (umdeuten)." Hier einige Beispiele für psychologisch grundierte Ausweichmanöver und einige wirkungsvolle Antworten darauf. Nachdem Sie eine schnelle Antwort gegeben haben, können Sie mit Ihren Mitteilungen der Stufen Hinweisen und Erwartungen erläutern weitermachen.

Ablenken durch Psychologisieren	*Selbstbewußte Antworten*
„Du sagst das nur, weil du eine Kratzbürste bist, die wirkliche Männer nicht leiden kann."	„Das stimmt einfach nicht, ich bin nicht gegen Männer (widersprechen). Ich will dir sagen, was ich von *deinem* Benehmen halte (dranbleiben und Gefühle ausdrücken)."
„Du steckst gerade in einer schwierigen Phase. Du wirst da bald wieder herauskommen."	„Das ist keine Phase (widersprechen). Das Problem besteht darin, wie du dich mir gegenüber verhalten hast, und wie ich reagiert habe (umdeuten)."
„Du bist nervös, weil du Angst hast, ich könnte befördert werden und nicht du."	„Analysiere nicht an mir herum (schnell antworten). Ich weiß besser als du, warum ich es so mache (widersprechen). Können wir jetzt an unserem Problem arbeiten? (fragen)."

Ein Mensch, der Ihre Gedanken und Motive lesen will, ist geneigt, Ihre neue Durchsetzungsfähigkeit der Lektüre dieses Buches oder dem Besuch eines Selbstbehauptungskurses zuzuschreiben. Ihr Partner fragt dann etwa: „Welchen Unsinn hat dir denn dieses Buch in den Kopf gesetzt?" Sie könnten auf diese Art umdeuten: „Es hilft mir, mich auszudrücken. Wir lesen Bücher zur Selbsthilfe und besuchen entsprechende Kurse, um uns zu ändern." So ist es nicht schlimm, wenn Sie zugeben, daß Ihr neues selbstbewußtes Auftreten auf dieses Buch oder auf einen Kurs zurückgeht. Vertreten Sie Ihre Meinung also auf eine offene, ehrliche und positive Art.

Ablenken nach der Mitleidsmethode

Das gängigste „Ich Ärmster"-Manöver sieht so aus: Ihr Minus-Typ versucht, Sie zum Schweigen zu bringen, indem er weint und den verfolgten Märtyrer spielt. Die dadurch übermittelte Botschaft lautet: „Du bist so gemein! Du verletzt mich und machst mich unglücklich."

Wie können Sie selbstbewußt reagieren? Fühlen Sie sich erstens nicht schuldig! Sie haben Ihre Bedürfnisse und das Verhalten Ihres Minus-Typs analysiert, und Sie haben die Worte für Ihr C.H.E.F.-Skript sorgfältig gewählt; Sie haben also genau überlegte und taktvolle Feststellungen getroffen. Manche Menschen schaffen es leicht, bei der leisesten Kritik in Tränen auszubrechen, viele wollen es eigentlich gar nicht. Sie können Ihrem Minus-Typ klarmachen, daß Sie das Weinen als Unterdrückungsversuch ansehen – Verhaltenskontrolle durch Erwecken von Schuldgefühlen. Sie können klarmachen, daß Sie sich durch Tränen in dieser Situation nicht manipulieren lassen.

Fahren Sie fort in Ihrem Skript, wenn Ihr Minus-Typ Ihnen wieder zuhört. Lassen Sie sich keine Schuldgefühle machen, weil Sie etwas verlangt haben, wozu Sie nach Ihrer überlegten Einschätzung ein Recht hatten. Wechseln Sie das Thema, verlassen Sie das Zimmer, oder machen Sie einen Spaziergang. Das Schluchzen und Schmollen wird meist bald abklingen, aber der Änderungsvertrag ist jetzt „in Kraft".

Wenn der Minus-Typ durch Weinen das Gespräch abschneidet, dann können Sie den Vortrag Ihres Skripts mit einem passenden Vorschlag unterbrechen. Etwa: „Gegen dein Weinen komme ich nicht an, sprechen wir also morgen beim Frühstück nochmals darüber." Machen Sie wie beim Ablenkungsmanöver durch Aufschieben einen Termin aus, an dem der andere zuhören wird. Wenn es dann wieder zu Tränen kommt, können Sie Ihr Skript als Brief oder Memorandum schreiben, das Ihr „Märtyrer" in Ihrer Abwesenheit lesen soll. Dann kann er beim Lesen weinen, soviel er will. Fassen Sie das Weinen einfach als eine mögliche Angewohnheit auf, mit der Sie beherrscht werden sollen und die Lösung des Problems vereitelt wird. Das Weinen steht der Ausbildung einer engeren, wärmeren Beziehung entgegen.

Die zweite Form des „Ich Ärmster"-Manövers besteht im Vorführen unangenehmer körperlicher Symptome während Ihres Auftritts. Ihr Minus-Typ kann über leichte Kopf- oder Magenschmerzen klagen, er kann ein Stechen in der Brust simulieren oder Krämpfe und Schwindelgefühle. Hinter Krankheitssymptomen steckt oft die Methode, mit der Hypochonder auf angespannte Situationen reagieren, um aus der Problem-Situation herauszukommen.

Debattieren Sie nicht darüber, ob das angegebene Symptom physisch oder psychisch bedingt ist. Das Vorschieben eines Symptoms „nach Bedarf" kann anzeigen, daß Ihr Minus-Typ es einsetzt wie das Weinen, um Ihre Aussagen zu hintertreiben. Wenn das so ist, können Sie beim nächsten Mal versuchen, Ihren Standpunkt per Post an den Mann oder die Frau zu bringen.

Ablenken durch negative Körpersprache

Zu unterscheiden von den physischen Symptomen des „Ich Ärmster"-Typs ist eine negative Körpersprache. Das Gesicht, der Körper, die Stimmfärbung, alles transportiert die Botschaft, daß Ihr Skript verletzend ist, wütend macht oder Langeweile erzeugt. Er wird Sie vielleicht anstarren, Sie mit Blicken durchbohren, finster blicken, das Gesicht verziehen oder grinsen. Er wird vielleicht sein Gesicht in den Händen verbergen, wie wenn er sagen wollte: „O Gott, sag bloß nicht, daß du schon wieder damit anfangen willst!" Ein Grund für den Einsatz einer derartig negativen Körpersprache ist der Wunsch, Sie für Ihren Selbstbehauptungsversuch zu bestrafen.

Sie haben zwei grundsätzliche Optionen für eine Reaktion. Erstens können Sie die Gefühle, die sich in der Körpersprache Ihres Minus-Typs ausdrücken, ausdrücklich anerkennen. Sie können sagen: „Ich habe den Eindruck, daß dieses Gespräch dich aufregt. Ich kann das verstehen. Trotzdem möchte ich bei dem angefangenen Thema weitermachen. Das ist nämlich wichtig für mich (ja, aber)." Als Alternative können Sie einfach die negative Körpersprache ignorieren und unbeirrt das Skript durchgehen. Es gibt keine Vorschriften für eine „richtige Konversation", die Ihnen vorschreibt, wie Sie auf anderer Leute Körpersprache zu reagieren hätten. Machen Sie also weiter beim Vortragen Ihres Skripts, als wenn Sie eine aufnahmebereite Hörerschaft hätten. Es geht ja auch nur um ein paar Minuten. Eine Sonderform negativer Körpersprache ist totales Schweigen auf seiten Ihres Minus-Typs. Er hört auf Ihr Skript und igelt sich dann ein, betreibt Obstruktion und sitzt in mißmutigem oder verzagtem Schweigen da. Er wird Ihren Vorschlägen weder zustimmen noch etwas dagegen sagen. Was läßt sich da machen?

Sie könnten im Verlauf des C.H.E.F.-Skripts Fragen stellen. Nach dem Charakterisieren könnten Sie sagen: „Stimmst du mit meinen Beobachtungen überein?" Nach dem Teil Hinweisen: „Hörst du es, wenn ich dir sage, wie ich mich fühle?" Wenn Sie weiterhin keine Antwort erhalten, können Sie sein Schweigen ignorieren und es ausdrücklich als Zustimmung zu Ihrem Vorschlag interpretieren. Geben Sie Ihrer Einigung eine solche sprachliche Form, daß sie keine Diskussion von seiten des Minus-Typs erforderlich macht. Zur Klärung können Sie sagen: „Ich betrachte dein Schweigen als Zustimmung und als Einverständnis mit dem Vertrag in der Form, wie ich ihn festgesetzt habe." Dann können Sie aus der Konfrontationsszene herausgehen und die Vertragsbestimmungen anwenden. Wenn Ihr Minus-Typ diese Bedingungen nicht mag, braucht er nur sein Schweigen zu brechen und mit Ihnen in Verhandlungen zu treten. Denken Sie daran: Der Sprechende hat normalerweise die Oberhand bei der Gestaltung der Interaktion.

Ablenken durch Sich-Entschuldigen

Nachdem Sie das kränkende, störende Verhalten Ihres Minus-Typs und Ihr Gefühl dabei beschrieben haben, kann es sein, daß Sie durch ausufernde Entschuldigungen unterbrochen werden.

Ihr Minus-Typ beschuldigt sich und „wirft sich in den Staub“, er nimmt die ganze Schuld auf sich und verspricht, mit jeder Art von kränkendem Verhalten Schluß zu machen. Das Problem bei diesem Manöver ist, daß man eigene Schuldgefühle vermeiden muß; sie könnten entstehen beim Gedanken, daß man den Minus-Typ zu solchen Entschuldigungstiraden getrieben hat. Daß Sie durch einen exzessiven Selbstbeschuldiger manipuliert worden sind, erkennen Sie, wenn Sie sagen: „Oh, ich glaube, es ist alles in Ordnung.“ Oder: „Es tut mir wirklich leid, ich wollte damit nicht sagen, daß du *so* schlecht bist. Sei nicht so streng zu dir.“ Sie glauben wirklich, das Verhalten des anderen sei kränkend gewesen, aber es wird Ihnen bei der exzessiven Entschuldigung unbehaglich, und sie versuchen die Sache abzubrechen mit einem „Ja, schon gut“.

Vergessen Sie nicht: Dieses Gespräch begann mit Ihrem Gefühl, daß *Sie* schlecht behandelt wurden. Wenn die andere Seite mit exzessiven Selbstbezichtigungen arbeitet, so kann dies eine manipulative Taktik sein (wie die Tränen). Versuchen Sie das schnell zu beenden, und bemühen Sie sich dann um die Zustimmung zu dem Vertrag. Oft können Sie mit einer Handbewegung ausdrücken: „Jetzt reicht es!“, oder Sie wechseln direkt das Thema und sagen: „Reden wir jetzt über X.“ Leute, die sich gern selbst anklagen und im Übermaß entschuldigen, wollen vielleicht wirklich ihr kränkendes Verhalten auf der Stelle beenden, halten sich aber nicht an diesen Beschluß. Lassen Sie es nicht zu, daß dieser „Beschluß“ Ihres Minus-Typs einem definitiven Vertrag über eine Verhaltensänderung zuvorkommt und ihn ersetzt.

Ablenken durch Drohen

Wenn Ihr Text Ihren Minus-Typ wütend macht, kann er mit übertriebenen Drohungen antworten. Eine Drohung ist ein „Wenn-dann-Versprechen“ einer empfindlichen Bestrafung: „Wenn du weiter so mit mir sprichst, verlasse ich dich.“ In der Hitze des Gefechts droht man oft viel gewaltigere Bestrafungen an, als man sie im kalten Licht der Vernunft ausführen mag.

Wenn Ihr Minus-Typ auf Ihre Stellungnahme mit der Androhung exzessiver Bestrafung reagiert, sollten Sie abschätzen, mit welcher Wahrscheinlichkeit er die Drohung in die Tat umsetzen wird. Wenn Sie das Gefühl haben, daß es sich um eine leere Drohung handelt, können Sie das in Kürze sagen und dann mit Ihrem Skript weitermachen. Oder Sie können sagen: „Nein, ich glaube nicht, daß du mich wegen einer solchen Lappalie verlassen wirst. Worauf ich hinauswill, ist ..."

Angenommen, Sie glauben, daß die Drohung Ihres Minus-Typs recht realistisch ist, was machen Sie dann? Im Grunde brauchen Sie ein kleines Ergänzungsskript. Es hat den Zweck, das Drohverhalten Ihres Minus-Typs im allgemeinen und die momentane Drohung im besonderen auszuhebeln und zunichte zu machen. Nehmen Sie das Drohen als eine Verhaltensweise, die sich ändern läßt. Wie machen Sie das? Belohnen Sie niemals das Drohverhalten Ihres Minus-Typs; lassen Sie die Drohung nicht so funktionieren, daß Sie dadurch zum Verstummen gebracht werden. Eine Drohung ist nur eine Form von schlechter Laune, und Sie sollten sich weigern, sich davon manipulieren zu lassen. Aber während Sie schlechte Laune ignorieren können (und so hoffentlich auslöschen), können Sie dies bei realistischen Drohungen nicht tun. Es gibt Ankündigungen von Strafen, die direkt auf Sie zielen, und damit muß man sehr vorsichtig und offen umgehen.

Es gibt zwei Möglichkeiten, sich dem Drohverhalten entgegenzustellen. Sie können den Minus-Typ kritisieren, weil er Drohungen als eine untaugliche Methode der Konfliktbewältigung einsetzt. Es ist eine allgemein akzeptierte kulturelle Norm, daß man beim Umgang mit anderen Menschen keinen Zwang und keine Gewalt anwenden soll. Wenn Sie das Drohverhalten Ihres Minus-Typs als barbarisch und unvernünftig, manipulativ und herrschsüchtig charakterisieren, appellieren Sie an diese Norm.

Ferner können Sie auf die Drohung mit einer Gegendrohung reagieren: Sie kündigen Ihrem Minus-Typ negative Konsequenzen an, falls er die angedrohte Strafe in die Tat umsetzt. In manchen Fällen brauchen Sie nur auf negative Konsequenzen hinzuweisen, die sich automatisch aus seiner Aktion ergeben würden. Zum Beispiel: „Wenn du mich verläßt, wird es dir ziemlich übel ergehen." Oder: „Unsere Freunde würden dich alle schneiden, wenn sie hören würden, daß du mir diese Ausdrücke nachwirfst." In anderen Fällen müssen Sie vielleicht Gegenstrafen definieren, die Sie ausführen würden, wenn der Minus-Typ seine Drohung wahr macht. Hier herrscht Waffengleichheit; doch ist das ein gefährliches Geschäft, weil es eskalieren kann. Wer sich seiner Sache sicher ist, sollte *vor* der Auseinandersetzung entscheiden, wie weit er gehen will. Übernehmen Sie die Verantwortung für Ihre Gegendrohungen – schießen Sie im Kampfgetümmel nicht aus der Hüfte!

Hier einige Beispiele von Drohungen und wirkungsvollen Reaktionen.

Ablenkung durch Drohung	*Selbstbewußte Antworten*
„Wenn du weiter so mit mir redest, sage ich deinem Vater, daß du die Schule geschwänzt hast."	„Wenn du mich verpfeifst, verpfeife ich dich auch (Konsequenzen festlegen)." „Auf diese Weise sind wir mit unseren Drohungen aneinander gebunden. Ich finde es furchtbar, wenn wir uns streiten (Gefühle betonen). Können wir unsere Meinungsverschiedenheit beilegen? (dranbleiben)."
„Rede nicht so mit mir, oder ich werde dir das Taschengeld kürzen."	„Ich fühle mich niedergedrückt, und ich glaube, daß du auf meine Bitte um mehr Unabhängigkeit übertrieben reagierst (Gefühle betonen). Wir haben da ein echtes Problem (Gedanken betonen)."
„Wenn Sie sich noch einmal beklagen, werde ich Sie nicht zur Beförderung vorschlagen."	„Ich glaube, daß meine Klage berechtigt ist, und ich sehe mich dazu gezwungen, mich gegen unangemessene Arbeitsbedingungen zur Wehr zu setzen (dran bleiben). Wenn Sie mir weiterhin drohen, werde ich zur Personalabteilung gehen und dort von dieser unsauberen Drohung von seiten eines Vorgesetzten berichten (Konsequenzen festlegen)."

Im Grunde sagen diese Antworten: „Was ich zu meinen Gunsten gesagt habe, ist vernünftig und berechtigt. Ihre Drohung ist kontraproduktiv, und ich werde mich dadurch nicht abschrecken lassen. Machen wir also weiter bei der Lösung des Problems, das wir miteinander haben." Denken Sie daran: Vermeiden Sie möglichst die Realisierung der Drohung – das würde Ihren Minus-Typ nur dazu ermuntern, Ihnen seinerseits wieder zu drohen, wenn Sie sich ihm gegenüber durchsetzen wollen. Versuchen Sie es eher damit, daß Sie den Minus-Typ belohnen, wenn er Konflikte ohne Einsatz von Drohungen löst. Sie könnten sagen: „Wenn wir in aller Ruhe über deine Haushaltskasse reden, ohne daß du mich bedrohst, dann kümmere ich mich um all die Sachen, die du erledigt haben wolltest."

Vorsicht. Wenn Sie meinen, daß Ihr Minus-Typ auf Ihren Auftritt mit körperlicher Gewalt reagiert, sollten Sie ein weniger „aufgeheiztes" Thema für Ihre Selbstbehauptungsversuche wählen. Oder wählen Sie ein Umfeld, das gewalttätige Reaktionen verhindert. Sie könnten Ihr Skript in einem gutbesuchten Restaurant oder per Telefon übermitteln. Sie könnten in Ihr Skript auch eine Klausel einbauen, die Gewalttätigkeit bei künftigen Verhandlungen reduziert. Seien Sie vorsichtig, wenn Sie Leuten Ihre Meinung sagen wollen, denen leicht die Hand ausrutscht. Lassen Sie sich beraten, bevor Sie sich mit einem potentiell gewalttätigen Minus-Typ einlassen.

Ablenken durch Debattieren

Manche Minus-Typen sind sehr analytische, „vernünftige" Debattierer, die geschickt gegen Ihre Forderungen und Vorschläge argumentieren. Ein Teil der Debattiertaktik besteht darin, Fragen über Fragen zu stellen, der zweite darin, Gegenargumente gegen Ihre Ansichten oder Vorschläge vorzubringen. Schauen wir uns diese Tricks genauer an.

Nehmen wir an, daß Ihr Minus-Typ Ihr Skript durch eine Kette von „Warum"-Fragen unterbricht: „Warum fühlst du dich so?" „Warum willst du, daß ich das tue?" Warum-Fragen verlangen, daß Sie sich rechtfertigen. Eine einfache Antwort bietet eine Neuformulierung Ihres unmittelbaren Ziels. Hier einige Beispiele:

Ablenkung durch Debattieren	*Selbstbewußte Antworten*
Warum redest du über mein Verhalten?"	„Ich muß einfach ausdrücken, wie ich das empfinde (Gefühle betonen)."
„Warum willst du, daß ich mich ändere?"	„Weil mich die Art, wie du dich zur Zeit benimmst, ärgert (Gefühle betonen)."

Wenn Ihr Minus-Typ Sie von Warum-Frage zu Warum-Frage treibt, bremsen Sie ihn mit einer einfachen Gefühlsprämisse: „Warum? Weil ich das nun mal so empfinde. Mehr gibt es dazu nicht zu sagen!" Sie sagen in einfachen Worten, wie es Ihnen geht oder was Sie (nicht) mögen. Und Sie stellen das als Ihre Grundvoraussetzung oder oberste Prämisse einfach hin.

Ein Debattierer, der gegen jeden Vorschlag anredet, kann ein Argument konstruieren, auf das Sie keine Antwort wissen. Hier ein paar Tips: Wenn Sie das Argument nicht verstehen, dann bitten Sie ihn um eine Erläuterung. Bitten Sie ihn, emotional bestimmte Ausdrücke wie „Vertrauen", „Reife" oder „unverantwortlich" zu erklären. Bitten Sie ihn auch, er möge die Logik seines Arguments klar zum Ausdruck bringen; prüfen Sie dieses Argument auf versteckte Annahmen, die seine Beweisführung begünstigen. Bitten Sie um Zeit zum Durchdenken einer Feststellung oder eines Gegenvorschlags, wenn Sie diese Zeit brauchen. Machen Sie eine Pause, und kommen Sie dann zum „Kampfplatz" zurück. Achten Sie darauf, daß Sie beim Vorbringen Ihrer Beschwerde und bei Ihren Forderungen an den Minus-Typ beharrlich bleiben.

Schwere Brocken: Ablenken durch Verschleppen

Bis jetzt sind Sie nur mit den „Leichtgewicht"-Kämpfern zusammengekommen: Minus-Typen, die zuhören, die sich wahrscheinlich verteidigen, aber schließlich vernünftig mit Ihnen verhandeln. Jetzt wollen wir einmal die „Schwergewichte" vorführen, die wirklich harten Minus-Typen, die Sie durch den Wolf drehen.

Verschleppungs-Manöver – eine subtile Form der Verweigerung

Der Minus-Typ, der die Verschleppungstaktik anwendet, führt Sie mit seiner Strategie in die Irre: Er hört scheinbar zu und scheint bereit, Ihrem Vertragsentwurf zuzustimmen, aber in Wirklichkeit tut er alles, um eine Entscheidung zu verschieben. Typische Sätze sind: „Sehr interessant! Laß mich darüber nachdenken", „Laß mich das nachprüfen. Ich komme auf dich zurück." Aber dann kommt er nie wieder auf Sie zurück. Er sagt lediglich: „Warte!" Seine „Nachforschungen" gehen ewig weiter, er bekommt nie alle Antworten zusammen. Beim einfachen Verschiebungs-Manöver zögert jemand den Zeitpunkt hinaus, an dem Sie Ihre Botschaft loswerden können. Beim echten Verschleppungs-Manöver werden Sie aber hintergangen: Sie glauben, Sie hätten Fortschritte gemacht, aber dann entschlüpft der Minus-Typ jeglicher Absprache.

Jede Bitte um Verschiebung eines Vertragsabschlusses muß für sich betrachtet werden. Gestehen Sie *eine* solche Verschiebung zu, wenn Sie überzeugt sind, daß Ihr Minus-Typ einen guten Grund hat. Bestehen Sie in den anderen Fällen auf einer Absprache, während die Person anwesend ist. Wenn es mit einer sofortigen Absprache nicht geklappt hat, dann haben Sie zwei Möglichkeiten.

Erstens können Sie eine (früh angesetzte) Frist für eine Entscheidung festsetzen, die dann nicht weiter überschritten werden darf. Treffen Sie eine entsprechende Vereinbarung mit Ihrem Minus-Typ. Wenn er keine neuen Informationen, Einwände oder Gegenvorschläge liefert, verwirkt er alle Rechte auf eine weitere Verschiebung oder auf spätere Einwände.

Eine zweite Technik: Auf einer provisorischen sofortigen Absprache bestehen und gleichzeitig Vorkehrungen für weitere Verhandlungen treffen. Sie willigen jetzt in einen Vertrag ein, der in Kraft treten wird, wenn er nicht bis zu einer bestimmten Frist Einwände erhebt oder neue Vorschläge macht. Ihr provisorisches Argument heißt: „Wenn du nicht bis zum nächsten Montagmittag mit einem Alternativplan auf mich zukommst, werde ich dein Schweigen als Zustimmung deuten, und der Vertrag tritt in Kraft."

Eine Nebenform ist ein bedingter Vertrag: Angenommen,

eine Mitarbeiterin der Personalabteilung will eine Entscheidung aufschieben, bis sie den Chef der Abteilung gesprochen hat. Versuchen Sie vorauszusehen, was er ihr sagen wird. Ein bedingter Vertrag könnte lauten: „Wenn der Leiter der Abteilung zustimmt, wird Vertrag 1 zwischen uns gelten; wenn er ablehnt, dann Vertrag 2." Wie im vorigen Fall vereinbaren Sie auch eine bestimmte Zeit, zu der die Sache endgültig geregelt und bestätigt sein muß.

Bei der Beratung anwesend sein. Angenommen, Sie beide schieben eine Entscheidung auf, um die Meinung einer fachlichen Autorität einzuholen. In einem solchen Fall zeugt es von Selbstsicherheit, wenn Sie bitten, an dieser Beratung teilnehmen zu dürfen. Überlegen Sie sich die folgenden Situationen.

- Eine Vorgesetzte und ein Angestellter haben eine Meinungsverschiedenheit über dessen berufliche Pflichten. Die Vorgesetzte will den Justitiar fragen, und der Angestellte sagt, er wolle sich beim Gewerkschaftsvertreter erkundigen. Sie kommen zu der Auffassung, daß Sie ein Vierertreffen arrangieren und daß in dieser Runde die Entscheidung fallen solle.
- Eine Frau und ihr Mann sind bei ihren Erziehungsgrundsätzen nicht einer Meinung. Die Frau sagt, sie werde das Problem einem Kinderpsychologen vortragen. Der Mann besteht (mit Recht) darauf, daß er dabei ist, damit auch er das Problem vortragen, zuhören und den Psychologen befragen kann.

Sie sollten bei derartigen Beratungsgesprächen mit von der Partie sein. Sie können dann Ihre Sicht darstellen, und der Minus-Typ hat nicht den Alleinvertretungsanspruch. Sie haben dann auch die Tips des Beraters aus erster Hand und nicht nur in vermittelter Form. Planen Sie nötigenfalls ein C.H.E.F.-Skript, um dem Berater Ihre Sicht der Dinge zu präsentieren.

Ablenken durch Verweigerung

Angenommen, Ihr Minus-Typ hat sich Ihren Plan angehört und weist ihn kurz und bündig als unannehmbar zurück. Ein Vertrag kann natürlich aus vielen Gründen inakzeptabel sein. Aber in den meisten Fällen denkt Ihr Minus-Typ entweder, sein Verhalten sei überhaupt nicht kränkend, oder er sagt, die in Aussicht gestellten Belohnungen und Bestrafungen seien nicht so groß, daß er ihretwegen sein Verhalten ändern wollte. Als Antwort auf das erste Argument können Sie Ihr Hinweisen-Statement wiederholen. Sie können ihm mitteilen, wie sein Verhalten auf Sie wirkt, und Sie können das evtl. durch ein Beispiel illustrieren. Es ist nicht notwendig, daß er sein Verhalten als objektiv kränkend betrachtet. Er muß aber verstehen, daß es Sie trifft und daß es Sie stört.

Wenn der Vertrag für ihn nicht akzeptabel ist, weil ihm die Belohnungen zu knapp ausfallen, fragen Sie ihn doch, welche Form von Belohnungen ihm zusagen und welchen Teil seines Verhaltens er ändern würde. Verhandeln Sie, bis Sie einen beiderseits zufriedenstellenden Kompromiß finden. Nehmen wir an, daß die betreffende Person äußerst „aufwendige“ Bedingungen stellt, die Sie nicht erfüllen wollen (Beispiel: Ihr Kind will 5 Mark für jede Stunde, die es lernt; Ihr Partner will, daß Sie als Ausgleich für die Hilfe beim Geschirrspülen das Rauchen aufgeben). Sie könnten versuchen, ihn davon zu überzeugen, daß er einen unangemessenen Preis verlangt hat, weit über dem Wert der „Güter“, also seiner Verhaltensänderung. Sie könnten ihn dann bitten, seine Preisvorstellungen zu reduzieren.

Manchmal können Sie verschiedene Lösungen für ein Problem vorschlagen, und der Minus-Typ weist sie alle zurück. Spielen Sie ihm dann den Schwarzen Peter zu. Sagen Sie: „Schlage bitte eine akzeptable Lösung vor! Ich möchte eine vernünftige Absprache, weil ich möchte, daß dieses Problem ein Ende hat. Wenn du keinen Vorschlag machst, ziehe ich die Konsequenzen, die ich früher festgelegt habe.“ Jetzt ist er dran, und es ist seine Aufgabe, einen neuen Vertrag vorzuschlagen. Geben Sie ihm vielleicht Zeit bis zum nächsten Tag. Aber setzen Sie eine *bestimmte* kurze Frist. Wenn er bei diesem Treffen keinen neuen Vorschlag hat, können Sie andere einbringen. Leute, die sich zu behaupten wissen, machen weiter bis zu einer beiderseits angenehmen Lösung.

Im härtesten Fall weigert sich Ihr Minus-Typ einfach, über das Problem zu reden. Er hört zu, sagt: „Das ist lächerlich!“ und stampft aus dem Zimmer. Was nun? Sie können in diesem Fall das C.H.E.F.-Verfahren anwenden. Sie können beschreiben, was er tut (fortgehen), ausdrücken, wie es Ihnen dabei geht (Sie sind entmutigt, weil er ein quälendes Problem nicht einmal diskutiert), die erwartete Verhaltensänderung erläutern (er soll für den Abend eine halbe Stunde einplanen, in der er die Angelegenheit mit Ihnen bespricht) und Folgen nennen, wenn er seinen Part nicht erfüllt (Sie werden eine Abendgesellschaft streichen, die am kommenden Wochenende zu Ehren seines Chefs stattfinden sollte).

Gehen wir einmal den Fall einer Frau durch, deren Partner auf Verweigerung geschaltet hatte:

Situation. Mein Mann half selten im Haushalt mit. Immer wenn ich das Thema anschnitt, zeigte er mir die kalte Schulter. Ich habe dieses Skript verfaßt, um ihn „an den Verhandlungstisch zu bringen". Ich trug es ihm in einem Restaurant an einem Freitagabend vor, denn ich wußte: Er würde während eines guten Essens nicht flüchten.

Charakterisieren	Wichtige Arbeiten im Haus werden nicht ausgeführt.
Hinweisen	Das ärgert mich, und ich glaube, wir sollten über den Schlamassel reden, in dem wir uns befinden.
Erwartungen erläutern	Wir sollten jetzt klären, wer welche Arbeit übernimmt. Wenn es jetzt nicht geht, dann vielleicht morgen (Samstag) nach dem Tennisspielen?
Folgen aufzeigen	*Positiv:* Ich fühle mich weniger unter Druck und weniger abgespannt, wenn wir uns darauf einigen, über die Arbeiten im Haushalt zu sprechen. [*Negativ*: Wenn du nicht zustimmst, rede ich trotzdem weiter über das Problem.]

Ergebnis. Er war mürrisch und in sich gekehrt, nachdem ich ihm das Skript vorgetragen hatte. Ich redete aber weiter und brachte die Hauptpunkte wieder vor. Er schaute in die Speisekarte, aber ich sagte gleich: „Zieh dich nicht zurück. Gib mir eine Antwort!" Er war dann bereit zuzuhören. Dann ging ich in mein ursprüngliches C.H.E.F.-Skript hinein, das sich um die Aufteilung der häuslichen Arbeiten in unserer Wohnung drehte.

Wenn Sie ein Skript entworfen haben, mit dem die Verweigerungshaltung Ihres Minus-Typs aufgebrochen werden soll, brauchen Sie eine Methode, es ihm mitzuteilen. Wenn er im Moment nicht zuhören will, wird er es vielleicht später tun, wenn sich die Wogen geglättet haben. Wenn er sich weiterhin weigert, zuzuhören, dann können Sie eine Notiz auf seinem Schreibtisch hinterlassen oder an seinen Schlafanzug heften oder ihm einen Brief schreiben. Auf diese Weise können Sie ihm die Kernaussage Ihres C.H.E.F.-Skripts zukommen lassen. Wenn er dieses Skript ignoriert, setzen Sie die negativen Konsequenzen um und schicken ihm eine weitere Notiz. Wenn Sie noch immer keine Antwort bekommen – wenn er Obstruktion betreibt –, steigern Sie die Konsequenzen bis zum Maximum dessen, was Sie für die Lösung Ihres ursprünglichen Problems riskieren wollen.

Apropos riskieren: Schauen Sie sich die folgende Geschichte an, in der einem Blockierer eine harte Strafe verpaßt werden mußte.

Situation. Mein Freund ist sehr attraktiv, aber er hat eine schreckliche Angewohnheit: Er fährt sehr schnell und hält kaum einen Sicherheitsabstand zu vorausfahrenden Autos ein. Ich ängstige mich dabei zu Tode! Mit einfachen Bitten hatte ich nichts erreicht. In meiner Verzweiflung verwendete ich das folgende Skript, *bevor* wir am Samstag ins Wochenende fuhren. Es enthält eine sich steigernde Drohung.

Charakterisieren	Ich habe dir schon oft gesagt, daß du zu schnell fährst und zuwenig Abstand hältst.
Hinweisen	Ich habe pausenlos Angst, daß wir einen Unfall haben. Ich meine, du solltest meine Angst ernst nehmen.
Erwartungen erläutern	Ich will, daß du mit einer vernünftigen Geschwindigkeit fährst und in einem ausreichenden Sicherheitsabstand hinter dem vorausfahrenden Auto bleibst.
Folgen aufzeigen	*Positiv*: Wenn du künftig langsamer fährst,

stricke ich dir den Islandpullover, den du dir schon lange wünschst.
[*Negativ*: Wenn du so weitermachst wie bisher, fahre ich nicht mehr mit dir. Ich lasse dich anhalten und steige aus.]

Ergebnis. Wie erwartet, beachtete er meinen Vorschlag nicht. Am ersten Nachmittag zwang ich ihn, mich auf der Bundesstraße aussteigen zu lassen, 35 Kilometer von daheim entfernt. (Ich war zu dem Schluß gekommen, daß Fahren per Anhalter sicherer sei, als mit ihm zu fahren.) Nach diesem Donnerschlag dämmerte es ihm, daß ich es ernst meinte; er fuhr nicht mehr mit überhöhter Geschwindigkeit, wenn ich mitfuhr.

Wenn stärkere Strafen nichts einbringen, sollten Sie Ihre Bedürfnisse in der ursprünglichen Situation noch einmal überdenken und darüber entscheiden, wie wichtig die Verhaltensänderung für Ihren Minus-Typ ist. Möglicherweise kommen Sie zu dem Ergebnis, daß der ursprüngliche Anlaß eine eskalierende Auseinandersetzung mit Ihrem Minus-Typ nicht wert ist; dann reduzieren Sie Ihre ursprüngliche Forderung oder lassen sie fallen. Sie werden sich wenigstens insofern besser fühlen, als Sie einen Versuch gemacht haben. Wenn die Angelegenheit aber für Sie von höchster Bedeutung ist und Ihr Minus-Typ sich trotzdem nicht vom Fleck bewegen will? Dann könnten Sie einfach Position beziehen. Hören Sie dann mit dem Argumentieren auf, und tragen Sie Ihr „Power-Statement" vor.

Eine Frau wurde immer ungeselliger, sie wollte nie ausgehen oder sich zu Hause mit Freunden treffen. Wiederholt weigerte sie sich, mit ihrem Mann abends auszugehen. Schließlich stellte er ihr in seiner Verzweiflung dieses Ultimatum: „Entweder gehst du zusammen mit mir einmal pro Woche aus, oder ich tue das zweimal pro Woche allein." Nachdem er dies mehrere Wochen lang praktiziert hatte, gab die Frau nach und ging dann wöchentlich einmal mit ihm aus.

Ein anderer Fall: Michael war in Christines Wohnung gezogen und hatte versprochen, die halbe Miete zu bezahlen. Aber nach drei Monaten stellte Christine fest, daß sie die gesamte Telefonrechnung einschließlich seiner Ferngespräche bezahlte. Ihre Versuche, ihn so weit zu bringen, daß er auch hier die Hälfte übernahm, stießen erst einmal auf Schweigen. Dann sagte er, er brauche kein Telefon in der Wohnung und würde für das ihre nicht aufkommen. Die Alternative, entweder das Telefon zu entfernen oder für seine Gespräche zu bezahlen, erschien ihr nicht akzeptabel. Christine überlegte dann und präsentierte Michael ihr Ultimatum: „Entweder zahlst du die Hälfte der Rechnung, oder ich lasse ein Schloß am Telefon anbringen." Michael stellte sich stur. Aber nach zwei Wochen der Unbequemlichkeit wegen des Telefonschlosses wurde ihm klar, wie ausgiebig er das Telefon benutzt hatte, und widerstrebend ließ er sich dazu herbei, die Hälfte der Kosten zu übernehmen.

Bei Ultimaten sollte man sorgfältig die Konsequenzen abwägen – und die eigene Bereitschaft, sie auch auszuführen. Denn nicht selten wird der Verweigerer Sie dazu zwingen, das Power-Statement auszuprobieren, bevor er mit an den Verhandlungstisch geht. Es ist zu hoffen, daß solche Krisen und Ultimaten in Ihrem Leben nicht zur Regel werden. Leute mit Durchsetzungskraft planen voraus; mit der Folge, daß Konflikte keine krisenhaften Ausmaße annehmen.

Einige Musterskripts gegen Ablenkungsmanöver

Nachdem Sie nun einige Manöver und mögliche Gegenstrategien gesehen haben, schauen wir uns noch zwei Beispiele von kompletten C.H.E.F.-Skripts an.

Situation. Ihre Tochter bittet Sie (die Großmutter) häufig, daß Sie als Babysitterin einspringen. Sie tut dies oft im letzten Augenblick. Sie wollen in dieser Sache Grenzen setzen.

Charakterisieren Während der letzten Wochen hast du mich häufig in allerletzter Minute gebeten, die Kinder zu übernehmen.

Manöver des Minus-Typs: Tut mir leid. Ich bat dich darum, weil ich meinte, daß du Kinder magst (Umdeuten).

Selbstbewußte Antwort: Ich mag Kinder. Aber darum geht es nicht. Ich rede davon, daß du mich auf den letzten Drücker bittest, das Kind zu übernehmen (Ignorieren und Umdeuten).

Hinweisen

Es ist mir lästig, wenn du mich so kurzfristig ums Babysitten bittest.

Manöver des Minus-Typs: Das stimmt nicht (Bestreiten). Ich frage dich immer, ob du etwas vorhast, bevor ich dir die Kinder überlasse.

Selbstbewußte Antwort: Im Gegenteil, es ist mir lästig, wenn ich in letzter Minute ums Babysitten gebeten werde (Widersprechen).

Erwartungen erläutern

Ich würde sehr gerne die Kinder ein- oder zweimal im Monat während der Woche beaufsichtigen, wenn du mir wenigstens zwei Tage im voraus Nachricht gäbest. Können wir es so machen?

Manöver des Minus-Typs: Es tut mir *furchtbar* leid, daß ich dir Unannehmlichkeiten bereitet habe (Übertrieben Entschuldigen).

Selbstbewußte Antwort: Wenn wir uns auf der Basis einigen, die ich vorgeschlagen habe, dann will ich gerne Babysitterin spielen (Ironie ignorieren und Gedanken betonen).

Folgen aufzeigen

Positiv: Ich könnte sie einplanen und das Zusammensein mit ihnen genießen.

Manöver des Minus-Typs: Hoffen wir's. Ich vermute, du übernimmst meine Kinder gar nicht gern (Psychologisieren).

Selbstbewußte Antwort: Ich bin gerne Babysitterin, wenn ich Zeit zum Planen habe (Umdeuten).

[*Negativ:* Denk dran, ein- oder zweimal im Monat. Wenn du mich häufiger in dieser Sache anrufst, dann sage ich nein.]

Manöver des Minus-Typs: Ich habe nicht im Traum daran gedacht, dir Unannehmlichkeiten zu bereiten (Witzelei).

Selbstbewußte Antwort: Vielen Dank. Ich

weiß deine Rücksichtnahme zu schätzen (schnell antworten).

Situation. Eine Ihrer Sekretärinnen plaudert während der Arbeitszeit viel mit ihren Freund(inn)en und geht dabei über das erträgliche Maß hinaus. Die Kontaktpflege behindert die Arbeit.

Charakterisieren Ich habe festgestellt, daß Sie bei der Arbeit langsamer werden. Der Grund liegt, glaube ich, darin, daß Ihre Freunde häufig zu Ihnen an den Schreibtisch kommen.

Manöver des Minus-Typs: Aber das sind Freunde von mir, und *sie* wollen mit mir reden (Vorwürfe).

Selbstbewußte Antwort: Ich weiß, daß Sie viele Freunde haben, und ich weiß, daß Sie mit ihnen reden wollen. Aber das Büro ist ein Arbeitsplatz, es dient nicht den privaten Kontakten (ja, aber).

Hinweisen Wenn Sie Ihre Kontakte pflegen, sinkt Ihre Arbeitsleistung.

Manöver des Minus-Typs: Aber das hat nichts mit meiner Arbeit zu tun (bestreiten).

Selbstbewußte Antwort: Ich bin vom Gegenteil überzeugt (widersprechen). Ihre unerledigten Arbeiten zeigen ja, daß Sie mit der Arbeit nicht vorankommen (dranbleiben).

Erwartungen erläutern Ich rate Ihnen, daß Sie Ihren Freunden sagen, von heute an sollten sie die Plauderstündchen außerhalb der Bürostunden abhalten.

Manöver des Minus-Typs: Aber manche von ihnen haben andere Pausenzeiten als ich (debattieren).

Selbstbewußte Antwort: Das kann schon sein, aber sie müssen entweder ihre Pausenzeit anpassen oder sich mit Ihnen beim Essen oder nach der Arbeitszeit treffen (ja, aber).

Folgen aufzeigen *Positiv:* Ich werde es zu schätzen wissen, wenn Sie Ihr Arbeitsverhalten bald ändern.

Manöver des Minus-Typs: Sie haben davon vorher nie gesprochen (Vorwürfe).

Selbstbewußte Antwort: Das kann sein, aber inzwischen bin ich davon überzeugt, daß Ihre Plauderstündchen die Arbeitsleistung vermindern (ja aber).

[*Negativ:* Wenn das mit den Besuchen weitergeht, werde ich mich nochmals mit Ihnen darüber unterhalten.]

Manöver des Minus-Typs: Ich weiß nicht, warum ich mir das sagen lassen muß. Andere machen auch ihre Besuche (debattieren).

Selbstbewußte Antwort: Sie bekommen keineswegs allein alles ab (ignorieren). Wenn es so sein sollte, so werde ich auf Ihren Hinweis hin ganz allgemein die Zeiten für persönliche Besuche während der Arbeitszeit einschränken (dranbleiben).

Jetzt sind Sie selbst an der Reihe: Ihr Skript, die Manöver Ihres Minus-Typs und Ihre Antworten

Dieses Kapitel ist auf die verschiedenen Methoden eingegangen, mit denen ein Minus-Typ Ihre Durchsetzungsversuche durchkreuzen kann – die Tricks, Benachteiligungen und Verschiebungen, die Ihre Minus-Typen verwenden. Sie haben einige Reaktionen, die Ihr C.H.E.F.-Skript vielleicht auslöst, im voraus bedacht, und Sie haben sich Gegenreaktionen überlegt. Da der menschliche Geist wunderbar erfindungsreich ist, können wir nicht beanspruchen, daß wir alle möglichen Verteidigungsstrategien und Ablenkungsmanöver gefunden oder Sie auf sämtliche „Retourkutschen" vorbereitet haben. Aber dieses Kapitel hat Sie auf viele Varianten eingestellt.

Ein häuslicher Konflikt (etwa die Frage, wer die Blumen gießt) führt normalerweise nicht zu solch ausführlichen Argumentationen und Schlichtungsversuchen. Die meisten Skripts werden in einigen wenigen Sekunden oder Minuten vorgebracht und behandelt, ohne die ausführlichen Formulierungspläne. Die Kontertechniken sind für schwerere Probleme gedacht, bei denen der Minus-Typ kein Gespür für Ihre Interessen hat oder ihnen feindselig gegenübersteht. Dabei brauchen Sie wirklich Mut und Übung, um Gegenargumente anzubringen. Weitgehend leitet sich Mut davon her, daß man sich die Argumente des Kontrahenten im voraus vorstellt und dadurch auf eine Antwort vorbereitet ist.

Jetzt ist es Zeit zum Üben der wirkungsstarken Antworten auf die Manöver Ihres Minus-Typs. Wir schlagen vor, daß Sie sich noch einmal die Namen der Manöver und die Klassifizierung der Antworten anschauen. Überarbeiten Sie dann das in Kapitel 6 begonnene C.H.E.F.-Skript für Ihre eigene Problem-Situation.

Mehr über das Einüben eines ausdrucksvollen, Selbstvertrauen ausstrahlenden Vortrags Ihres C.H.E.F.-Skripts (im Optischen wie im Akustischen) finden Sie in Kapitel 8.

8

Selbstbewußt auftreten

C.H.E.F.-Skripts werden verfaßt, um einer anderen Person vorgetragen zu werden. Zum Erfolg tragen eine selbstsichere Sprechweise, Körpersprache und persönliche Ausstrahlung entschieden bei. In diesem Kapitel werden wir das Schwergewicht auf die Frage legen, wie Sie in Gesprächen stehen, blicken, gehen und sprechen. Und wir werden Anregungen geben, wie Ihr Auftreten so entwickelt werden kann, daß Sie Kraft und Sicherheit ausstrahlen. Deshalb stellen wir Ihnen ein Trainingsprogramm in sieben Schritten für den praktischen Einsatz Ihres Skripts vor.

1. Schritt: Das Einüben vorbereiten
2. Schritt: Stichwortkonzept
3. Schritt: Den Text auswendig lernen
4. Schritt: Eine selbstsichere Körpersprache entfalten
5. Schritt: Ausdrucksvoller sprechen
6. Schritt: Alles vorbereiten
7. Schritt: Auf die äußere Erscheinung achten

Die sieben Schritte müssen im allgemeinen mindestens vier oder fünf Tage lang geübt werden. Die Schritte 1–3 lassen sich wohl in ein, zwei Stunden am ersten Tag bewältigen. Die Schritte 4 und 5 brauchen mehr Zeit. Schritt 6 läßt sich in wenigen Minuten erledigen, Schritt 7 in höchstens einer Stunde. Überspringen Sie keinen Schritt, und hetzen Sie nicht. Üben Sie, bis Ihnen der selbstsichere Ausdruck Ihrer Persönlichkeit zur zweiten Natur geworden ist. Wenn Sie mit Ihrem Skript alle Schritte durchlaufen haben, können Sie spätere Skripts in wesentlich kürzerer Zeit einüben.

1. Schritt: Das Einüben vorbereiten

Sie sollten jetzt ein Skript vor sich haben, das sorgfältig ausformuliert ist. Gehen Sie dann folgendermaßen vor:

- Bringen Sie Ihr Skript in die endgültige Form, mit der Maschine oder gut lesbar von Hand geschrieben. Wählen Sie einen dreifachen Zeilenabstand, dann können Sie es gut lesen und haben noch Platz für Randnotizen. Ein chaotisches, allzu eng beschriebenes Skript ist Ihnen keine Hilfe.
- Suchen Sie sich über mehrere Tage hinweg einen Zeitraum, während dessen Sie nicht unterbrochen werden können. Ein Handwerker legte in der Mittagspause den Hörer neben das Telefon, damit er in Ruhe üben konnte. Eine vielbeschäftigte Abteilungsleiterin gab ihrer Sekretärin die Anweisung, sie während der letzten zwanzig Minuten des Arbeitstages von Besuchern abzuschirmen. Zeit für die Arbeit an sich selbst einzuplanen ist ein wichtiger Schritt auf dem Weg zur Selbstsicherheit.
- Nehmen Sie von Ihrem (Schreib-)Tisch alles weg, was Sie ablenken könnte. Ein Hausmeister bedeckte seine Werkzeugkästen symbolisch mit einem schwarzen Tuch. Eine leitende Angestellte drehte die Schriftstücke auf ihrem Schreibtisch um. Machen Sie für sich deutlich, daß Sie jetzt an eine Tätigkeit gehen, die von der üblichen stark abweicht. Dann gibt es keine Störung, während Sie sich auf das Skript konzentrieren.
- Halten Sie die folgenden Dinge bereit: einen Satz von DIN A7 großen Karteikärtchen, drei oder vier Farbstifte oder Bleistifte und einen Tennisball.

2. Schritt: Stichwortkonzept

Machen Sie sich mit dem Ablauf Ihres Skripts vertraut, suchen Sie sich die tragenden Begriffe heraus, die seine Hauptaussage transportieren.

1. Lesen Sie Ihr Skript dreimal *laut*, um die Übergänge der einzelnen Teile des Skripts zu erfassen: Charakterisieren – Hinweisen – Erwartungen erläutern – Folgen aufzeigen.

2. Schreiben Sie den Text für jeden Teil des Skripts auf jeweils ein Karteikärtchen.
3. Unterstreichen Sie mit einem grünen Stift die Wörter, die im jeweiligen Satz den Hauptgedanken tragen. Unterstreichen Sie in Blau die Wörter, die am stärksten die Gefühle Ihrer Botschaft zum Ausdruck bringen.

Hier zur Veranschaulichung ein Skript, das eine Frau schrieb, übte und vortrug. Die Hauptgedanken sind unterstrichen. Sie wollte ihren Mann bitten, eine weihnachtliche Tradition zu ändern. Dabei ging es um ein sehr reichhaltiges Essen, das sie für die Kollegen ihres Mannes vorbereitete, und um die mühselige Arbeit, einen fünf Meter hohen Weihnachtsbaum zu schmücken. Es machte sie traurig, daß ihr Weihnachtsfest zu materialistisch und hektisch geworden war. Eine einfache Unterstreichung bezeichnet die Merk- oder Stichwörter, doppelte Unterstreichung kennzeichnet Wörter, die Gefühle ausdrücken.

Charakterisieren	Du hast selbst angeregt, wir sollten einen Teil der Weihnachtsferien im sonnigen Süden verbringen.
Hinweisen	Die Kinder und ich wollen Weihnachten auch gern dort verbringen. Sie sind so begeistert, daß sie angeboten haben, dafür auf die Hälfte der Geschenke zu verzichten.
Erwartungen erläutern	Ich habe ein Ferienhaus vorläufig reserviert von Montag, dem 23., bis Montag, dem 30. Ich möchte, daß wir alle hinfahren. Gehst du auch mit?
Folgen aufzeigen	Meine Schwester könnte deine Mutter für ein paar Tage mitbringen. So könnte während der restlichen Woche unsere ganze Familie zusammen sein. (Zur Erklärung: Der Mann war während der Weihnachtszeit ausgesprochen gern mit seiner Mutter und seiner Familie zusammen.)

4. Lesen Sie nun Ihre „grünen Wörter" (die, in denen die Hauptgedanken stecken) laut. Lesen Sie dann laut die „blauen Wörter" – diejenigen, in denen die Gefühlsbotschaften unterge-

bracht sind. Lesen Sie nur die Stichwörter. Haben Sie keine Angst davor, die kleinen Wörter wie „die", „meine" und „von" auszulassen. Sie können sich diese kleinen Wörter später leicht wieder ins Gedächtnis rufen.

5. Als nächstes wollen Sie vielleicht einige Gedächtnisstützen konstruieren, damit Sie sich an den Wortlaut des Skripts erinnern. Nehmen Sie vier weitere Karten, und machen Sie eine Zeichnung oder eine Serie von Zeichnungen, die Ihren Hauptgedanken bei jedem Abschnitt Ihres Skripts illustrieren. Verwenden Sie so wenige Zeichnungen wie möglich. Achten Sie darauf, daß die wichtigen (unterstrichenen) Gedanken in der Zeichnung umgesetzt sind. Machen Sie eine Zeichnung für jeden Teil des Skripts. Hier einige Beispiele für die Abschnitte Charakterisieren und Hinweisen unter Verwendung von Strichmännchen.

Dieses Bild illustriert den Teil Charakterisieren: „Du hast selbst angeregt, wir sollten einen Teil der Weihnachtsferien im sonnigen Süden verbringen."

Dieses Bild illustriert den Teil Hinweisen: „Die Kinder und ich wollen Weihnachten auch gern dort verbringen. Sie sind so begeistert, daß sie angeboten haben, dafür auf die Hälfte der Geschenke zu verzichten."

Versuchen Sie jetzt solche Zeichnungen – eine auf jeder Karte – für Ihr Skript anzufertigen.

3. Schritt: Den Text auswendig lernen

Unzureichend gelernte Texte kann man in der Aufregung leicht vergessen. Damit Sie nicht daran scheitern, müssen Sie Ihr Skript gut lernen. Benützen Sie die Zeichnungen, die Sie gerade gemacht haben, als Gedächtnishilfe. Prägen Sie sich ihre Abfolge ein, und rufen Sie sich mit ihrer Hilfe die wichtigsten Passagen Ihres Skripts ins Gedächtnis.

- Sprechen Sie das Skript fünf- oder sechsmal laut, und verwenden Sie dabei die Kärtchen mit den Zeichnungen als „Spickzettel". Wenn Sie sich nicht an die unterstrichenen Wörter erinnern, können Sie die Bilder nochmals zeichnen – so oft, bis Ihnen die Wörter beim Blick auf die Bilder mühelos wieder in den Sinn kommen.
- Fragen Sie sich selbst ab, indem Sie sich die Bilder vorstellen, während Sie über sie reden. Rufen Sie sich die Bilder in Erinnerung, und versuchen Sie sich an den exakten Wortlaut der damit assoziierten Sätze zu erinnern.

Memorieren Sie das Skript laut, bis Sie es leicht und spontan sprechen können. Die Methode der spielerischen Assoziation mit Hilfe der kleinen Zeichnungen kann das Lernen beschleunigen.

- Memorieren Sie nun das Skript laut, während Sie eine einfache Tätigkeit ausüben. Wählen Sie sich eine Aufgabe, bei der es nur um Handbewegungen geht, die sich automatisch einstellen: Schuhe schnüren, einen Knopf annähen, Silber putzen. Während dieser Tätigkeiten trainieren Sie das Auswendiglernen des Skripts.

- Sprechen Sie Ihr Skript laut, während Sie eine schwere Arbeit leisten, die mit ordentlichem Muskeleinsatz verbunden ist: Betten machen, das Auto waschen, einen Teppich mit dem Staubsauger reinigen, Seil hüpfen. Lassen Sie die Kraft in Ihren Muskeln auf die Kraft Ihrer Stimme überspringen. Spüren Sie, wie die Energie in Ihre Stimme fließt, während Sie diese schwere Arbeit kraftvoll angehen.
- Sprechen Sie Ihr Skript laut, während Sie einen Tennisball hüpfen lassen, hochwerfen und wieder fangen. Versuchen Sie Ihren Text mit munterer Stimme und einer Lautstärke zu sprechen, die den Bewegungen des Balles entspricht. Genieren Sie sich dabei nicht. Trainieren Sie sich darauf, gleichzeitig zu denken, zu sprechen und sich zu bewegen. Der Sprechrhythmus kann das Vergnügen erhöhen und Ihnen neue Ausdrucksmöglichkeiten erschließen.

4. Schritt: Eine selbstsichere Körpersprache entfalten

Zunächst müssen Sie die Zeichen von Unsicherheit entdecken, die Ihr Körper anderen ungewollt mitteilt. Lesen Sie die nachfolgende Liste von unsicheren Verhaltensweisen, verschaffen Sie sich Klarheit darüber, betrachten Sie sich in einem Spiegel, während Sie dreimal nacheinander Ihr Skript vortragen. Notieren Sie nach jedem Durchlauf, wie oft Sie in die jeweiligen „Allüren" verfallen. Geben Sie sich nach dem letzten Durchlauf die Verhaltensnote 3, wenn Sie meinen, es passiere viel zu oft. Geben Sie sich eine 2, wenn es mit einer gewissen Häufigkeit vorkommt und mit Sicherheit verbessert werden könnte. Bewerten Sie sich mit 1, wenn die Häufigkeit annehmbar niedrig ist. Versuchen Sie, die Häufigkeit der mit 3 oder 2 bewerteten Verhaltensweisen zu verringern.

Eine Methode zur Ausschaltung dieser „Allüren" läuft so: Sie betrachten sich genau im Spiegel und sagen jedesmal „Stop", wenn Sie sich bei einem derartigen Verhalten ertappen. Außerdem können Sie die speziellen Anregungen umsetzen, die nach der Besprechung einer jeden unschönen Gewohnheit gegeben werden.

Versuchen Sie folgende Zeichen von Unsicherheit zu beseitigen:

Augenkontakt

- ❑ *Blinzeln.* Sie können übertriebenes Blinzeln reduzieren, indem Sie die Lider schließen und entspannen. Beginnen Sie zu sprechen. Öffnen Sie danach Ihre Augen langsam, und halten Sie Ihre Lider entspannt.
- ❑ *Starrer Blick.* Sie können vom starren Blick wegkommen, wenn Sie die Augen alle paar Sekunden schweifen lassen. Stellen Sie sich während des Sprechens auf den zentralen Bereich Ihres Gesichts im Spiegel ein.
- ❑ *Nicht hinschauen.* Das heißt soviel wie „den Blick vom Gesicht des anderen abwenden". Sie können diese Gewohnheit beseitigen, wenn Sie im Spiegel einen Punkt auf Ihrem Gesicht fixieren.
- ❑ *Übertriebene Kopf- und Augenbewegungen.* Halten Sie, falls nötig, Ihren Kopf mit den Händen ruhig. Hören Sie mit dem Vortrag auf, und fangen Sie von neuem an, wenn Ihr Kopf sich andauernd bewegt. Wenn Ihre Augen ständig am Tanzen sind, bemühen Sie sich, die Blickpunkte etwa fünf Sekunden lang zu halten, bevor Sie zu einem anderen Teil im Gesicht Ihres „Zuhörers" weitergehen.
- ❑ *Die Augen zusammenkneifen.* Prüfen Sie, ob Ihre Augen überanstrengt sind und ob Sie eine Brille brauchen. Entspannen Sie die Muskeln um die Augen herum, legen Sie eventuell ein feuchtes Tuch auf, um Ihre Augen zu kühlen und sich entspannen zu lassen.
- ❑ Zeichnen Sie hier ab, wenn Sie mit Ihrem Augenkontakt zufrieden sind (✓).

Gesichtsausdruck

- ❑ *Spitzer, schmallippiger Mund.* Legen Sie während des Sprechens Ihre Finger auf die Lippen. So können Sie die Schmallippigkeit korrigieren: Sie ziehen den Mund sehr stark zusammen und lassen dann den Unterkiefer ganz locker hängen und entspannen die Muskeln um Ihre Lippen herum.
- ❑ *Anspannen und Runzeln der Stirn.* Glätten Sie Ihre angespannte Stirn, indem Sie mit einer Hand über Ihre „Sorgen-

falten" fahren. Streichen Sie diese Falten weg. Entspannen Sie Ihre Stirn, und fangen Sie von neuem an zu sprechen. Eine ideenreiche Kursteilnehmerin hat ihre Stirne mit einem Klebeband faltenfrei gemacht. Eine andere hat eine Maske aus Eidotter aufgelegt, die hart wurde und ihr sofort anzeigte, wenn sie die Stirn runzelte.

- ❑ *Häufiges Schlucken.* Legen Sie Ihre Finger auf den Adamsapfel, und stellen Sie fest, wie Sie schlucken. Wenn das Schlucken Sie beim Sprechen stört, merken es wohl auch die anderen, und sie werden es als Zeichen von Schüchternheit werten. Und so können Sie das korrigieren: Trinken Sie ein Schlückchen Wasser vor dem Reden. Hören Sie auf zu reden, wenn Sie schlucken wollen, entspannen Sie sich, und atmen Sie tief ein. Schlucken Sie, wobei Sie sich auf die Welle der Entspannung konzentrieren, die auf die Anspannung des Kehlkopfs folgt. Üben Sie die Entspannung Ihrer Kehle, indem Sie sich dieses Gefühl mehrmals am Tag ins Gedächtnis rufen.
- ❑ *Häufiges Räuspern.* Räuspern Sie sich oder trinken Sie Wasser, bevor Sie mit dem Skript beginnen. Entspannen Sie Ihre Kehle wie oben beschrieben.
- ❑ *Mit der Zunge über die Lippen fahren.* Verwenden Sie einen Lippenstift für trockene Lippen. Trockene Lippen können Angst und Anspannung anzeigen. So entspannen Sie die Lippen: Sie spannen sie zunächst übermäßig an, indem Sie sie in eine aufgeworfene, wie zum Kuß gespitzte Position bringen. Halten Sie diesen Zustand zehn Sekunden lang, und lassen Sie dann los. Spüren Sie den Entspannungseffekt. Wiederholen Sie das jetzt und im Laufe des Tages mehrere Male.
- ❑ Zeichnen Sie hier ab, wenn Sie mit Ihrem Gesichtsausdruck zufrieden sind (✓).

Gestik und Körperhaltung

- ❑ *Hand vor dem Mund während des Sprechens.* Sie können diese störende Gewohnheit auf diese Weise abstellen: Sie üben Ihr Skript, während Sie zwei Gegenstände halten, einen in jeder Hand. Die Gegenstände werden Sie daran erinnern,

Ihre Hände während des Sprechens vom Gesicht fernzuhalten. Wenn Sie mit diesen Gegenständen ein paar Minuten geübt haben, legen Sie sie beiseite und machen mehrere Versuche ohne sie.

- ❑ *Sich am Kopf kratzen; die Augen oder den Nacken reiben.* Setzen Sie die oben beschriebene Übung mit den zwei Gegenständen ein.
- ❑ *An sich herumnesteln.* Zum Beispiel sich übers Haar fahren, auf die Fingernägel schauen, den Schnurrbart zwirbeln oder den Bart streichen. Auch dafür läßt sich die Übung mit den zwei Gegenständen einsetzen.
- ❑ Mit dem Schmuck klimpern. Dito.
- ❑ An der Kleidung herumstreichen. Dito.
- ❑ *Von einem Bein auf das andere treten.* Ruhiges Stehen können Sie gewährleisten, indem Sie Ihre Füße mit schweren Büchern „festnageln". Wenn Sie das Gewicht verlagern, macht Sie ein vom Fuß rutschendes Buch darauf aufmerksam, daß Sie wieder am Verlagern waren. Ersetzen Sie das Buch auf dem „schuldigen" Fuß, und beginnen Sie von neuem mit dem Skript.
- ❑ *Herumlaufen.* Das Herumlaufen können Sie reduzieren, indem Sie sich ins „Gefängnis" begeben. Sie stellen zwei Stühle links und rechts von sich hin und schränken dadurch Ihre Bewegungsfreiheit ein. Wenn Sie in alle Richtungen „wandern", müssen Sie auch vor und hinter sich Stühle stellen.
- ❑ *Erstarren wie eine Statue.* Wenn Sie erstarren und Angst vor der Bewegung haben, können Sie einige Bewegungsübungen machen. Bei der ersten handelt es sich um eine komische Bewegung, sie zeigt Ihnen, wie man es nicht machen soll. (1) Verlegen Sie Ihr Gewicht auf den rechten Fuß, (2) schauen Sie nach links und lächeln Sie und bewegen Sie sich dann (3) mit Ihrem linken Fuß nach rechts, während Sie gleichzeitig nach links schauen. Dabei müßten Sie sich eigentlich recht merkwürdig fühlen. Versuchen Sie's auf die folgende Art, wenn Sie sich mit Grazie bewegen wollen: (1) Verlegen Sie Ihr Gewicht auf den rechten Fuß, (2) schauen Sie nach links und lächeln Sie und bewegen Sie sich dann (3) nach links mit dem linken Fuß, während Sie gleichzeitig nach links schauen. In diesem Fall bewegen sich Ihr Kopf und Ihre Füße harmonisch und sicher zur selben Zeit in dieselbe Richtung.

- [ ] Zeichnen Sie hier ab, wenn Sie meinen, daß Sie Ihre störendsten Bewegungen und Gesten abgelegt haben.

Unsichere Verhaltensweisen zeigen Schüchternheit an und lenken viele Zuhörer ab, die Sie beobachten, anstatt Ihren Worten zuzuhören. Üben Sie die Körpersprache mindestens ebenso sorgfältig wie Ihren Text, da sie mehr Kraft als die gesprochene Sprache entfalten kann.

5. Schritt: Ausdrucksvoller sprechen

Ihre Stimme ist Ihr wirkungsvollstes Instrument, um Ihren Text kraftvoll und sicher vorzubringen. Wie fast jeder von uns können Sie wahrscheinlich auch von Übungen zur Verbesserung Ihrer Stimme profitieren. Der erste Eindruck, den wir auf andere machen, wird oft durch die Besonderheiten unserer Stimme bestimmt. Wir können eine(n) neue(n) Bekannte(n) als „freundlich" charakterisieren, wenn seine oder ihre Stimme warm und gut moduliert klingt. Wir können andererseits dieselbe Person als „teilnahmslos und uninteressiert" empfinden, wenn sie flach und monoton klingt.

Während ein Skript vorwiegend rationale Inhalte vermittelt, werden seine emotionalen Untertöne auch durch unsere Stimme weitergegeben. Wenn man zu laut ist, erscheint man bombastisch; wenn zu leise, dann schüchtern. Gefühle werden auch durch unser Sprechtempo übertragen: Ein zu hohes Tempo suggeriert Ungeduld oder Wut, aber auch Unsicherheit, ein zu niedriges hat die Bedeutung von Zögerlichkeit oder Angst. Der Klang der Stimme wirkt auf andere in verschiedener Weise: Eine nasale Stimme erweckt z. B. bei den einen den Eindruck von Dummheit, bei den anderen den von Arroganz.

Die folgenden Übungen können Ihnen zu einer Stimme verhelfen, die mehr Selbstsicherheit ausstrahlt. Wir beginnen hier mit Übungen zur Erhöhung von Lautstärke und Hörerbezug Ihrer Stimme.

Verwenden Sie, wenn möglich, für die folgenden Übungen einen Kassettenrecorder. Sie finden auf den folgenden Seiten eine Checkliste zur Beurteilung Ihrer Stimme. Stufen Sie sich bei jedem Punkt als 1 (in Ordnung), 2 (zweifelhaft) oder 3 (schrecklich – muß verbessert werden) ein, und arbeiten Sie an der Verbesserung Ihrer schwächsten Stimmcharakteristika.

Atem

Da die Laute durch das Ausströmen der Luft erzeugt werden, erfordert kraftvolles Sprechen eine richtige Atemführung und den rechten Einsatz der Luft. Sprecher, die nicht richtig atmen, werden buchstäblich atem-los – mit dem Effekt, daß sie unsicher und schwach wirken. Hier ein Hinweis, wie Sie herausfinden können, ob Sie korrekt atmen.

❑ Stellen Sie sich aufrecht hin, und legen Sie Ihre Hand flach auf den Bauch in Nabelhöhe. Atmen Sie kräftig auf „ffff" aus, und lassen Sie dann die Luft einfallen, indem Sie die Bauchdecke wieder entspannen (ohne die Schultern anzuheben). Wenn sich Ihr Bauch beim Einatmen geweitet hat (Ihr Zwerchfell bewegte sich nach unten, und Ihre Hand ging nach vorn), dann atmen Sie vermutlich korrekt. Aber wenn Ihre Hand beim Einatmen nicht nach vorn ging, dann atmen Sie wahrscheinlich falsch und sollten das korrigieren.

Eine bessere Atemtechnik können Sie erreichen, wenn Sie die folgende Übung so oft wiederholen, bis Sie eine Verbesserung spüren.

● Stehen Sie locker in den Knien, lassen Sie die Oberarme und Schulterblätter kreisen, damit sich Verspannungen im Schulterbereich lösen können. Drehen und dehnen Sie die Arme. Lassen Sie dabei den Atem ein- und ausströmen, ohne ihn anoder festzuhalten. Der Körper holt sich, was er braucht. Denken Sie sich große Füße, so wie sie Clowns haben, dadurch bekommen Sie eine feste Standfläche. Denken Sie daran, die Knie sind durchlässig und der Atem fließt.

  Stoßen Sie jetzt blitzschnell ein scharfes „Ssss" aus. Dabei zieht sich die Bauchwand ein. Dann wieder entspannen. Stellen Sie sich jetzt vor, Sie geben jemandem in einer Menschenmenge ein Zeichen: „SST“. Wiederholen Sie diesen an jemanden gerichteten Laut mit dem blitzschnellen Einziehen der Bauchwand und der anschließenden Entspannung fünfmal. Dann stellen Sie sich vor, Sie pusten eine Kerze aus: „Ffhhhh“, und schließlich üben Sie mit einem „Sch“, als wenn Sie eine Katze vom Tisch verscheuchen.

Fangen Sie mit „nichts“ an, d. h. holen Sie nicht vorher Atem, und nehmen Sie sich nicht vor, diese Übungen auszuführen, sondern lassen Sie sie nach Möglichkeit geschehen. Nach einer kurzen Ruhephase entspannen Sie Ihre Stimmbänder, indem Sie den „Hmmmm“ summen, und zwar in einer Tonhöhe, daß die Lippen und vielleicht sogar die Nase leicht anfangen zu kitzeln. Kauen Sie diesen Ton, so daß er wie „hmnj“, dann wie „hmng“ klingt. Summen Sie ein ganz weiches „Hmmm“ nicht zu laut, und schließen Sie dann ein „o“ an („o“ wie in „Topf“): „Hmmmo“. Lassen Sie so den Ton in die Tiefe fallen. Immer wieder sollten Sie mit geschlossenem Mund gähnen, damit sich das Ansatzrohr im Hals weitet.

❑ Zeichnen Sie hier ab, wenn Sie meinen, daß Sie korrekt atmen (✓).

Hörerbezug

Der nächste Bereich, den Sie prüfen sollten, ist der Hörerbezug. Es geht um die Frage, wie Sie Ihre Worte an die gewünschte Stelle befördern können. Der Hörerbezug erlaubt es geübten Schauspielern, im letzten Winkel eines Theaters verstanden zu werden, ohne daß sie schreien müssen. Um die Stimme richtig auszurichten oder zu „werfen“, müssen Sie mental auf die Stelle zielen, auf die Ihre Stimme auftreffen soll.

❑ Sprechen Sie Ihr Skript laut, schauen Sie sich dabei im Spiegel an, und nehmen Sie sich auf Band auf. Wenn Sie lieber zu jemandem anders sprechen, nehmen Sie jemand Bekannten oder ein Bild Ihres Minus-Typs als „Zielscheibe“. Horchen Sie dann kritisch auf Ihre Stimme vom Band, oder besprechen

Sie Ihre Vortragsweise mit Ihrem Bekannten. Klingt das, was Sie sagen, wirklich so, als sei es auf Ihren Hörer gezielt, oder hört es sich an, als wollten Sie die Worte unterdrücken, als wollten Sie einen Monolog sprechen, den Sie am liebsten für sich behalten würden?

Das folgende Spiel kann Ihnen das Gefühl geben, daß Sie Ihre Stimme auf jeden gewünschten Punkt richten können. Für das Spiel braucht man einen Tennisball; man kann es im Haus oder außer Haus spielen. Suchen Sie sich einen Spielpartner, oder werfen Sie den Ball an eine Mauer oder ein Garagentor. Von dort springt der Ball zurück, und Sie haben damit einen Ersatz für einen Spielpartner.

Stellen Sie sich zwei Meter von Ihrem Partner entfernt auf, werfen Sie ihm oder ihr den Ball zu. Rufen Sie zur selben Zeit „Halllllllllloooooooooo", wie wenn das Wort vom Ball getragen würde. Halten Sie dieses „Halllllllllloooooooo", solange der Ball in der Luft ist. Lassen Sie dann den Partner den Ball zu Ihnen zurückwerfen und sein „Halllllllllooooooo" auf Sie richten. Wiederholen Sie das zwei- oder dreimal auf diese Distanz von etwa zwei Metern. Vergrößern Sie dann den Abstand etwa auf das Doppelte, und wiederholen Sie die Übung. Machen Sie so weiter, bis Sie einen Abstand von etwa sieben Metern haben. Kehren Sie den Vorgang jetzt um, und verkürzen Sie die Abstände wieder. Beobachten Sie, wie es Ihrem Körper und Ihrer Stimme ergeht, wenn Sie unterschiedliche Distanzen überbrücken.

❑ Zeichnen Sie hier ab, wenn Sie mit dem Hörerbezug zufrieden sind (✓).

Sprechabstand

Wie leicht sind Sie aus unterschiedlichen Abständen zu verstehen? Fragen Sie ein paar Freunde, ob man Sie gut hören kann, wenn Sie ein bis drei Meter von ihnen entfernt stehen (oder sitzen). Sagen sie, daß Sie aus diesen Abständen zu leise oder zu laut sprechen? Aus welchem Abstand klingt nach ihrer Meinung

Ihre Stimme am besten? Wo ist es für andere am leichtesten, Sie zu hören, und wo klingt Ihre Stimme am angenehmsten für sie?

__________________ Meter.

Nützen Sie diese Information, wenn möglich, das nächste Mal, wenn Sie beschließen, Ihre Sache vorzubringen.

6. Schritt: Alles vorbereiten

Auch wenn Sie ein gut eingeübtes Skript haben, müssen Sie noch einiges andere tun, um Ihre Familienmitglieder, Freunde oder Kollegen von Ihrem Selbstbewußtsein zu überzeugen, wenn Sie schließlich Ihre Sache vertreten. Sie sollten sich vor allem auch Gedanken darüber machen, unter welchen äußeren Bedingungen Sie Ihr Skript vortragen.

Wann und wo ist Ihr Minus-Typ am ehesten bereit, partnerschaftlich über die gewünschte Änderung in seinem Verhalten oder in der Beziehung zu Ihnen zu verhandeln? Sie können für Ihre erste Besprechung alles vorbereiten. Sie können das Umfeld so gestalten, daß es die Verhandlungen mit Ihrem Minus-Typ unterstützt. Lassen Sie es nicht zu, daß Sie in den Vortrag Ihres Skripts zu einer nicht geplanten Zeit oder an einem nicht geplanten Ort hineinstolpern.

- Stellen Sie fest, wann der andere besonders aufnahmebereit ist. Beispielsweise sind manche Menschen nach dem Essen in besserer Stimmung als vorher.

- Setzen Sie einen bestimmten Termin für das Gespräch fest. Sagen Sie z. B.: „Ich würde nach dem Abendessen gerne ein Viertelstündchen lang über unsere Wochenendplanung reden. Paßt dir dieser Termin?"

- Vermeiden Sie Gespräche, wenn Sie selbst stark emotionalisiert sind. Sagen Sie dann z. B.: „Jetzt wollen wir aber nicht über Geldfragen diskutieren. Ich habe über diese Angelegenheit nachgedacht und würde es gerne am Samstagmorgen besprechen, wenn wir beide etwas Zeit haben. Ginge es um 10 Uhr?"

Beantworten Sie nun die folgenden Fragen, und behalten Sie dabei die Bedeutung der Vorbereitungen des Gesprächs im Auge:

1. An wen richtet sich Ihr Skript?

   ____

2. Wann ist der Minus-Typ am besten zu haben?

   ____

3. Können Sie Ihre Zeit so planen, daß es auch für Sie ein günstiger Zeitpunkt ist?

   ____

4. In welcher Umgebung hört Ihnen der Minus-Typ am ehesten zu?

   ____

5. Was können Sie tun, um ihn oder sie zum Zuhören und zur Freundlichkeit zu ermuntern?

   ____

7. Schritt: Auf die äußere Erscheinung achten

Sie wissen zweifellos, daß Ihre Kleidung den Eindruck, den andere von Ihnen haben, stark beeinflussen kann. Und wenn Sie eine Botschaft vortragen, mit deren Hilfe Sie etwas durchsetzen wollen, sollten Sie keine Kleidung tragen wollen, die dem Hörer Abneigung einflößt. Eine Gruppe von konservativen Leuten fühlt sich eventuell beleidigt und hört Ihnen nicht mit Sympathie zu, wenn Sie in ausgewaschenen Jeans, T-Shirt und alten Turnschuhen daherkommen. Es wäre schwierig, ihre negative Reaktion auf die symbolische Bedeutung Ihrer Kleidung zu überwinden.

Unglücklicherweise gibt es eine Überlegung, die dem oben Gesagten entgegensteht. Wenn Sie sich in einer Weise anziehen, die nicht zu Ihnen paßt – wenn Sie zum Beispiel einen Straßenanzug mit Krawatte anziehen, aber an Jeans gewöhnt sind –, fühlen Sie sich möglicherweise unbehaglich und heuchlerisch.

Was läßt sich da machen? Die folgenden Anregungen sollen Ihnen die Kleiderfrage erleichtern. Versuchen Sie zunächst die folgenden Fragen zu beantworten:

1. An wen richtet sich das Skript?

   ____

2. Beschreiben Sie kurz, wie er/sie wohl gekleidet ist, wenn Sie Ihr Skript vortragen.

   ____

3. Welche Art Kleidung könnten Sie tragen, um die Sympathien Ihres Minus-Typs für Ihre Aussage am leichtesten zu gewinnen? Welchen Kleidungsstil sieht Ihr Minus-Typ an Ihnen am liebsten?

   ____

4. Wie wichtig ist es, daß Ihr Erscheinungsbild einen ersten positiven Eindruck auf ihn oder sie macht?

   __________ sehr wichtig __________ einigermaßen wichtig

   __________ von geringer Bedeutung

5. Beschreiben Sie Änderungen, die Sie an Ihrem üblichen Kleidungsstil und Erscheinungsbild vornehmen könnten, um die Einstellung Ihres Minus-Typs Ihnen gegenüber zu beeinflussen. Denken Sie an Änderungen in jedem Bereich Ihrer Kleidung, ebenso an Frisur und allgemeine Gepflegtheit.

   ____

Die Antworten auf diese Fragen bieten erste Leitlinien. In deren Rahmen sind dann die ins einzelne gehenden Entscheidungen zu treffen. Sehen Sie jetzt Ihren Kleiderschrank durch, und schließen Sie aus Ihren Überlegungen all die Kleider aus, die Ihnen ein Verliererimage geben. Also alles, was Sie mausgrau, schlampig, abgehärmt oder steif erscheinen läßt. Sie entdecken vielleicht, daß jene schönen Schuhe Ihnen nicht den Halt an den Knöcheln geben, den Sie brauchen; oder daß diese Hosen Ihre Taille einschnüren und Ihnen im Sitzen das Atmen erschweren. Achten Sie darauf, daß Ihre Kleidung nicht gegen Sie arbeitet – weder im Aussehen noch in der Bequemlichkeit.

Gehen Sie dann zu den positiven Faktoren über. Farben beeinflussen manche Menschen in der Weise, daß sie besser auftreten können. Wenn Sie Ihre wirkungsvollsten Farben kennen und sie zu tragen wissen – sehr gut. Wenn Sie es aber nicht wissen, reden Sie mit mehreren Freund(inn)en, die Sie in den verschiedensten Kleidern kennen. Fragen Sie, welche Kleider nach ihrer Meinung am attraktivsten und welche an Ihnen am wenigsten attraktiv sind. Fragen Sie auch: „Welche Aufmachung läßt mich wohl am intelligentesten, attraktivsten und souveränsten erscheinen?" (Denken Sie daran, daß Selbstvertrauen und Intelligenz der Attraktivität übergeordnet sind, wenn es um das Auftreten in einem geschäftlichen Umfeld geht.) Halten Sie die Meinungen der Freunde und Ihre eigene fest:

Checkliste für Kleider, die einen guten Auftritt unterstützen

Die Meinung von:	*Farbe, die Ihnen am besten steht*	*Farbe, die Ihnen am wenigsten gut steht*	*So wirken Sie besonders selbstbewußt*
1. Person:	______________	______________	______________
	______________	______________	______________
2. Person:	______________	______________	______________
	______________	______________	______________
Sie selbst:	______________	______________	______________
	______________	______________	______________

Machen Sie verschiedene Kleiderproben. Entscheiden Sie sich schließlich für die Kleidung, in der Sie am vorteilhaftesten aussehen, und üben Sie Ihr Skript. Wenn Sie diese Kleider beim Memorieren tragen, ist es Ihnen möglich, sie auf Bequemlichkeit und auf „vielsagende" fehlende Knöpfe, Soßenflecken, Risse und Falten zu prüfen. Noch wichtiger: Wenn Sie selbstsicher aussehen, werden Sie auch beginnen, sich selbstsicher zu *fühlen*. Fragen Sie eine verläßliche Person, ob Ihre Kleidung, Ihr Haarschnitt und Ihr Benehmen das Bild von Selbstsicherheit vermitteln. Ziehen Sie eine positive Stimmung an, indem Sie Kleider tragen, die Ihnen ein Gefühl der Zuversicht und der Stärke geben.

Bedenken Sie stets: Sie sind dabei, ein Problem zu lösen, nicht eine Schlacht zu gewinnen. Machen Sie das Treffen mit Ihrem Minus-Typ zu einer menschenfreundlichen, nicht zu einer menschenfeindlichen Erfahrung. Auf diese Weise etablieren Sie einen neuen Lebensstil und erschließen neue Bereiche für persönliches Wachstum und Erfüllung für sich und andere.

9

Minus-Typen, denen Sie nur einmal begegnen

Es gibt auch Minus-Typen, die unerwartet „aus der Hüfte schießen". Er oder sie „trifft" Sie, tritt Ihre Rechte mit Füßen – und läuft dann davon. Bei diesen Ereignissen haben Sie kaum Chancen, langfristig Druck auszuüben, um eine Änderung herbeizuführen. Einmalige „Tiefschläge" sind das, was Jules Feiffer „kleine Morde" genannt hat – die zahllosen Affronts und Beleidigungen, die uns allen täglich zugefügt werden. Die gesammelten psychischen Angriffe summieren sich zum Mord an den Rechten und dem Selbstwertgefühl jedes einzelnen. Praktisch jeder wünscht sich Hilfe bei der Selbstbehauptung gegenüber solchen „Hit and Run"-Minus-Typen.

Wer hat die Macht?

Situationen, in denen unerwartet aus der Hüfte geschossen wird, lassen sich entsprechend der Macht klassifizieren, die der Minus-Typ Ihnen gegenüber hat. Sie selbst sind in der überlegenen Position, wenn Sie in der Rolle des „Käufers" sind und der andere Ihnen einen Dienst verkauft, wie etwa Handwerker, Tankwarte, Taxifahrer, Vertreter, Hotelpagen, Kellner usw. Der andere wird speziell dafür bezahlt, daß er Ihnen, dem Kunden, auf zufriedenstellende Weise einen Dienst leistet. Wenn Ihnen eine Dienstleistung auf unzulängliche oder patzige Art geboten wird, ist der implizite Vertrag gebrochen worden, und Sie haben ein Recht, sich darüber zu beschweren. Ob Sie die Beschwerde an den Diensttuenden oder an seinen Vorgesetzten (oder an beide) richten, hängt davon ab, wen Sie als Verursacher des mangelhaften Service ansehen.

In einer zweiten Klasse dieser Situationen haben Sie und Ihr Minus-Typ gleichen Status. Jemand drängt sich vor Ihnen in eine Warteschlange. Ein Paar, das hinter Ihnen im Kino sitzt, macht so viel Lärm, daß Sie sich nicht auf den Film konzentrieren können. Ein Raucher belästigt Sie in einem Raum für Nichtraucher. In diesen Situationen regeln verborgene soziale Verträge die Beziehung. Von Dienstleistungsangeboten darf man annehmen, daß sie nach dem Prinzip „Wer zuerst kommt, mahlt zuerst" betrieben werden, und ein Bruch dieses Vertrages ist ein Beschwerdegrund.

Die dritte Klasse – diejenigen, in denen der andere mehr Macht hat als Sie – ist die unangenehmste. Es kann dabei um den Umgang mit Autoritäten im Rechtswesen gehen, im Geschäftsleben, in Regierungsämtern, um den Umgang mit Richtern, Polizisten, Abgeordneten, Lehrern, Körperschaften, Ärzten und Krankenhauspersonal. Oft besteht ein unausgesprochener sozialer Dienstleistungsvertrag: Der Richter, Polizist, Sozialarbeiter, Bewährungshelfer wird dafür bezahlt, daß er der Öffentlichkeit (und das sind Sie) einen Dienst leistet. Wenn Sie ungerecht behandelt werden, haben Sie ein Recht, sich zu beschweren. Ihre größere Macht leitet sich von der Tatsache her, daß ein hoher Bedarf an ihren Dienstleistungen besteht. Mehr Menschen fragen ihre Dienste nach, als sie von ihrem Zeitbudget her leisten können. Konsequenterweise finden sich die Käufer bisweilen mit minderwertigem Service ab (sie warten z. B. wochenlang auf einen Termin beim Zahnarzt). Das höchste „Strafmaß", das Sie auszuteilen haben, nämlich nicht mehr zu dem (Zahn-)Arzt zu gehen, trifft ihn nicht besonders stark. Es gibt ja meist eine Menge anderer Patienten.

Obwohl Abgeordnete oder lokale Politiker dem Anspruch nach Ihre Diener sind, haben Sie als einzelner einen relativ geringen Einfluß auf deren Entscheidungen. Je mehr Macht der Amtsinhaber hat, je größer also seine Wählerschaft ist, desto weniger wird ihn ein einzelner Appell oder Beschwerdebrief beeinflussen. Deshalb ziehen Leute, die bestimmte Ziele verfolgen, andere auf ihre Seite. Sie bilden Bürgerinitiativen oder Pressure groups auf regionaler oder nationaler Ebene. Solche politischen Vereinigungen bringen Stimmen (im doppelten Wortsinn) zusammen, die dann gemeinsame Beschwerden und Vorschläge stützen.

Wir werden wiederholt gefragt, ob es oft vorkomme, sich gegenüber dem „Hit and Run"-Minus-Typen nicht zu behaupten. Eine aussagekräftige Studie von Thomas Moriarty mit dem Titel „Eine Nation von willigen Opfern" zeigt, daß dieses Zurückweichen nur allzu verbreitet ist. Moriarty und seine Psychologiestudenten studierten die Bereitschaft von Menschen in New York City, für sich einzustehen, in mehreren Szenen von „kleinen Morden". Die Szenen wurden so angelegt, daß die realen Subjekte nicht wußten, daß ihre Bereitschaft zum Widerstand beobachtet wurde.

Die Forscher fanden heraus, daß College-Studenten sich nicht trauten, einen anderen Studenten zu bitten, laute Rockmusik abzustellen. Diese Musik störte sie zweifellos, da sie an einer komplexen und wichtigen geistigen Aufgabe arbeiteten. Achtzig Prozent der Studenten schwiegen zu der Lärmbelästigung. Sie ertrugen etwas, das nach ihrem späteren Eingeständnis eine störende Ablenkung war. Fünfzehn Prozent baten den Krachmacher, er möge die Musik leiser stellen, damit sie arbeiten konnten; sie wiederholten die Bitte aber nicht, als er ihnen eine ausweichende Antwort gab. Nur fünf Prozent – also einer von zwanzig! – der Versuchspersonen wiederholten die Bitte und schafften es so, daß der Störer Ruhe hielt. Ergebnis: 80 bis 95 Prozent der getesteten Personen waren nicht bereit zum Widerstand; sie gaben den „kleinen Morden" einfach nach und wurden zu Opfern. Eine schweigende Mehrheit.

Moriarty ging in seinen Forschungen noch weiter: Er entwickelte ein Experiment, in dem unschuldige Personen des Diebstahls bezichtigt wurden. Ein eingeweihter Helfer stellte sich in die Schlange vor einer öffentlichen Telefonzelle. Wenn ein Anrufer die Zelle verließ, spulte der Helfer den folgenden Text herunter: „Entschuldigen Sie, ich war vor wenigen Minuten hier und ließ meinen Ring auf dem Zähler unter dem Telefon liegen. Haben Sie ihn gefunden?" Natürlich sagten alle Versuchspersonen: „Nein." Der Helfer erklärte dann: „Ich muß ihn finden. Sind Sie sicher, daß Sie ihn nicht gesehen haben? Manchmal nimmt man Dinge mit, ohne sich Gedanken darüber zu machen." Wieder versicherten die Versuchspersonen, sie hätten den Ring nicht gesehen. Dann fragte der Helfer: „Würden Sie bitte Ihre Taschen ausleeren?" Die Forscher wollten wissen, wie viele Leute so einer unverschämten Bitte nachkämen, einer Bitte, die auf die Behauptung des Kleindiebstahls hinausläuft. Wieder lag die Erfüllungsrate bei 80 Prozent: vier von fünf männlichen Erwachsenen unterwarfen sich einer Nachforschung, indem sie ihre Taschen leerten. Die Prozentsätze waren bei Laborexperimenten sogar noch höher. Und sogar wenn ein „zufälliger Passant" den Helfer in die Schranken wies und sagte: „Sie haben kein Recht, ihn darum zu bitten, daß er seine Taschen leert", führten die Versuchspersonen die Bitte aus.

Solche Studien zeigen, wie verbreitet die Passivität ist. Das Motto der schweigenden Mehrheit lautet: Nur nicht auffallen.

Die netten passiven Leute

Der Mensch, der sich nicht widersetzt und sich nicht verteidigt, hat viele Entschuldigungen für seine passive Reaktion auf Lager. Schauen wir uns ein paar davon an. Entscheiden Sie selbst, was Ihrem Denken entspricht – und orientieren Sie sich dann neu.

„Ich will aus einer Mücke keinen Elefanten machen." Das beste Gegenmittel besteht darin, daß man seinen „Unbehaglichkeitslevel" neu justiert und negative Reaktionen auf das Verhalten anderer eher zugibt als bestreitet.

„Aber er hat doch auch recht." Mag sein. Aber Ihr eigenes Recht geht vor.

„Es ist ja nur dieses eine Mal." Auf dieses Argument gibt es zwei Antworten. Betrachten Sie zum ersten Ihr Selbstwertgefühl: Respektieren Sie sich und Ihre Fähigkeit, für Ihre Rechte einzutreten? Wenn Sie sich unzufrieden, ungerecht behandelt, übervorteilt fühlen, und wenn Sie dann nichts dagegen unternehmen, wird Ihr Gedächtnis eine weitere Versagenserfahrung speichern. Obwohl Sie das Versagen vielleicht vergessen, sobald Sie aus der schwierigen Situation heraus sind, bleibt doch dieses Versagensmuster bestehen als eine Gewohnheit, die im weiteren Leben immer wiederkehrt. „Gesetze, denen keine Geltung verschafft wird, hören auf, Gesetze zu sein. Und Rechte, die nicht verteidigt werden, können sich auflösen."

Zweitens: Wenn Sie sich durchsetzen, zeigen Sie, daß Ihnen am Wohlergehen Ihrer Mitmenschen etwas liegt. Es ist eine mitmenschliche Geste, das Verhalten eines Minus-Typs zu verändern; denn dann erleiden andere Mitglieder der Gemeinschaft keine ähnlichen Kränkungen. Betrachten Sie Ihren Widerstand als Dienst an der Gemeinschaft; Sie helfen mit, der Verschmutzung des sozialen Lebens entgegenzuwirken.

„Ich will keine große Szene machen." Sie können die Kraft der Schreckensbilder negieren und vertreiben. Dazu müssen Sie die Art und Weise ändern, in der Sie zu sich selbst über Ihre Beziehung zum Minus-Typ sprechen. Überprüfen Sie erstens einmal Ihre Wünsche oder Prioritäten. Fragen Sie z. B.: „Warum bin ich in dieses Restaurant gekommen?" Wohlgemerkt: Die Antwort lautet *nicht:* „Um dem Kellner zu gefallen", sondern eher so: „Um ein gutes Essen zu bekommen, das professionell und freundlich serviert wird." Wenige Menschen würden zu Stammkunden eines Restaurants werden, dessen Werbespruch lautet: „Sie können nur dann hierher kommen, wenn Sie den Kellnern nicht mißfallen." Erkennen Sie diese einfache Priorität: Sie zahlen für das Vergnügen, ein gutes Essen serviert zu bekommen. Sagen Sie sich: „Ich zahle für einen guten Service, nicht für das Wohlwollen des Kellners."

Wenn man sein Mißfallen zeigt, so mag dies einen Außenstehenden aufregen, und Sie sollten diese Möglichkeit in Betracht ziehen. Setzen Sie sich deshalb höflich, aber bestimmt gegenüber dem Kellner oder dem Geschäftsführer durch. Wenn Sie Ihre Beschwerde auf zurückhaltende Art äußern, werden die Leute in der Nähe Ihre Beschwerde nicht einmal bemerken. Und wenn Sie es doch hören, dann denken Sie daran, daß Ihr Eintreten für Ihre Rechte den anderen einen indirekten Vorteil bringt, nämlich einen etwas besseren Service von seiten des Kellners.

„Er wird mich beschimpfen." Beschimpfungen sind ein Herrschaftsinstrument. Aber eine negative Charakterisierung kann nur dann auf Sie wirken, wenn Sie es zulassen. Wenn Sie Ihre Beschwerde zurückhaltend vorbringen, werden Sie wahrscheinlich keine Attacke auslösen. Als Kunde werden Sie vermutlich eine Entschuldigung samt besserem Service ernten. Wenn jemand Sie

verbal angreift, können Sie jederzeit weggehen. Wenn andere Leute in einer Bibliothek zuviel Lärm machen, können Sie sich mehrmals darüber beschweren und dann eine Amtsperson rufen, damit sie Ihren Wunsch nach Ruhe unterstützt.

„Aber niemand sonst hat sich beschwert.“ Stellen Sie sich die Frage, ob Sie tatsächlich die Sichtweise einer Minderheit repräsentieren. Lassen Sie sich nicht als Außenseiter abstempeln. Wenn die Situation Sie ärgert, empört sie wahrscheinlich auch andere, aber diese anderen sind zu schüchtern, um etwas zu sagen. Äußern Sie sich in etwa so: „Wenn Sie eine Umfrage machen würden, könnten Sie feststellen, daß die meisten Leute so empfinden wie ich. Sie haben einfach gehofft, jemand anderer werde ein Wort sagen. Ja, und jetzt habe ich mich zum Sprecher für uns alle ernannt.“ Gegen eine solche Antwort läßt sich schlecht etwas sagen. Ihr Minus-Typ wird einen gewissen Gruppendruck empfinden.

„So ist das Leben – da kann man nichts machen.“ Oft ist es uns gar nicht klar, daß wir in einer gegebenen Situation einschreiten müßten. Dies ist vielleicht der Hauptgrund dafür, daß die meisten von uns es versäumen, sich über „Tiefschläge“ zu beschweren. Im Laufe zahlloser Stunden von schlechtem Service, Anpöbeleien, Beleidigungen und Frustrationen in der modernen Gesellschaft haben wir gelernt, eine Menge an Störungen und Ärger zu ertragen; angeblich ist ja „das System nun einmal so“. Aber indem wir stillhalten, indem wir uns durchwursteln, verlieren wir unsere Rechte und mit ihnen unser Selbstwertgefühl.

Blindes Akzeptieren des „Systems“ hat in der Vergangenheit viel Schaden angerichtet. Manchmal bedarf es sozialer Massenbewegungen, um uns erniedrigende Konventionen bewußtzumachen, die wir bis dahin toleriert haben. Erinnern wir uns daran, wie die Menschen lebten und dachten, bevor Bürgerrechts- und Frauenbewegung ihre Anschauungen veränderten. Heute ist man sich zunehmend der Umweltgefahren wie Wasserverschmutzung, Treibhauseffekt und Müllawine bewußt.

Wir haben gelernt, uns darein zu ergeben, daß wir in vielen Standard-Situationen frustriert und ausgebeutet werden (etwa beim Warten im Sozialamt oder in der Arztpraxis). Es hat sich dermaßen eingeschliffen, man erwartet es geradezu, daß wir die

Situation gar nicht richtig mitkriegen oder sie als Alarmsignal begreifen. Aber uns ist daran gelegen, daß Sie Ihre Problem-Situationen in Frage stellen und sich überlegen: „Wie unverschämt ist das Verhalten des anderen?

Muß es wirklich so sein?" Und: „Was kann ich tun, um es zu ändern oder wenigstens meine Bedürfnisse klarzustellen?" Wenn Sie diese Fragen stellen, werden Ihnen Ihre Gefühle bewußter, Sie werden sensibler für die Verletzung Ihres Menschenrechts und zeigen größere Bereitschaft, die Situation durch Einstehen für Ihre Rechte zu ändern.

Wann sollten Sie sich gegen andere behaupten?

Betrachten Sie einmal – wie bei anderen Situationen – das Risiko einer selbstbewußten Haltung in einer Konfliktsituation. Natürlich stellen Sie sich nicht auf die Hinterbeine, wenn Sie einem mächtigen Minus-Typ ausgeliefert sind, der über Ihr Schicksal entscheiden kann – einen, der Ihr Leben oder Ihr berufliches Schicksal unter Kontrolle hat. Während eines Bewerbungsgesprächs sollte ein Bewerber dem Vertreter der Personalabteilung wohl nicht erzählen, daß seine Fragen auf eine schlimme Weise daneben seien.

Aber wir stehen nur selten unter solch einer Fremdbestimmung. Situationen, in denen Ihnen jemand die Butter vom Brot nehmen will, spielen sich häufiger unter Gleichen ab, wie etwa beim Vordrängen in einer Warteschlange, zwischen Kollegen oder Verkäufern und Kunden. Arbeiten Sie daran, sich in diesem Umfeld durchzusetzen.

Eine andere gute Übung ist es, Briefe zu schreiben (die entsprechend den C.H.E.F.-Regeln verfaßt sind). Das können Briefe an Personen des öffentlichen Lebens, Politiker, Zeitungen oder Firmen sein. In den Briefen können Sie ein Problem umreißen oder Beschwerde führen und evtl. eine Lösung vorschlagen. Oder Sie können sich einfach für oder gegen einen Gesetzentwurf oder eine politische Richtung aussprechen, die gerade in der Diskussion ist. Eine Frau schrieb einer landesweiten Kette von Möbelgeschäften und beklagte sich über Sexismus in der Fernsehwerbung. Sie brachte die Firma dazu, die Ausstrahlung der Werbung sofort zu stoppen und Schritte zu unternehmen, um Sexismus in künftigen Werbesendungen zu vermeiden.

Selbstbehauptung ist nicht nur etwas für Verbraucher; Verkäufer haben ebenfalls Rechte. Insbesondere hat ein Angestellter oder Handwerker ein Recht darauf, vom Kunden nicht schikaniert und beschimpft zu werden. Sein Job ist es, freundlich seinen Dienst zu tun, aber die Verbraucher sollten keine Unterwürfigkeit, übergroße Sanftmut und Toleranz gegenüber jedem Schimpfwort erwarten, das sie loswerden wollen.

Einige Beschwerde-Regeln

Wenn man sich an unser C.H.E.F.-Verfahren hält, läßt sich eine Beschwerde leicht formulieren: Ihr Skript wird oft verkürzt und improvisiert sein oder mit nur wenigen Sekunden Planungszeit auskommen müssen. Hier einige zusätzliche Regeln für das Formulieren einer Beschwerde:

- *Greifen Sie sich die richtige Person heraus.* Richten Sie Ihr Skript an die Person, die wirklich für den mangelhaften Service verantwortlich ist. Wenn Sie in einem Restaurant nachlässig bedient werden, beschweren Sie sich bei der Bedienung; wenn das Essen nicht schmeckt, richten Sie die Klage (über die Bedienung oder den Geschäftsführer) an den Koch.
- *Bringen Sie Ihre Klage unter vier Augen vor.* Reden Sie, wenn möglich, mit dem Verantwortlichen so, daß es die Öffentlichkeit zunächst nicht mitbekommt. Sie erzielen damit bessere Ergebnisse; denn kaum jemand kann Kritik in der Öffentlichkeit vertragen. Fast jeder fühlt sich gezwungen, sich zu verteidigen, „sein Gesicht zu wahren", wenn er öffentlich kritisiert wird.
- *Beschweren Sie sich möglichst bald, nachdem Sie das Problem festgestellt haben.* Besprechen Sie Ihre Klage, wenn der problematische Vorfall noch frisch in Erinnerung ist; bevor Ihr Gedächtnis das Geschehen entstellt. Wenn Sie zu lange warten, werden Sie möglicherweise dieses Gefühl von Empörung vergessen, das die Selbstbehauptung motiviert.
- *Beschweren Sie sich immer nur über eine Angelegenheit.* Be-

ziehen Sie Ihre Klage ausschließlich auf das unmittelbar anstehende Problem, und bringen Sie keine älteren Beschwerden über andere Punkte auf den Tisch. Überschütten Sie Ihren Minus-Typ also nicht mit Kritik.

- *Entschuldigen Sie sich nicht für Ihre Beschwerde.* Das würde suggerieren, daß Sie selbst die Schuld für den Vorfall tragen, weil Sie zu empfindlich sind. Es vermindert die Wirkung Ihres Auftritts. Ein Kursteilnehmer drückte es so aus: „Sagen Sie nicht: ‚Es tut mit leid', wenn Sie nicht wirklich darunter leiden!"
- *Vermeiden Sie Verallgemeinerungen wie „immer" oder „nie".* Gefährden Sie nicht die Eindeutigkeit Ihrer Feststellungen, und erlauben Sie es dem Minus-Typ nicht, Sie zurückzuweisen. Beschreiben Sie einfach den speziellen Vorfall, der zur Debatte steht.
- *Beklagen Sie sich nur über Handlungen, von denen Sie meinen, daß sie verändert werden können.* Beklagen Sie sich bei einem Gehbehinderten nicht darüber, daß er zu langsam über eine Kreuzung geht. Seien Sie realistisch bei der Bewertung der Möglichkeiten, die der andere hat.
- *Versuchen Sie etwas an der anderen Person zu loben.* Niemand will ausschließlich Kritisches hören. Sie sollten sich deshalb etwas Schmeichelhaftes überlegen, wenn Ihr Minus-Typ Ihrer Beschwerde zuhört. Günstig ist es, wenn Sie Ihre Komplimente am Beginn (als eine Art Vorwort) und am Ende Ihrer Beschwerde einflechten. Eine mögliche Formulierung wäre: „Ich kaufe hier gerne ein, weil Sie normalerweise so gut auf die Kundenwünsche eingehen." Oder: „Ich mag die einmalige Atmosphäre und das wirklich hervorragende Essen, das es hier gibt." Das Kompliment belohnt den Angesprochenen dafür, daß er zuhört und möglicherweise Ihren Vorschlag zur Lösung des Problems annimmt.

Verkürzte C.H.E.F.-Skripts für Minus-Situationen

Viele Minus-Situationen sind nicht voraussehbar und nicht in jeder Einzelheit planbar. Sie können aber Ihre Schlagfertigkeit trainieren, indem Sie Skripts für ganze Klassen von Einmal-Situationen planen und schreiben. Deshalb hier zur Erinnerung ein Beispiel.

Situation. Eine Frau brachte ihr Auto zur Reparatur. Sie konnte den Defekt nicht genau beschreiben. Der Mechaniker brummte ein bißchen vor sich hin, kicherte, rollte mit den Augen und schüttelte den Kopf. Sie deutete das so, daß er sich über ihre mangelnden Kenntnisse lustig machte. Hier ihr improvisiertes Skript:

Charakterisieren	Sie haben so einen Tonfall in Ihren Bemerkungen und rollen mit den Augen; ich glaube fast, Sie machen sich lustig über mich, weil ich mich bei meinem Auto so schlecht auskenne.
Hinweisen	Das kann ich nicht leiden, und ich fühle mich zum Trottel abgestempelt. Aber wenn ich wüßte, wie man Autos repariert, wäre ich jetzt nicht hier und würde etwas dafür bezahlen.
Erwartungen erläutern	Bitte reparieren Sie mein Auto, und sparen Sie sich Ihre spitzen Bemerkungen und Anspielungen.
Folgen aufzeigen	*Positiv:* Wenn Sie hilfsbereit sind, werde ich meinen Freunden sagen, sie sollten ihre Autos hierher zur Reparatur bringen. [*Negativ:* Wenn Sie aber mit Ihren Anspielungen weitermachen, werde ich mich an einen anderen Betrieb wenden und meinen Freunden raten, nicht hierher zu kommen.]

Improvisierte Skripts haben viele Varianten. Ihre „Folgen“ haben typischerweise Bestrafungscharakter wie in dem Satz: „Ich werde mich an einen anderen Betrieb wenden.“ Versuchen Sie deshalb, Belohnungen einzubauen – etwa so: „Ich werde meinen Freunden anraten, daß sie hierher zum Einkaufen kommen.“ Wenn Sie über eine angemessene Belohnung oder Bestrafung entschieden haben, sollten Sie darauf vorbereitet sein, sie zu erhöhen, wenn das ursprüngliche Ausmaß nicht ausreicht. Sie steigern eine Belohnung, wenn Sie mehr Geld, mehr Lob oder mehr Unterstützung versprechen. Die Methode, die Bestrafung zu steigern, hängt von den Umständen ab. In vielen Geschäftsbereichen gibt es eine Befehls- oder Hierarchiekette, und Sie können Ihre Beschwerde bei höheren Hierarchiestufen vorbringen. Wenn die Beschwerde bei einem Tankwart nichts einbringt, können Sie es bei seinem Chef versuchen; wenn er keine Antwort gibt, können Sie den Gebietsleiter dieser Kette zu sprechen versuchen. Wenn Sie sich Ihrer Sache sicher sind, können Sie sich an den Verbraucherschutz wenden oder der Lokalzeitung einen kritischen Leserbrief schicken. Über rechtliche Schritte wollen wir uns hier jedoch nicht äußern.

Überlegen Sie sich abschließend, wie Sie sich gegenüber einem Dienstleister behaupten können – etwa einem Arzt –, der nicht auf Sie angewiesen ist. Viele Ärzte (oder Sprechstundenhilfen) sind nicht fähig, ihre Termine richtig einzuteilen und einzuhalten. Sie rechnen vielleicht einen Patienten je Viertelstunde, während der Durchschnittspatient vielleicht 20 Minuten braucht. Das Ergebnis am späten Vor- oder Nachmittag ist dann ein Rückstau von Terminen, wobei jeder Patient eine halbe oder ganze Stunde über seinen Termin hinaus warten muß. Ausgehend von dem Satz „Zeit ist Geld" will der Arzt normalerweise möglichst viele Patienten durchschleusen. Deshalb gestaltet er den Terminplan so, daß möglichst wenig Leerlauf zwischen den einzelnen Behandlungen liegt. Die Existenz von Wartezimmern bezeugt den Glauben des Arztes, daß seine Zeit wertvoller ist als die sämtlicher Patienten, die dort sitzen. Aber Sie müssen diese Annahme nicht teilen; Sie können sich darüber beschweren und für Ihre Rechte einstehen.

In einem Beispielsfall sagte ein Mann nach zwei verschobenen Terminen zu seinem Zahnarzt, seine Zeit sei ebenfalls Geld, und nach seiner Stundenlohn-Tabelle verursache eine halbstündige Verzögerung eine reale Verdoppelung der Kosten für seinen Arzttermin. Er machte drei Vorschläge: (1) Seine Termine ansetzen zu einer Zeit, zu der der Zahnarzt am wahrscheinlichsten im Zeitplan war, oder (2) ihn regelmäßig eine halbe Stunde nach dem offiziellen Termin kommen lassen oder (3) ihm erlauben, pro fünf Minuten Verzögerung einen bestimmten Betrag vom Zahnarzthonorar abzuziehen. Für den Fall, daß der Zahnarzt darauf nicht einging, stellte der Mann ausdrücklich die Konsequenz in Aussicht, daß er sich einen anderen Arzt suchen würde, der die Zeit seiner Patienten ebenso hoch einschätzen würde wie die eigene. Der Zahnarzt sprach sich für die Alternative 1 aus.

Das Beispiel zeigt, daß Sie Ihre Rechte auch in Situationen vertreten können, in denen keine „Waffengleichheit" besteht und in denen es zum üblichen Verhalten gehört, sich darein zu fügen. Sie werden nicht immer Erfolg haben beim Verändern unlauterer Praktiken, aber zumindest werden Sie ein besseres Gefühl haben, weil Sie für Ihre Rechte eingetreten sind.

Übungsmaterial

Setzen Sie sich bitte zur Übung mit den folgenden Fallbeispielen auseinander. Tragen Sie einen denkbaren Skript-Text für die jeweilige Situation ein. Zur Orientierung schildern wir ein Verhalten, das wir als erfolgreich einschätzen.

Situation. Sie als Frau sitzen mit einer Freundin in einem Bistro. Zwei Männer kommen ungebeten an Ihren Tisch, setzen sich zu Ihnen und verhalten sich sehr aufdringlich. Sie und Ihre Freundin wollen, daß die beiden Sie allein lassen. Wie können Sie ihnen Ihren Wunsch deutlich machen?

Ihr Skript: ______________________________

____

Mögliches Skript: „Wir sind nicht hier, um uns abschleppen zu lassen. Wir sind hier, um einander Gesellschaft zu leisten. Also gehen Sie bitte. Wenn Sie das nicht tun, rufe ich den Geschäftsführer."

Situation. Sie warten in Ihrem Auto, bis ein anderes Fahrzeug aus einer Parklücke herausfährt, die Sie gerne nehmen würden. Als es herauskommt, saust ein drittes Fahrzeug auf den Parkplatz, auf den Sie gewartet haben. Was tun Sie?

Ihr Skript: ______________________________

____

Mögliches Skript: (Notfalls steigen Sie aus) „Ich habe schon gewartet, daß dieser Platz frei wird. Da Sie später kamen, habe ich das Recht auf diese Stelle. Bitte fahren Sie woandershin."

Situation. Ihre kleine Tochter fällt beim Spielen hin und verletzt sich an der Stirn, so daß sie eine schmerzhafte Beule bekommt. Da Sie befürchten, es könnte sich um einen Schädelbruch handeln, fahren Sie schnell zur Notfall-Ambulanz des örtlichen Krankenhauses. Während Sie, zu Tode erschrocken, ein blutendes, bewußtloses Kind in Ihren Armen halten, nimmt eine sehr bedächtige Angestellte die Daten des Patienten vor Ihnen auf. Dann wendet sie sich Ihnen zu und beginnt mit einer langen Reihe von Fragen für das Aufnahmeformular. Sie sind aufgebracht durch ihre Fragen, während Sie für das Leben Ihres Kindes fürchten. Was sagen Sie zu ihr in dieser Situation?

Ihr Skript: ____

____

Mögliches Skript: „Schwester, das dauert zu lange, und ich habe das Gefühl, daß mein Kind sofort behandelt werden muß. Das hier ist ein Notfall, lassen Sie mich also gleich zu einem Arzt vor. Ihr Formulare fülle ich dann später aus."

Situation. Ihr Versicherungsvertreter ruft Sie zur Abendessenszeit an, um Ihnen einen günstigen Tarif zu empfehlen. Sie ärgern sich, daß Sie mitten im Essen belästigt werden.

Ihr Skript: ____

____

Mögliches Skript: „Wir sind gerade beim Abendessen. Es wäre mir recht, wenn ich vor 20 Uhr nicht gestört würde. Bitte rufen Sie mich zwischen 20 und 21 Uhr an. Dann bin ich eher dazu bereit, über Ihre Angebote zu sprechen."

Situation. Sie warten an einem Drive-in-Bankschalter, während ein langsamer Kassierer einige Reiseschecks zusammenstellt, die Sie bestellt haben. Der Mensch im Auto hinter Ihnen stört Sie durch wiederholtes Hupen. Was können Sie tun?

Ihr Skript: ______________________________

____

Mögliches Skript: (Sie steigen aus und gehen zum anderen hin). „Der Kassierer tut seine Arbeit, so gut er kann. Ihr Gehupe ist überflüssig und störend. Bitte hören Sie damit auf. Wenn Sie es so eilig haben, können Sie parken und in die Bank gehen."

Situation. Sie ärgern sich darüber, daß Leute Sie beim Vornamen nennen, obwohl Sie mit ihnen nicht bekannt sind. Sie möchten beim Nachnamen angeredet werden.

Ihr Skript: ______________________________

____

Mögliches Skript: „So wie wir zueinander stehen, möchte ich lieber Frau Meyer genannt werden."

Wenn Sie diese Übungen bearbeitet haben, vereinbaren Sie mit sich selbst, daß Sie nach Minus-Typen der eben beschriebenen Art Ausschau halten und bereit sind, Ihre Rechte zu vertreten. Dieses Kapitel ist nur soviel wert wie die Selbstbehauptung, zu der es Sie bewegt.

10

Wie man Freundschaften aufbaut

Schüchterne Menschen fühlen sich in Gesellschaft unbehaglich, weil ihnen die sozialen Fähigkeiten fehlen, die ihnen zu Freundschaften verhelfen könnten. Aber sie können lernen, wie man neue Bekanntschaften anknüpft und wie man aus einer lockeren Bekanntschaft eine tiefe Freundschaft oder eine Liebesbeziehung macht. In diesem Kapitel finden sich einige Anregungen dafür.

Eine Freundschaft entwickelt sich im allgemeinen in mehreren Stufen. Zwei Menschen treffen sich, dann lernen sie einander besser kennen – meist indem sie etwas zusammen unternehmen. Wenn sie mehr Zeit miteinander verbringen, entwickelt sich die Beziehung in eine von mehreren denkbaren Richtungen oder schwindet dahin. Wenn gegenseitige Sympathie und weitere Kontaktmöglichkeiten vorhanden sind, wachsen Vertrauen, Liebe und gegenseitige Abhängigkeit an. Wenn die Sympathie nicht auf beiden Seiten da ist, werden sich in der gemeinsam verbrachten Zeit mehr und mehr Konflikte einstellen, bis kein großes Bedürfnis mehr besteht, sich zu treffen, und die Beziehung einschläft.

Wie Sie Ihre Liebenswürdigkeit verstärken

Wir alle möchten manchmal wissen, ob wir beim Aufbau von Freundschaften mit Menschen, zu denen wir uns hingezogen fühlen, nicht mehr erreichen könnten. Manche scheinen mit Leichtigkeit und Eleganz in Freundschaften hineinzugleiten, während andere dabei große Schwierigkeiten haben. Die Erfolgreichen scheinen einfach liebenswerter zu sein. Aber was macht eine Person liebenswert für andere? Können Sie etwas dazutun, daß Ihre Liebenswürdigkeit größer wird, ohne daß Sie von Ihrem bestimmten Auftreten und Ihrer Selbstachtung etwas zurücknehmen?

Diese Frage ist durch Sozialwissenschaftler über Jahre hin untersucht worden. Sie haben erforscht, welche Faktoren dafür verantwortlich sind, daß wir jemanden anderes als liebenswert oder „sozial attraktiv" ansehen. Den Ergebnissen dieser Forscher zufolge neigen wir dazu, jenen Menschen Sympathie entgegenzubringen, die

1. uns in den Grundüberzeugungen, –interessen und –werten ähneln,
2. intellektuelle, soziale oder sportliche Fähigkeiten haben, die wir schätzen,
3. „bewundernswerte" oder erfreuliche persönliche Eigenschaften haben wie Ehrlichkeit, Freundlichkeit, Verläßlichkeit und Toleranz,
4. uns ebenfalls mögen.

Diese Faktoren zusammen passen in eine allgemeine „Belohnungsbasis" gegenseitiger Sympathie: Normalerweise mögen wir diejenigen, die uns belohnen und deren Belohnungen von uns als wertvoll eingeschätzt werden. Beispielsweise mögen wir Menschen, die mit uns übereinstimmen, weil sie unsere Überzeugungen durch Konsens absichern; sie lassen uns glauben, daß unsere Meinungen „korrekt" seien. Wir mögen angenehme, kooperative Menschen, weil sie uns für unser Verhalten belohnen.

Wie können wir liebenswerter werden? Dale Carnegie hat sechs Regeln für den Aufbau von Freundschaften vorgeschlagen:

1. Entwickeln Sie ein echtes Interesse für andere Menschen.
2. Lächeln Sie.
3. Denken Sie daran, daß der Name eines Menschen für ihn der süßeste und wichtigste Klang in seiner Sprache ist.
4. Hören Sie gut zu. Ermuntern Sie andere, über sich zu sprechen.
5. Sprechen Sie in einer Sprache, die den anderen interessiert.
6. Geben Sie dem anderen das Gefühl, daß er wichtig ist – und seien Sie dabei ehrlich.

Diese Regeln lassen sich so interpretieren: Es sind Regeln zur Belohnung der „Annäherungsversuche", die andere in Ihrer Richtung unternehmen.

Ein wichtiger Faktor fehlt aber in Carnegies Liste. Carnegies

Regeln legen das Schwergewicht auf die passive Rolle des freundlichen Zuhörers und lassen ihr positives Auftreten außer acht. Freundschaft, das bedeutet einen gegenseitigen Austausch, in dem beide etwas von sich selbst einbringen. Ein freundschaftliches Gespräch oder ein intimer Dialog ist weder eine Befragung noch eine Schmeichelei in einer Richtung. Vielmehr besteht sie aus einem ständigen Wechsel von Geben und Nehmen. Jeder der Beteiligten bringt Informationen über sich selbst ein und zeigt ein echtes Interesse für den anderen.

Passive Menschen leben oft zurückgezogen. Sie bleiben zu Hause, sehen fern oder lesen. So kann man sich keine Freundschaften aufbauen. Um neue Bekanntschaften zu schließen oder oberflächliche Kontakte zu vertiefen, müssen Sie mit Leuten zusammenkommen und sich selbst eine Chance geben.

Es kostet Zeit, aus dem Schneckenhaus herauszukommen und mehr Freunde zu gewinnen. Ebenso kostet die untenstehende Übung Zeit, eventuell eine ganze Menge. Sie müssen entscheiden, ob es die Zeit und den Aufwand lohnt, mehr enge Freunde zu haben. Manche Menschen ziehen es wirklich vor, allein zu sein – nach einem Arbeitstag unter sozialem Streß verbringen sie ihre Freizeit lieber mit Lesen, Malen oder Ausruhen. Sie mögen die Ruhe lieber als das Gewühl des sozialen Lebens. Das ist in Ordnung, solange sie sich ganz allein, ohne äußeren Druck dafür entscheiden.

Dieses Kapitel richtet sich an Menschen, die nicht aus freier Wahl allein sind, sondern wegen ihrer Ängste und ihrer geringen sozialen Fähigkeiten.

Vertiefen alter Bekanntschaften

Der erste Schritt beim Aufbau enger Freundschaften besteht darin, daß Sie zusammen mit Ihren Bekannten mehr unternehmen. Nehmen Sie sich jede Woche eine Reihe von sozialen Zielen vor, und vereinbaren Sie mit sich selbst, daß Sie sie erreichen. Diese Verhaltensziele sind dafür gedacht, daß Sie aus Ihrem sozialen Schneckenhaus herausgehen.

Erster Vertrag in eigener Sache: Rufen Sie in der laufenden Woche wenigstens zwei Bekannte beiderlei Geschlechts nur so zu einem freundlichen Geplauder an (auf die Techniken der Gesprächsführung kommen wir später zu sprechen). Dahinter steckt der Gedanke, daß Sie ihnen Ihre Sympathie zeigen. Wenn die Gespräche gut laufen, sollten Sie auch versuchen, weitere Kontakte zu arrangieren.

Schreiben Sie hier unten die Namen und Telefonnummern von zwei Bekannten hin, die Sie diese Woche anrufen werden. Notieren Sie auch zwei oder drei Themen, die Sie beim Gespräch mit ihnen einbringen könnten (das können auch dieselben Themen für beide Personen sein). Hier ein Beispiel:

Person 1: Klaus Tappe. Tel 54 324.

Themen: (1) Die Zeitungsnotiz über seine Universität, die ich gelesen habe. (2) Die neue Arbeitsanweisung, die unsere Abteilung von seinem Fachbereich erhält, (3) ob er noch mit Susanne zusammenkommt.

Person 1: ____________________

Themen: ____________________

Person 2: ____________________

Themen: ____________________

Vereinbaren Sie nun mit sich, daß Sie diese Leute an bestimmten Abenden in der kommenden Woche anrufen werden. Der Anruf braucht nicht lang zu sein – fünf bis zehn Minuten reichen aus. Manche Menschen benützen das Telefon nur für Geschäftliches oder für spezielle Bitten; sie fragen sich dann vielleicht, weshalb Sie eigentlich anrufen. Sagen Sie ihnen gleich zu Anfang, daß Sie einfach anrufen, um den Kontakt zu halten.

Belohnen Sie sich mit etwas Erfreulichem, wenn Sie alle Telefontermine abgewickelt haben. Setzen Sie Ihre Telefonate vier bis acht Wochen fort, erhöhen Sie die Zahl der Gespräche pro Woche, und erweitern Sie den Kreis der Leute, die Sie anrufen.

Eine zweite Übung zur Verstärkung Ihrer „Verbindungen“: Laden Sie pro Woche wenigstens zwei Bekannte dazu ein, zusammen mit Ihnen etwas zu unternehmen. Ein Essen im Restaurant oder ein Picknick eröffnet gute Gelegenheiten für freundschaftliche Gespräche. Dasselbe gilt von Kino, Konzerten, Sportveranstaltungen, Museen, Wanderungen und Grill-Abenden. Tun Sie nicht so, als hätten sie mit dem anderen eine große Geschichte zu bereden. Betonen Sie wiederum Ihren Wunsch, daß Sie ihn besser kennenlernen wollen. Wenn jemand keine Termine frei hat, rufen Sie eben andere an, bis Sie zwei zusammenbekommen.

Notieren Sie hier die Namen der beiden Personen, die Sie in dieser Woche wegen einer gemeinsamen Aktivität ansprechen wollen. Halten Sie auch fest, um was für eine Aktivität es sich handeln und wo sie stattfinden soll:

Person 1: ______________________________

Aktivität und Ort: ______________________

Person 2: ______________________________

Aktivität und Ort: ______________________

Belohnen Sie sich dafür, daß Sie diese Verabredungen wirklich „festklopfen". Führen Sie diese Kontaktpflege vier bis acht Wochen fort. Versuchen Sie jede Woche die Zahl der Bekannten (Männer und Frauen), die Sie gut kennen, zu erhöhen.

Neue Bekanntschaften machen

Wenn Sie bereit sind, Ihrem Bekanntenkreis „frisches Blut" zuzuführen, raten wir Ihnen folgendes: Konzentrieren Sie sich anfangs auf die schiere Zahl der neuen Kontakte und nicht so sehr auf die Qualität der Bekanntschaften oder die Freude, die Sie daraus ziehen. Aber wie können Sie es anpacken, daß Sie zusätzliche Menschen treffen?

Sie können Ihre jetzigen Freunde bitten, Sie mit deren Freunden bekanntzumachen. Laden Sie beispielsweise Ihren Freund und seinen Freund zum gemeinsamen Essen oder ins Kino ein. Freundschaften verbreiten sich oft in konzentrischen sozialen Kreisen.

Eine andere Möglichkeit: An Orte gehen, wo Menschen zusammenkommen. Sie können neue Leute in den Foyers von Hotels und Wohnheimen treffen, in Aufzügen, Bussen oder Zügen; bei Konzerten, Theateraufführungen, Tänzen, Parties, im Kino, bei Sportveranstaltungen, öffentlichen Lesungen und Gottesdiensten; in Kursen, Studentenclubs, Wander-, Segel-, Bridge-Clubs, bei Naturfreunden und ähnlichen Gruppierungen; in den verschiedenen Arten von Lokalen. Sie können Bekanntschaft schließen mit Verkäufern, Kellnerinnen, Tankstellenpächtern, Barkeepern, Lehrern, Studenten usw.

Lassen Sie sich bei der Auswahl von Plätzen oder Veranstaltungen, bei denen Sie Menschen Ihrer „Wellenlänge" treffen wollen, von Ihren Interessen leiten; seien das nun Vogelbeobachtung, Geschichtsvereine, Rockkonzerte, Kegeln oder Kunstausstellungen. Bei solchen Gelegenheiten werden Sie verwandte Seelen treffen, und damit haben Sie auch gleich ein Gesprächsthema, das mit Sicherheit für beide Teile interessant ist. Sie können zu solchen Treffs allein gehen oder mit einem Begleiter – einem, der Ihrem Vorhaben, Leute zu treffen, förderlich ist.

Wenn Sie sich einmal in einem solchen Rahmen befinden, müssen Sie eine Gelegenheit finden, um mit einer bestimmten Zielperson oder -gruppe ins Gespräch zu kommen. Suchen Sie sich jemanden aus, den Sie gerne treffen würden und der einen wenigstens einigermaßen zugänglichen Eindruck macht. Wir sind alle von sozialen Konventionen geprägt, die uns sagen, wann man in die Sphäre eines anderen „einbrechen" darf oder nicht darf, um seine Bekanntschaft zu machen. Beispielsweise unterbrechen wir Menschen nicht, wenn sie gerade etwas tun, was sie dem Anschein nach der Konversation mit uns vorziehen. Wenn wir es trotzdem versuchen, werden wir wahrscheinlich abgewiesen. Ein schüchterner Junge wird keinen Erfolg haben, wenn er Kontakt mit einem Mädchen aufnehmen will, das in eine Symphonie oder in das Gespräch mit seinem Freund vertieft ist.

Der Eindruck, den Sie auf den anderen machen, bildet sich großenteils in den ersten paar Minuten des Kontakts. Warum geht das so schnell? Weil er oder sie herausbekommen will, was für ein Typ Sie sind, und auf dieser Basis entscheiden will, ob er/sie Sie zur Fortführung des Gesprächs ermuntern oder davon abbringen soll.

Diese „Blitzurteile" werden weitgehend aufgrund äußerer Merkmale gefällt – der körperlichen Erscheinung, der Körpersprache und der Selbstsicherheit. Experimente über die gegenseitige Anziehungskraft der Menschen zeigen deutlich, daß die schlichte körperliche Schönheit und das Erscheinungsbild beim Aufbau positiver Gefühle eine wichtige Rolle spielen. Sie sollten deshalb alles versuchen, um so gut wie möglich auszusehen (in einem Stil, der zu Ihnen paßt), wenn Sie mit Menschen zusammenkommen, mit denen Sie Freundschaft schließen wollen. Je besser Sie aussehen, desto leichter ist es, eine Unterhaltung mit Unbekannten anzuknüpfen. Es ist keineswegs so, daß Sie unweigerlich verlieren, wenn Sie nicht so gut aussehen, aber Sie werden es schwerer haben, einen Kontakt herzustellen und aufrechtzuerhalten.

Ihr Körper ist ein weiterer Blitzindikator für Ihre Persönlichkeit. Nehmen Sie einen großen Spiegel, und üben Sie sich darin, freundlich, warm, interessiert und offen zu erscheinen. Schauen Sie dem anderen beim Sprechen häufig in die Augen, wenden Sie sich ihm zu, und lächeln Sie, wann immer möglich. Ein solches Verhalten signalisiert: „Ich mag dich. Ich bin an dir interessiert. Ich treffe mich gern mit dir." Übungshalber können Sie morgen aus dem Haus gehen und mehrere Unbekannte anlächeln, denen Sie begegnen. Halten Sie die festgestellten Reaktionen fest.

Lächeln Sie nicht nur, üben Sie auch den zuversichtlichen und selbstsicheren Blick. Stehen Sie gerade, mit erhobenem Kopf, die Hände entspannt, Mund und Gesicht ebenso, ohne nervöses Zucken und Bibbern und ohne Zeichen von Aufgeregtheit. Atmen Sie langsam und tief. Stellen Sie nervöse „Ticks" im Spiegel oder mit Hilfe eines guten Freundes fest, und gehen Sie daran, sie abzustellen. Intensivieren Sie gleichzeitig Ihre attraktiven Seiten. Solche Bemühungen können sich auszahlen, weil Sie dadurch zu einem attraktiveren Menschen werden.

Die Kunst der Konversation

Sie denken sich vielleicht, Schwierigkeiten in der Konversation seien nichts anderes als ein weiterer Beweis für Schüchternheit. Tatsache ist aber, daß die entsprechenden Fähigkeiten erlernbar sind. Übung macht den Meister.

Eröffnungssätze

Wenn Sie sich jemanden ausgesucht haben, mit dem Sie reden wollen, und auf eine geeignete Pause gewartet haben, ist der nächste Schritt, mit einigen Bemerkungen ins Gespräch einzusteigen. Ein Eröffnungssatz ist der „Fuß in der Tür", der Ihnen beiden die Aufnahme des Gesprächs ermöglicht, falls Sie beide das wollen. Das muß nicht gleich eine markante Formulierung voller Humor und Geist sein. Seine einzige Funktion besteht darin, damit positive Aufmerksamkeit auf sich zu ziehen und ein Gespräch aufnehmen zu können. Der Eröffnungssatz ist oft eine abgedroschene Redensart, eine, die wir schon tausendmal gehört haben. Aber das mindert nicht seinen Wert als Schlüssel zur Konversation.

- „Wo ist das Goethe-Haus?"
- „Sie sind neu hier, nicht wahr?"
- „Was halten Sie von dieser Ausstattung?"
- „Welche Art Musik (oder Filme oder Malerei) mögen Sie am liebsten?"
- „Wie gefällt Ihnen die Arbeit mit Kindern?"
- „Geht Ihnen dieser Regen auch auf die Nerven?"

Andere Eröffnungen sind Hilfeleistungen: Sie öffnen jemandem die Tür, bieten ihm einen Teil Ihrer Zeitung an, helfen ihr beim Aufsammeln von verstreuten Lebensmitteln, heben ihn nach einem Sturz vom Fahrrad auf.

Andere Gesprächsauslöser sind Haustiere, Musikinstrumente, Kunstgegenstände, ein Zeichenblock und eine auffällige, bemerkenswerte Kleidung. Eröffnungssätze und Gesprächsauslöser ermöglichen Gespräche mit Fremden, sie lassen sich aber auch verwenden, um Gespräche mit lockeren Bekanntschaften anzuknüpfen. Wenn Sie einiges über den Betreffenden wissen, können Sie gute Fragen als Eröffnungen ausarbeiten. Strengen Sie Ihre Phantasie an.

- „Hallo, wir sind im gleichen Biologiekurs. Könntest du mir sagen, was wir für nächsten Dienstag als Hausaufgabe haben?"
- „Sind Sie nicht in der Buchhaltungsabteilung? Ich versuche

seit zwei Wochen, einen Zahlungsauftrag dort durchzubringen. Könnten Sie mir sagen ..."

- „Sie sind also in der Verwaltung tätig. Ich trage mich mit dem Gedanken, da auch einzusteigen, kenne mich aber bei der Einstufung nicht aus. Wie funktioniert das?"

Nach dem, was Sie über den Menschen bereits wissen, müßte er oder sie eigentlich in der Lage sein, Ihre Frage zu beantworten. Diese Antwort bringt Ihnen wiederum mehr Gesprächsstoff ein.

Die Sätze nach den Eröffnungssätzen

„Schönes Wetter heute, nicht wahr?" Bei solchen einfachen Eröffnungen stellt sich das Problem, daß sie nur eine kurze „Zündungsphase" für ein Gespräch bereitstellen. Sie sollten deshalb zwei oder drei Bemerkungen bereithalten; dann verlieren Sie bei einem simplen „Ja" Ihres anvisierten Gesprächspartners nicht die Sprache. Hier ein paar exemplarische Reservesätze.

- „Wirklich schlimm, dieser Regen! Die Straßenverkäufer machen ein schlechtes Geschäft. Müssen Sie noch weit gehen in dieser Sauerei? Wollen Sie unter meinen Regenschirm kommen?"
- „Ich bin in diesem Lokal noch nie gewesen. Sie vielleicht? Wie finden Sie die Atmosphäre? Können Sie ein Gericht besonders empfehlen?"
- (Im Aufzug:) „Sie wohnen im dritten Stock. Ich im sechsten. Wie ist die Aussicht von Ihrer Wohnung aus? Der Aufzug ist schon recht altersschwach."

Legen Sie sich eine solche Satzfolge zurecht, bevor Sie das Gespräch eröffnen. Begleiten Sie solche Bemerkungen mit einem Lächeln und einem guten Blickkontakt. Es geht bei einer solchen Abfolge darum, daß man nach einem beiderseits interessierenden Thema sucht. Dieses ermöglicht es Ihnen beiden dann, im Gespräch „abzuheben". Das ist eine Sondierungsphase. Stellen Sie sich vor, daß Sie schnell mit einem Scanner über eine Themenliste fahren und ein Thema anzuklicken versuchen, das dem anderen gefällt.

Die Gesprächsbereitschaft des anderen können Sie danach taxieren, wieviel „freie Information" er über sich gibt als Antwort auf Ihre Fragen. Freie Information ist persönliche Information, bei der man über eine einfache, faktenorientierte Antwort hinausgeht. Sie fragen: „Gefällt Ihnen das Stück?" Sie antwortet: „Ja, ich mag fast alle Stücke von Brecht." Der zweite Teil des Satzes ist „freie Information" über ihren Geschmack und ihre Vorlieben. Freie Information bringt deutliche Hinweise auf jemandes Interessen. Sie wissen dann besser, welche Fragen sie oder ihn dazu bringen, weiterzureden. Sie antworten: „Ja, ich glaube, Brecht kann hervorragend mit den modernen dramatischen Formen umgehen. Welche Stücke von ihm haben Sie gesehen?"

Während der Eröffnung und der darauffolgenden Sondierungsphase taxieren Sie einander und versuchen zu entscheiden, ob Sie das Gespräch fortführen wollen. Wenn jemand nicht weitermachen will, kann er oder sie verschiedene Signale setzen: Wegschauen, nicht lächeln, kurze, oberflächliche oder gar keine Antworten geben, geschäftig mit der Arbeit weitermachen und ganz allgemein Ihnen kühl und gleichgültig gegenübertreten. Sie können entscheiden, ob Sie sich dankend zurückziehen oder weiter nach einem Thema fahnden, das ihn oder sie interessieren könnte.

Bei dieser Entscheidungsstufe können Sie zwei Arten von Fehlern machen: Sie können weiterfahnden, während der andere wirklich will, daß Sie gehen. Sie können aber auch aufhören und sich zurückziehen, wenn der andere wirklich will, daß Sie weitermachen, aber im Moment nicht weiß, wie er Ihnen auf die Sprünge helfen soll. Beim Versuch der Gesprächseröffnung machen schüchterne Leute in der Regel den Fehler Nummer zwei; sie ziehen sich zurück, obwohl der potentielle Gesprächspartner nichts dagegen hätte, wenn Sie weiterreden würden. So lautet denn der beste Rat an einen schüchternen Menschen, vor allem wenn er mit einer anderen schüchternen Person Kontakt aufnehmen will: Suchen Sie weiter nach gemeinsamen Themen, bis Sie Erfolg haben oder der andere klar anzeigt, daß er jetzt an einem Gespräch nicht interessiert ist. Mit anderen Worten: Gehen Sie von der Annahme aus, daß Sie willkommen sind, solange man Ihnen nicht klar und deutlich das Gegenteil signalisiert. Der Stand der Dinge läßt sich auch dadurch ermitteln, daß man das Verhalten des anderen kommentiert. Sie können sagen: „Sie haben wohl gerade viel zu tun" oder „Ich habe den Eindruck, daß Sie nicht über die Brecht-Aufführung reden wollen."

Denken Sie sich in der folgenden Übung einen Eröffnungssatz aus, dazu zwei Folgesätze, die Sie zu vier bestimmten Personen sagen könnten. Es soll sich um zwei Leute vom gleichen und zwei vom anderen Geschlecht handeln; um eine Person, die Ihnen total unbekannt ist, und andere, von denen Sie sehr wenig wissen, aber mehr wissen wollen.

Gleiches Geschlecht, vertraute Person

Situation: ______________________________

Eröffnungssatz: ______________________________

Folgesätze: ______________________________

Anderes Geschlecht, vertraute Person

Sitution: ______________________________

Eröffnungssatz: ______________________________

Folgesätze: ______________________________

Gleiches Geschlecht, Unbekannte(r)

Sitution: ______________________________

Eröffnungssatz: ______________________________

Folgesätze: ______________________________

Anderes Geschlecht, Unbekannte(r)

Situation: ______________________________

Eröffnungssatz: ______________________________

Folgesätze: ______________________________

Das Gespräch in Gang halten

Angenommen, Sie haben Ihren Eröffnungssatz und die Folgesätze ausgesprochen und der andere nimmt aktiv Anteil. Er oder sie hat damit zu erkennen gegeben: „Dieses Gespräch gefällt mir bis jetzt. Mal sehen, was dabei herauskommt."

Sie halten ein Gespräch in Gang, indem Sie den anderen dazu ermuntern, über sich zu sprechen. Sie flechten immer wieder Bemerkungen über sich ein. Achten Sie insbesondere auf die freie Information, die andere über sich bereitstellen, über ihre Vorlieben, Gefühle, ihren sozialen Hintergrund oder ihren Charakter. Sie nützen solche Informationen, um eine vergleichbare Aussage über Ihre eigenen Werte oder Erfahrungen zu diesem Punkt zu machen. Sie können aus der freien Information auch Fragen ableiten. Wenn jemand auf Ihre Frage antwortet: „Ich kenne die nächste Klassenarbeit nicht. Ich war am Tag des letzten Klassentreffens beim Ski fahren", dann gehen Sie auf die freie Information ein. Etwa so: „Das klingt gut. Ich fahre selbst gerne Ski. Ich war vor ungefähr vier Wochen in XY, da war der Schnee sehr ‚schnell'. An welchem Ort warst du? Wie war es?"

Holen Sie in den untenstehenden Beispielen die freie Information heraus, die in der Antwort des Gesprächspartners steckt; nehmen Sie das dann als Bezugsrahmen für eine ausführliche Bemerkung oder Frage.

Sie:	Wo sind Sie so braun geworden?
Ihre Gesprächspartnerin:	In XY. Ich bin im Frühjahrsurlaub dorthin gefahren.
Sie:	______________________________
Sie:	Wo kaufen Sie ein?
Ihr Gesprächspartner:	Im Supermarkt XY. Sie haben eine große Bio-Abteilung.
Sie:	______________________________
Sie:	Wen haben Sie gewählt?
Ihr Gesprächspartner:	Ich habe überhaupt nicht gewählt. Ich mache mir gar nichts aus Politik.
Sie:	______________________________

Wenn Sie auf die Bemerkung des anderen eingehen, sollten Sie auch freie Informationen über sich selbst geben, bevor Sie mit einer Frage abschließen. Die Information über Sie und Ihre Interessen sollte genau sein, so daß der andere das Gespräch mit Ihnen leicht fortsetzen kann. Die meisten Menschen sind ein bißchen ängstlich, wenn es darum geht, das Gespräch mit einer neuen Bekanntschaft in Gang zu halten. Helfen Sie also dem Gesprächspartner nach Kräften, bringen Sie eine Menge freier, ausführlicher Informationen über Ihre Erfahrungen, Werte und Ansichten ein. Wenn Sie das nicht tun, schließt der andere möglicherweise auf Desinteresse von Ihrer Seite.

Die einfachste Methode, jemanden zum Reden zu bringen, besteht darin, passende Fragen zu stellen. Wir können sie in drei Klassen aufteilen.

1. Sachfragen zu äußeren Ereignissen, die Sie im Prinzip in einer Zeitung oder einem Lexikon nachschlagen könnten. Beispiele: „Wie spielte Bayern München gestern?" Oder: „Wann fängt die Vorführung an?"
2. Fragen an den anderen, die höchstens einen leichten persönlichen Einschlag haben: „Was haben Sie als Hauptfach?" Oder: „Von woher stammen Sie?", „Was für ein Geschäft betreiben Sie?"
3. Fragen über persönliche Gefühle, Begründungen, Motive, die subjektive und persönliche Antworten provozieren: „Wie fühlst du dich in der Schule?", „Warum interessieren Sie sich für Träume?", „Wie hat es sich ausgewirkt, daß Sie das jüngste von sechs Kindern waren?"

Lernen Sie diese drei Fragetypen auseinanderzuhalten und zu stellen. Der erste und zweite Typ holen Hintergrundinformationen heraus, tragen aber nichts zur Entwicklung von Gefühlen und engen Freundschaften bei. Fragen des dritten Typs führen zu größerer Intimität. Gefühlsfragen drücken Ihr Interesse am anderen aus. Wenn Sie die Gefühle eines anderen Menschen zu verstehen versuchen, sagen Sie zugleich, daß Sie ihn schätzen und an ihm interessiert sind. Wenn solche Empfindungen klar ausgesprochen werden, werden sie mit recht hoher Wahrscheinlichkeit erwidert: Der andere entwickelt ein Interesse an dem, was Sie zu sagen haben.

Hier noch ein paar Fragebeispiele. Bestimmen Sie, zu welchem Typ sie gehören (1, 2 oder 3). Schreiben Sie Ihre Antwort neben die jeweilige Frage.

__ Haben Sie Geschwister?

__ Wie stehen Sie zu Ihren Eltern?

__ Was hat der Kanzler gestern in XY getan?

__ Von wo sind Sie?

__ Was kann Sie richtig erschrecken?

__ Hat das Ihre Stimmung stark gedrückt?

__ War Ihre Mutter im Rollstuhl?

__ Was halten Sie von der Drogenpolitik?

__ Was war Ihr Vater von Beruf?

__ Wer gibt bei Ihnen Physik?

(Lösungen: 2,3,1,2,3,3,3,3,2,1)

Wenn Sie jemanden gut kennenlernen wollen, müssen Sie die Information über Gefühle herauslocken und teilen, die in den Fragen vom Typ 3 steckt. Der Vertrautheitsgrad eines Gesprächs wird von Beobachtern direkt mit der Anzahl der Fragen vom Typ drei in Zusammenhang gebracht. Konzentrieren Sie sich also, wenn Sie eine Freundschaft vertiefen wollen, darauf, das Gespräch von den Typen 1 und 2 auf den Typ 3 hinzulenken. Das kann Ihnen beiden das Gefühl von wachsender Vertrautheit geben.

Offene und geschlossene Fragen

Lernen Sie offene Fragen zu stellen, solche, die an den anderen appellieren, eine Situation in Einzelheiten zu beschreiben. Man kann sie den „geschlossenen Fragen" entgegensetzen. Bei diesen neigt man dazu, eine kurze Antwort zu geben, etwa gar mit einem einzigen Wort wie „ja" oder „nein". Offene Fragen lösen längere, ausführlichere Antworten aus, mehr Einzelheiten und

Aussagen über Motive, Gefühle und Absichten. Offene Fragen können etwa so beginnen: „Könnten Sie mir darüber noch mehr erzählen?", „Wie hat sich das ergeben?", „Wie fühlten Sie sich bei …", „Wie sehen Sie das?" Aus der freien Information in der Antwort können Sie einen interessanten Punkt auswählen, der Ihnen dann bei der Formulierung Ihrer nächsten Bemerkung, Ihrer Selbstoffenbarung oder Frage zustatten kommt.

Hier einige Beispiele, die den Unterschied von offenen und geschlossenen Fragen deutlich machen. Überlegen Sie sich beim Lesen, wieviel Sie auf die beiden Fragetypen zu sagen hätten.

Geschlossene Fragen	*Offene Fragen*
„Sie sind aus Berlin, nicht wahr?"	„Was haben Sie für Erinnerungen an Berlin?"
„Hatten Sie Angst?"	„Erzählen Sie mir, wie Sie sich gefühlt haben."
„Welches sind Ihre Lieblingsautoren?"	„Was gefällt Ihnen an ihren Geschichten?"

Beachten Sie, daß offene Fragen auf Informationsgewinn gerichtet sind. Die geschlossenen Fragen bauen auf solchen Informationen auf und dringen weiter vor zu Einzelheiten, Gefühlen, Begründungen und Standpunkten.

Jetzt geht es an die Formulierung offener und geschlossener Fragen für einige hypothetische Situationen:

Situation. Sie stehen in einer Schlange vor der Kinokasse, um in einen Spielberg-Film zu gehen. Sie beginnen eine Unterhaltung mit dem Mann, der vor Ihnen in der Schlange steht. Er sagt: „Ich freue mich schon lange auf diesen Film." Sie antworten:

Geschlossene Fragen: ______________________________

Offene Frage 1: ______________________________

Offene Frage 2: ______________________________

Situation. Bei einer Party tanzen Sie mit jemand, den Sie noch nie gesehen haben. Auf Ihren Eröffnungssatz antwortet er oder sie: „Ich arbeite als Wirtschaftsprüfer." Sie antworten:

Geschlossene Fragen: ______________________________

Offene Frage 1: ______________________________

Offene Frage 2: ______________________________

Situation. Sie sind Mitglied eines Kirchenchors, da Sie gerne singen. Sie empfinden Sympathie für ein anderes Chormitglied. Nach einem Auftritt fragen Sie die Sängerin, wie lange sie schon in diesem Chor singt. Sie antwortet: „Ungefähr sechs Monate." Sie machen weiter mit:

Geschlossene Fragen: ______________________________

Offene Frage 1: ______________________________

Offene Frage 2: ______________________________

Wofür all diese Fragen über persönliche Gefühle und Werte? Sie erfüllen mehrere Funktionen. Erstens sagen sie anderen Leuten, daß Sie an ihnen interessiert sind und sich um sie kümmern. Zweitens beantwortet man solche Fragen oft bereitwillig, weil man gerne über sich und über interessante Themen spricht. Ihre ehrliche Aufmerksamkeit bezeugt, daß Sie auch selbst eine sehr anziehende und interessante Person sind. Drittens erfahren Sie auf dem Weg über die Antworten einiges über das, was Ihre Gesprächspartner (nicht) mögen und was sie für Ziele haben. Sie erfahren, welche Themen oder Ereignisse sie interessieren und wie Sie ihnen gefällig sein können. Ein solches Wissen ist von Vorteil für die Intensivierung von Freundschaften.

Anteilnehmen durch Selbstoffenbarung

Eine gute Unterhaltung ergibt sich daraus, daß sich eine Seite der anderen offenbart und die andere jeweils darauf reagiert. Sie erreichen eine Vertiefung der Freundschaft, indem Sie dem anderen von Ihren Gefühlen, Vorlieben, Phantasien, tiefsitzenden Bedürfnissen, langfristigen Zielen erzählen. Oder von dem historischen Hintergrund, durch den Ihre gegenwärtigen Ziele und Probleme bedingt sind. Indem Sie sich dem anderen öffnen, bekommt er oder sie das Gefühl, daß Sie Ihre Gefühle und Ihr Inneres mit ihm oder ihr *teilen*. Unterstützen Sie deshalb ein sich anbahnendes Gespräch durch Bereitstellung von viel freier Information über sich, besonders über Ihre Gefühle und Einstellungen.

Gelegentlich wird ein scheuer Mensch, der diesen Rat gehört hat, fragen: „Aber welche Formen der Selbstoffenbarung führen zur persönlichen Nähe? Welche Themen?" Mit Sicherheit können Sie keine Intimität herstellen durch Ausplaudern von wohlgehüteten Geheimnissen bezüglich Ihres Mundgeruchs, Ihrer Schuppen und Ihrer Verstopfung. Aber es gibt hunderterlei Dinge aus dem Bereich der tiefverwurzelten persönlichen Überzeugungen, die bei taktvollem Nachfragen zur Vertrautheit führen können. Eine Themenliste könnte Meinungsäußerungen zu den folgenden Punkten enthalten: Ihre Eltern und Geschwister; Ihre Heimatstadt und Ihre Kindheit; Ihr Lebensstil; Ihre Zukunftspläne; Ihre Ansichten über Heirat und Kinderkriegen; Ihre Gewalttätigkeit und Ihr Haß; Ihre Ängste; Ihre Gefühle in puncto Altwerden; Ihre Ansichten zu Gott; Ihre Ansicht zum Tod; Ihr Drogengenuß; Ihre Erfolge und Mißerfolge; Ihre früheren Liebschaften und Ihre Eifersuchtsanfälle; sorgenvolle Zeiten. Fast jeder kann mindestens einige Minuten lang über solche grundlegenden persönlichen Angelegenheiten sprechen.

Vorsicht: Den Aufbau von Intimität kann man nicht beliebig beschleunigen. Gewöhnlich wird ein Mensch erst einige Zeit mit Ihnen zusammen sein, bevor er Ihnen von Gefühlen oder persönlichen Dingen berichtet, die ihm oder ihr peinlich sind. Die kulturelle Konvention geht dahin, daß man eine freundliche Maske trägt und einen beginnenden Kontakt auf unverfängliche Themen und Äußerungen beschränkt. Auf dieser Stufe wird der andere verwirrt sein, wenn Sie ihn oder sie mit einer Sturzflut von Enthüllungen intimster Art bedrängen. Die Reaktion: „Er kennt mich nicht gut genug, um gleich mit solch schwerem Geschütz zu kommen."

Wir wollen auch nicht den Eindruck erwecken, daß enge Freunde immer nur über ihr Seelenleben reden – ihre Gefühle, ihre Durchhänger und Motive. Vertraute Freunde tauschen eine riesige Menge von Small talk aus und fühlen sich dabei wohl. Nach einigen Treffen haben sie gewöhnlich die Gefühle ausgelotet, Werte und Meinungen des jeweils anderen in wesentlichen Fragen ermittelt. Enge Freunde zeichnen sich gerade durch die Leichtigkeit aus, mit der sie über solche tiefgehenden Dinge reden können. Beim Aufbau eines engen Verhältnisses sollten also schwere, gefühlsbeladene Gespräche mit einer Menge von Alltagsgesprächen und schlichtem Informationsaustausch gemischt sein. Eine Freundschaft dient nicht der Dauerpsychoanalyse, sondern der Freude.

Toter Punkt

Gesprächsthemen wie Wetter, Inflation und der letzte gemeinsam gesehene Film lassen sich normalerweise nur ein paar Minuten lang durchhalten. Sie kommen schließlich an einen toten Punkt, wo keinem mehr etwas dazu einfällt. Tote Punkte erkennt man im allgemeinen an einer langen Pause nach einem Gesprächsbeitrag und vor der nächsten Reaktion. Wenn sich ein Thema für den Moment totgelaufen hat, müssen Sie nach Hilfe Ausschau halten.

Kommen Sie ausdrücklich auf einen früheren Gesprächspunkt zurück. Man kann das einleiten mit Sätzen wie diesem: „Ich würde gerne zurückkommen auf eine Sache, die du vor einiger Zeit angesprochen hast. Kannst du mir sagen, wie du zu diesem Schluß gekommen bist?" Oder Sie verwenden einen Überleitungssatz. Nach dem toten Punkt können Sie sagen:

- „Richtig. Ich habe mich kürzlich noch gefragt ..."
- „Also, wenn Ihnen das gefallen hat, dann werden Sie wohl auch XY anschauen wollen."
- „Ja. Versuchen wir einmal, unsere Köpfe von dieser schweren Materie frei zu bekommen und für später aufzuheben. Um auf profanere Dinge zurückzukommen: Ich wüßte gerne, was du über XY denkst."

Diese Sätze beginnen mit einer Interjektion wie „also", die einen Wendepunkt im Gespräch bezeichnet. Sie bringen dann Ihr neues Thema entweder mit einem früheren zusammen oder mit einem, das Ihnen durch Ihr Wissen über den Gesprächspartner nahegelegt wird. Wenn Sie und Ihr Gegenüber solche Übergänge nicht liefern können, werden Sie entweder das Gespräch abbrechen oder ziellos herumreden. Es ist immer von Vorteil, ein paar Themen in der Hinterhand zu haben, die Sie in solchen Notfällen heranziehen können.

Zuhören

Um ein guter Gesprächspartner zu werden, müssen Sie ein guter Zuhörer werden. Es ist erstaunlich, wie viele Menschen furchtbar schlechte Zuhörer sind. Sie vermitteln uns den Eindruck, daß wir sie langweilen und daß sie nur auf die Chance warten, uns mit einem hervorragenden Einfall, der ihnen eben durch den Kopf geschossen ist, zu unterbrechen.

Sie mögen das Zuhören als passives Verhalten ansehen, es hat aber seine aktiven, dynamischen Aspekte. Ihr aktives Zuhören zeigt Interesse am anderen. Es verschafft Ihnen eine Menge freier Information über den anderen und ist deshalb ein notwendiges und willkommenes Element in der totalen Interaktion zwischen Ihnen und Ihrem Partner.

Wenn Sie ein guter Zuhörer werden wollen, müssen Sie wenigstens ein paar Regeln befolgen. Die erste betrifft Ihre Körpersprache. Sie sollte ausdrücken, daß Sie dem Sprecher Ihre volle Aufmerksamkeit schenken und daß Ihnen das gefällt, was er oder sie sagt. Die zweite Regel: Unterbrechen Sie den Sprecher nicht, es sei denn, daß er ungewöhnlich ausfallend, langatmig oder flegelhaft ist. Leute, deren Freundschaft Sie gewinnen und pflegen wollen, werden Ihre Höflichkeit mit ähnlicher Aufmerksamkeit belohnen, wenn Sie Ihre eigenen Gedanken äußern.

Abschließende Sätze

Gespräche dauern nicht ewig. Es ist besser, ein kurzes, gehaltvolles Gespräch zu führen als ein langatmiges, das angefüllt ist mit viel toter Zeit, mit Gähnen und der panischen Suche nach einem neuen Thema. Denjenigen, der sich kurz und gehaltvoll unterhält, werden Sie wieder aufsuchen, den anderen nicht. Wie schließen Sie ein Gespräch ab? Es ist sehr lehrreich für Sie, wenn Sie mehrere Tage lang die vielen Gespräche beobachten, die um

Sie herum ablaufen. Achten Sie dabei vor allem auf die Merkzeichen, mit denen die Beteiligten kundtun, daß sie so langsam zum Schluß kommen wollen.

Eine typische Unterhaltung, beispielsweise zwischen einem Vorgesetzten und einem Angestellten, beginnt mit einer schnellen Folge von Bemerkungen über ein besonderes Problem und die Art, wie man es behandeln kann. Wenn dieser Gesprächsstoff ausläuft, sagt derjenige, der zuletzt dran ist, etwa dies: „Also dann mache ich das so. Okay?" Das „Okay", mit steigendem Akzent gesprochen, enthält die Frage: „Gibt's sonst noch etwas? Wenn nicht, ist das Gespräch beendet." Der Zuhörer versteht diese implizite Mitteilung. Wenn er „Okay" mit dem Ausdruck der Endgültigkeit (mit fallendem Akzent) antwortet, dann ist das Gespräch definitiv beendet, abgesehen von irgendwelchen Grußformeln. Wenn der Zuhörer noch ein anderes Thema anschneiden will, muß er recht bald nach dem „Okay?" des ersten Sprechers einsteigen. Wenn er diesen Moment verstreichen läßt und die Unterhaltung beendet erscheint, kann er es nur mit einer Entschuldigung wieder in Gang bringen, etwa: „Ach Gott, beinahe hätte ich vergessen, daß da noch etwas anderes ist."

Das „Okay?" ist ein Gesprächs-Abschluß. Es gibt noch eine Reihe anderer wie „Sonst noch was?" „War's das?" Hier noch einige andere Methoden:

- Zusammenfassen
- Begründen, daß man weggeht
- Fortführung anzeigen.

Man sendet auch per Körpersprache Botschaften aus, wenn man darangeht, ein Gespräch abzuschließen. Man unterbricht den Blickkontakt, steht auf (wenn man vorher gesessen hat), seufzt, lächelt und gibt die Hand. Man beendet ein Gespräch, weil man zur Arbeit, nach Hause, zur Bibliothek, ins Bad, zum Abendessen, zum Studieren, zum Schlafen, zum Zahnarzt gehen muß, weil man Getränke kaltstellen, einen Termin einhalten oder Auto fahren und mit anderen Leuten sprechen muß. Die Gesprächs-Etikette verlangt, daß man bei einer solchen Abschlußgeste nicht ihre Gründe in Frage stellen oder sie aufhalten soll.

Wenn Sie aufbrechen, ist es üblich, ein Interesse an künftigem

Kontakt anzumelden – dies gilt gerade für Freundschaften, die sich erst entwickeln. Das kann allgemein formuliert werden: „Ich schaue nächstes Wochenende einmal hier vorbei." Oder genau: „Treffen wir uns doch morgen hier zum Mittagessen." Anfangs werden Sie vielleicht nur ein allgemeines Interesse an einem weiteren Treffen zeigen; wenn die Freundschaft enger geworden ist, kann man eine bestimmte Zeit und einen bestimmten Ort für das nächste Treffen ausmachen. Oder das Gespräch endet mit dem Versprechen, sich „zusammenzutelefonieren".

Übungen für soziale Kontakte

Wenn Sie sich als schüchtern einschätzen, üben Sie sich in den folgenden Aktivitäten, um die Schüchternheit zu überwinden. Verwenden Sie Ihr spezielles Tagebuch, in dem Sie Ihre Leistungen in verschiedenen Aufgabenfeldern notieren. Halten Sie fest, was Sie beobachtet haben, wie Sie sich dabei fühlten und wie der andere reagierte. Lassen Sie sich bei diesen Übungen von einem guten Freund helfen.

Beachten Sie zunächst, daß diese Aktivitäten nach dem Zufallsprinzip aufeinanderfolgen, nicht nach ihrem Schwierigkeitsgrad. Lesen Sie die Liste durch, und ordnen Sie die einzelnen Punkte nach der subjektiven Schwierigkeit ein. Sondern Sie alle Übungen aus, die in Ihrem sozialen Umfeld nicht durchgeführt werden können. Setzen Sie neben die für Sie leichteste Übung eine 1. Je höher die Zahl, desto schwieriger sind für Sie die Aufgaben.

__ Sich jemand Unbekanntem in Ihrer Firma, im Lebensmittelgeschäft oder in einem Kurs vorstellen.
__ Jemandem, der denselben Weg hat, anbieten, mit Ihnen zu gehen.
__ Sich im Büro einer Gruppe anschließen, die gemeinsam die Kaffeepause verplaudert.
__ Eine private Meinungsumfrage veranstalten. Zehn Leute über ihre Meinung zu einem aktuellen Thema befragen.
__ Jemand Unbekannten fragen, ob er Ihnen für einen Anruf seine Telefonkarte leihen kann.

__ Den Namen einer Frau (wenn Sie ein Mann sind) oder eines Mannes (wenn Sie eine Frau sind) in Ihrem Büro oder in Ihrem Seminar oder in Ihrem Verein in Erfahrung bringen. Rufen Sie ihn oder sie an, und fragen Sie nach dem letzten Arbeitsauftrag, dem letzten Seminarthema oder der nächsten Veranstaltung.

__ Gehen Sie in ein Café. Lächeln und nicken Sie den ersten drei Personen zu, die zu Ihnen herüberschauen. Fangen Sie ein Gespräch mit mindestens einer Person vom gleichen Geschlecht an.

__ Stellen Sie sich in eine Schlange in einem Geschäft, einer Bank oder einem Kino. Fangen Sie mit jemandem in Ihrer Nähe ein Gespräch über die Schlange an.

__ Unterhalten Sie sich mit dem Mann von der Tankstelle, während Sie bezahlen.

__ Setzen Sie sich neben eine Person vom anderen Geschlecht, die einen interessanten Eindruck macht (in einem Bus, einer Hotelhalle, einem Kursraum oder einem Kino). Versuchen Sie sich an einer Gesprächseröffnung.

__ Fragen Sie drei Personen nach dem Weg. Ziehen Sie wenigstens eine davon für ein, zwei Minuten in eine allgemeine Unterhaltung hinein.

__ Gehen Sie zu einer Joggingstrecke, einem Strand oder einem Schwimmbad. Reden Sie mit zwei, drei Leuten, in deren Nähe Sie kommen.

__ Stellen Sie fest, ob jemand in Ihrer Nachbarschaft oder in Ihrem Kurs oder in Ihrem Büro Hilfe braucht. Bieten Sie Ihre Hilfe an.

__ Tragen Sie ein Exemplar eines umstrittenen Buches einen Tag lang mit sich herum. Zählen Sie, mit wie vielen Menschen Sie auf diese Weise ins Gespräch kommen.

__ Organisieren und „schmeißen" Sie eine Party (sagen wir mit 3–5 Personen). Laden Sie mindestens eine Person ein, die Sie nicht gut kennen.

__ Suchen Sie sich, wenn Sie das nächste Mal ein Problem haben, jemanden in Ihrem Wohnheim, in Ihrem Büro oder in der Nachbarschaft, den Sie nicht gut kennen, und fragen Sie ihn oder sie um Rat.

__ Laden Sie jemand ein, mit Ihnen essen zu gehen – jemand, mit dem Sie noch nie ausgegangen sind.

- Üben Sie Ihre Eröffnungssätze und Folgesätze vor einem Spiegel, und nehmen Sie sich auf Band auf. Hören Sie das Band ab, und wiederholen Sie die Prozedur, um die Lebhaftigkeit und Begeisterung in Ihrer Stimme zu verbessern.
- Sagen Sie heute zu fünf neuen Leuten „Hallo", die Sie normalerweise nicht grüßen würden. Versuchen Sie von ihnen ein Lächeln und ein „Hallo" als Antwort zu bekommen.

Machen Sie nun mit sich ab, daß Sie die Arbeit mit der einfachsten Übung beginnen. Manche Übungen lassen sich an einem Tag bewältigen, andere brauchen mehrere Tage. Schließen Sie jede Übung ab, belohnen Sie sich, und gehen Sie am folgenden Tag zur nächsten, schwereren Übung weiter. Beobachten Sie die Wirkung ihres sozialen Verhaltens auf andere und auf sich selbst. Notieren Sie Ihre Beobachtungen jeden Abend in dem eigens dafür angelegten Tagebuch, und gehen Sie im Geiste die positiven sozialen Erfahrungen dieses Tages nochmals durch.

Über Rendezvous und sonstige Dates

Eine der furchterregendsten Situationen für den schüchternen Menschen besteht darin, jemanden anders um ein Rendezvous zu bitten. Aber es ist falsch, sich ein erstes Treffen als Riesengeschichte mit Essen in einem noblen Lokal und mit aufwendigem Unterhaltungsprogramm auszumalen. Manche Verabredungen werden für recht unspektakuläre Aktivitäten getroffen – Spaziergänge, Segeln, eine Kaffeepause, ein Tennisspiel, gemeinsames Lernen, ein Mittagessen, Einkaufen, ein Film, eine Lesung, eine Party oder eine kleine Veranstaltung. Es muß keine große und aufwendige Sache sein, wenn man eine Freundschaft pflegen will; Beziehungen wachsen mit der Qualität des Kontakts, nicht mit dem Aufwand, der bei den Aktivitäten getrieben wird.

Unter den Singles der heutigen Zeit ist es durchaus üblich, daß die Frau die Initiative ergreift, insbesondere bei den beiläufigeren, weniger verbindlichen Aktivitäten. Trotzdem fühlen sich manche Leute unwohl bei diesem Gedanken, und das traditionelle Verhaltensmuster ist immer noch am meisten verbreitet. Unsere Bemerkungen zum ersten Rendezvous sind dementsprechend darauf gemünzt, daß ein Mann auf eine Frau zugeht. Aber das Gesagte gilt auch für eine Frau, die den aktiven Part übernimmt.

Viele Verabredungen werden telefonisch ausgemacht, deshalb dazu einige Tips: Seien Sie erstens präpariert. Halten Sie eine bestimmte Veranstaltung oder Aktivität in der Hinterhand für das Date; eine, von der Sie meinen, daß sie Ihnen beiden Spaß macht. Wenn es eine Theateraufführung, ein Film oder eine andere öffentliche Veranstaltung ist, sollten Sie dafür sorgen, daß es noch Eintrittskarten gibt, und über den Zeitpunkt und Ort Bescheid wissen. Zweitens: Geben Sie sich klar zu erkennen, wenn Sie die Betreffende per Telefon erreichen. Nennen Sie Ihren Namen, und sagen Sie, wo Sie sich kennengelernt haben, erinnern Sie sie an ein markantes Ereignis. Drittens: Machen Sie keine Umschweife, sondern kommen Sie direkt zur Sache. Sagen Sie, daß Sie das letzte Treffen genossen haben und sie wiedersehen wollen. Viertens: Bringen Sie (eine) bestimmte Aktivität(en) ins Spiel, die Sie im Sinne haben, sagen Sie, daß Sie Spaß daran haben werden, und fragen Sie, ob sie Lust hätte, mitzugehen. Fünftens: Wenn die Antwort „ja" lautet, dann setzen Sie einen bestimmten Tag und Ort für das Treffen fest.

Wenn die Antwort negativ ausfällt, sondieren Sie taktvoll, ob sie einfach beschäftigt, aber interessiert ist oder ob sie nicht interessiert ist. Sie können das herausbekommen, indem Sie eine andere Aktivität oder einen anderen Zeitpunkt vorschlagen oder indem Sie fragen, ob Sie demnächst nochmals anrufen können. Wenn einer dieser Vorschläge akzeptiert wird, dann sieht es gut aus: Machen Sie alles genau ab. Aber wenn sie auf keinen von diesen Vorschlägen eingeht, können Sie daraus schließen, daß sie im Moment nicht daran interessiert ist, mit Ihnen auszugehen. Versuchen Sie Ihre Sondierungsergebnisse möglichst abzusichern. Trotz des Mißbehagens, das Sie empfinden, wenn Sie sich einer möglichen Ablehnung aussetzen, ist es viel besser, eine klare Botschaft zu erhalten, als sich den Kopf über alle möglichen negativen Deutungen einer unklaren Botschaft zu zerbrechen. Nach mehreren „Nein" können Sie sagen: „Ich habe langsam den Eindruck, daß du nicht mit mir ausgehen willst. Das wäre für mich enttäuschend, aber ich will dich nicht in eine Sache hineintreiben, die dich nicht interessiert. Sehe ich die Sache richtig?" Ihr

Ziel ist es, eine möglichst klare Antwort zu bekommen – so klar, wie sie die Frau geben kann oder will. Zeigen Sie ihr aber, daß Sie ein Nein überleben werden. Sie können gelegentliche freundschaftliche Treffs vorschlagen, nicht aber ein Rendezvous mit romantischen Perspektiven. Alle Spielarten und Abstufungen von freundschaftlichen Arrangements sind denkbar.

Wenn Sie wirklich zurückgewiesen werden, belästigen Sie die Frau nicht weiterhin mit dem Verlangen nach einer Erklärung. Die Situation ist an sich schon unangenehm; das brauchen Sie nicht noch zu verstärken. Es ist höchst wahrscheinlich, daß die negative Antwort nicht auf einen Fehler von Ihrer Seite zurückgeht. Sie kann durch einen übervollen Terminkalender bedingt sein, eine Beziehung zu jemand anderes, ein übles Erlebnis aus der letzten Zeit oder sogar durch eine Schüchternheit, welche die Ihrige übertrifft. Jede dieser wahrscheinlichen Erklärungen erlaubt Ihnen, Ihre Selbstachtung trotz der Ablehnung aufrechtzuerhalten. Betrachten Sie die Zurückweisung als ein klares Signal dafür, daß Sie sich anderen „Kandidatinnen" zuwenden sollten, die Ihnen mit größerer Wahrscheinlichkeit eine lohnende Gesellschaft bieten.

Für den ängstlichen Menschen erfordern Verabredungen eine sorgfältige Planung, insbesondere für das allererste Treffen. Wir empfehlen Ihnen, ein Skript für eine Verabredung auszuarbeiten und einzuüben, insbesondere für das erste Mal. Schreiben Sie mehrere Szenarios, die bis zu dem Punkt gehen, wo die andere Person „ja" oder „nein" sagt.

Das voll ausgearbeitete Skript für die Bitte um ein Treffen ist nur für die ersten ein, zwei Dates geeignet. Danach werden die meisten Verabredungen gegen Ende des vorausgehenden Zusammenseins abgemacht. Es ist gut, wenn Sie sich vor jedem Rendezvous bereits überlegt haben, welche weiteren Veranstaltungen oder Aktivitäten Ihnen beiden Spaß machen könnten. Dann sind Sie darauf vorbereitet, die Frau nach Ideen zu fragen, aber Sie haben auch selber Vorschläge parat. Wenn ein Paar sich näherkommt, planen Sie die Sachen natürlich gemeinsam, und jeder von den beiden macht Vorschläge für gemeinsame Unternehmungen.

Was ist, wenn ein Wunsch nach einem Rendezvous abgelehnt werden muß? Unsicheren Menschen fällt es schwer, „nein" zu sagen, weil sie den anderen nicht in seinen Gefühlen verletzen wollen. Aber lassen Sie Ihre Schuldgefühle nicht die Oberhand gewinnen über Ihr Recht, nur mit Leuten auszugehen, die Sie anziehend finden. Wenn jemand Ungebetener Sie darum bittet, mit ihm auszugehen, oder Avancen macht, drücken Sie höfliche Wertschätzung aus, aber sagen Sie klar und deutlich, daß Sie nicht mit ihm ausgehen wollen. Wenn Sie einen sozial akzeptablen Grund haben, etwa eine andere amouröse Bindung, sagen Sie das einfach. Damit tun Sie dem Selbstwertgefühl des zurückgewiesenen Anrufers etwas Gutes. Aber wenn Ihnen kein überzeugender Grund einfällt außer dem Mangel an Attraktivität oder Interesse, sagen Sie einfach in aller Bestimmtheit: „Es liegt mir nicht daran, nochmals Zeit mit dir zu verbringen." Sie sind niemandem eine lange Erklärung schuldig: „Ich will nicht" genügt. Das Ziel besteht nicht darin, zu verletzen, sondern klarzumachen, um Freiheit für sich und den anderen zu gewinnen. Schließlich sagte der andere nicht, warum er Sie anrief. Daß er es tat, bedeutet nichts anderes als: „Ich wollte."

Schlußbemerkung

In unserem Buch haben wir Ihnen Hilfestellungen für den Umgang mit Situationen geboten, in denen Sie sich unzulänglich oder „fertiggemacht" vorkommen. Wir haben Übungen und Beispiele entworfen, die die Selbstbehauptung erleichtern sollen: Aufbau von Selbstwertgefühl, Umgang mit Belastungen und Konfliktsituationen, Schreiben und Vortragen von C.H.E.F.-Skripts, Durchkreuzen von Ablenkungsmanövern, Ausbilden einer selbstsicheren Körpersprache und Stimme, mit überraschenden Situationen fertig werden und neue Freundschaften aufbauen. Wir hoffen, daß einige dieser Fähigkeiten mittlerweile Teil Ihres alltäglichen Verhaltens geworden sind. Sie brauchen Ausdauer und regelmäßiges Training, aber es lohnt sich. Sie können mit sich selbst und mit den anderen besser klarkommen. Und jetzt ist es Zeit, zu beginnen!

Anmerkungen

Kapitel 1

1. Die Liste der selbstbewußten Verhaltensweisen geht zurück auf Andrew Salter, Conditioned Reflex Therapy, New York 1949, und auf S. A. Rathaus, An experimental investigation of assertive training in a group setting, in: Journal of Behavior Therapy and Experimental Psychology, 3 (1972), S. 81–86
2. Übungen gegen Lampenfieber finden sich in Sharon Bower / Dietrich Kayser, Erfolgreich reden und überzeugen. Der praktische Rhetorikkurs, Freiburg / Basel / Wien 1996 (Herder/Spektrum 4467), S. 95–110

Kapitel 2

1. Die Übungen zur Klärung der eigenen Position im Umfeld wird vorgeschlagen im Handbuch zu J. V. Baldridge, Sociology: A Critical Approach to Power, Conflict, and Change, New York 1975
2. Die Übungen zur Förderung angenehmer Erlebnisse wurden übernommen aus der Dissertation von Jane L. Anton, An experimental analysis of training the anticipation and performance of reinforcement activities in the treatment of depression, Stanford University 1974

Kapitel 5

1. Weitere Beispiele für die Anwendung der C.H.E.F.-Methode in Konferenzen finden sich in: Sharon Bower / Dietrich Kayser, Erfolgreich reden und überzeugen. Der praktische Rhetorikkurs, Freiburg/Basel/Wien 1996 (Herder/Spektrum 4467), S. 163–179

Kapitel 9

1. Die im Abschnitt „Passive Menschen – die schweigende Mehrheit" beschriebenen Experimente sind nachzulesen bei: Thomas Moriarty, A Nation of willing victims, in: Psychology Today, April 1975, S. 43–50
2. Die Beschwerde-Regeln sind übernommen aus: George Weinberg, How to make a complaint, in: ders., The Action Approach, New York 1969

Kapitel 10

Folgenden Publikationen verdanken die Autoren Anregungen:

1. Elliot Aronson, The Social Animal, San Francisco 1972
2. Dale Carnegie, How to Win Friends and Influence People (Wie man Freunde gewinnt), zuerst 1936
3. R. N. Bale, Jr., The effect oft discrimination training, guided practice, and role-playing in modelling treatments designed to increase bidirectional verbal behavior in socially withdrawn males, Stanford University 1971

Lebensfreude

Attila Bencsik
Phantasievoll genießen – Lebensfreude im Alltag
Band 5168

Negative Grundmuster in unserem Innern können wir erkennen und aufheben. Eine praktische „Anleitung zum Glücklichsein".

Angelika Faas
Ballast abwerfen!
Downshifting – damit das Leben leichter wird
Band 5212

Müssen wir wirklich alles tun, was wir tun? Ein Buch für alle, die unter Zeitknappheit leiden und den Versprechungen des Zeit-Managements nicht mehr glauben.

Klaus E. Jopp
Finden Sie Ihren Persönlichkeits-Code!
Die eigenen Chancen besser wahrnehmen
Band 5222

Lebensenergie freisetzen, indem wir negativen Selbst- und Fremdurteilen in uns auf die Spur kommen und sie ausschalten.

Verena Kast
Lass dich nicht leben, lebe
Die eigenen Ressourcen schöpferisch nutzen
Band 5314

Authentisch sein und Zugang zu den eigenen Ressourcen finden: Die zentralen Texte von Verena Kast zu diesem Lebensthema.

Verena Kast
Sich wandeln und sich neu entdecken
Band 4905

Leben heißt: wachsen und sich neu entwickeln. Ein Aufbruch zu neuer Lebensleidenschaft.